KLAUS HURRELMANN und HEIDRUN BRÜNDEL

DROGENGEBRAUCH – DROGENMISSBRAUCH

KLAUS HURRELMANN und HEIDRUN BRÜNDEL

DROGENGEBRAUCH – DROGENMISSBRAUCH

Eine Gratwanderung zwischen Genuß und Abhängigkeit

PRIMUS VERLAG

Einbandgestaltung: Jutta Schneider, Frankfurt

Die Deutsche Bibliothek – CIP-Einheitsaufnahme

Hurrelmann, Klaus:
Drogengebrauch – Drogenmißbrauch: eine Gratwanderung zwischen Genuß und Abhängigkeit / Klaus Hurrelmann und Heidrun Bründel. – Darmstadt: Primus Verl., 1997
ISBN 3-89678-034-4
NE: Bründel, Heidrun:

Lizenzausgabe 1997 für den Primus Verlag, Darmstadt

Gedruckt auf säurefreiem und alterungsbeständigem Werkdruckpapier
Printed in Germany

ISBN 3-89678-034-4

Inhalt

Vorwort VII

Einleitung 1

Drogengebrauch, Sucht und Abhängigkeit 5
Drogengebrauch und Gesundheit – ein Spannungsverhältnis 5
Die Rolle von Drogen für die Gesundheitsbalance (S. 6) – Die Dynamik von Sucht und Abhängigkeit (S. 9)
Theorien der Entstehung von Sucht und Abhängigkeit . . 22
Psychoanalytische Theorien (S. 23) – Lerntheorien (S. 26) – Systemische Theorien (S. 30) – Neurobiologische Theorien (S. 34)
Zusammenfassung 38

Drogengebrauch und Drogenmißbrauch in verschiedenen Lebensphasen 40
Drogengebrauch im Kindes- und Jugendalter 40
Drogengebrauch im Erwachsenenalter 66
Drogengebrauch im höheren Alter 80
Zusammenfassung 85

Soziale Ursachen des Drogenmißbrauchs 87
Kritische Lebensereignisse 87
Belastungen in Ausbildung, Arbeit und Freizeit 96
Zusammenfassung 104

Möglichkeiten und Grenzen der Suchtprävention 106
Leitideen und Schwerpunkte der präventiven Arbeit . . 106
Suchtprävention in der Familie 113
Suchtprävention in Kindergarten und Schule 121
Zusammenfassung 131

Drogen- und Suchtpolitik im demokratischen Staat 134
Ziele und Ansatzpunkte der Drogen- und Suchtpolitik . . 134
Drogenhilfe und Suchttherapie 152
Zusammenfassung 164

Glossar: Was sind und wie wirken Drogen? 167
Coffein 168
Tabak 170
Alkohol 174
Medikamente 177
Kokain und Crack 178
Cannabis (Haschisch, Marihuana) 182
LSD 183
Opium und Morphium 183
Heroin 184
Designerdrogen 186

Literatur 191

Register 207

Vorwort

Unter dem Begriff „Droge" wurden früher überwiegend Heilmittel, meist pflanzliche, verstanden. Heute wird der Begriff fast nur noch verwendet, um „Rauschmittel" zu bezeichnen: Solche Substanzen, mit denen Menschen ihr zentrales Nervensystem manipulieren. Diese „psychoaktiven" Substanzen, manchmal auch als „psychotrope" oder „psychonervöse" bezeichnet, gehören seit Jahrtausenden zu unserer Kultur und wurden schon immer aus unterschiedlichen Gründen konsumiert: zur Steigerung des Wohlbefindens und zur Intensivierung des Lebensgefühls, aber auch um Lebensprobleme zu bewältigen, Belastungsempfindungen zu dämpfen und Schwierigkeiten aus dem Wege zu gehen. Gesundheitsbewußtsein, Lebensfreude und Lebenskrisen, Problembewältigung und Drogengebrauch hängen eng miteinander zusammen, weil psychoaktive Substanzen in einer solchen Vielfalt und Intensität wie noch nie in der Geschichte der Menschheit zur Verfügung stehen.

Drogengebrauch ist in einer demokratischen Gesellschaft Ausdruck der freien Entscheidung eines Menschen, sein Leben mit Drogen zu führen. Wegen des Sucht- und Abhängigkeitspotentials aller psychoaktiver Substanzen stellt der regelmäßige Gebrauch aber unvermeidbar eine gesundheitliche Gefährdung dar. Der Umschlagpunkt zwischen dem kontrollierten Gebrauch und dem unkontrollierten (und unkontrollierbaren) Mißbrauch ist für den Konsumenten meist nicht klar zu erkennen. Der Mißbrauch kann zur körperlichen und seelischen Abhängigkeit, zur Suchtkrankheit, führen.

Das vorliegende Buch beschäftigt sich mit den Konsummustern von Gebrauch und Mißbrauch von Drogen. Es geht der Frage nach, warum in allen westlichen Leistungs- und Konkurrenzgesellschaften die Suchtgefährdung zugenommen hat und stellt Vorschläge der Vorbeugung und Hilfe zur Diskussion. Es richtet sich an alle im psychologischen, pädagogischen, sozialen, psychiatrischen und medizinischen Bereich Tätigen sowie an Interessierte und Betroffene.

Klaus Hurrelmann
Heidrun Bründel

Einleitung

Drogengebrauch ist nicht erst eine Erscheinung der Gegenwart. Schon in frühen Kulturen läßt sich der Genuß von Coffein, Tabak, Alkohol, Opiaten und Kokain nachweisen. Die biologisch-anthropologische Drogenforschung geht davon aus, daß jeder Mensch ein Stimulierungs- und möglicherweise auch ein Rauschbedürfnis besitzt. Der Wunsch nach Veränderung von Antrieb und Stimmung, von Steigerung der Erlebnisfähigkeit und des Erfahrungshorizontes ist weit verbreitet, entwicklungsbedingt wohl besonders im Jugendalter. Viele Erwachsene und Jugendliche haben das Bedürfnis, die „gewöhnlichen“ Wahrnehmungsmuster zu überschreiten, bis hin zum Erlebnis eines ekstatischen Rausches. Der Rausch kann die Funktion haben, von Belastungen des Alltags zu befreien und für Entspannung zu sorgen.

Der Gebrauch von psychoaktiven Substanzen – legalen wie illegalen – wird in diesem Buch als eine spezifische, wegen des Suchtpotentials der Drogen problematische Form der Lebensbewältigung interpretiert. Drogenkonsum kann Ausdruck einer Genußhaltung sein, aber auch zu einem riskanten Hilfsmittel in der Sozialisation werden; riskant deshalb, weil er Gefahren in sich birgt, psychisch und physisch in die Abhängigkeit zu führen. Der Konsum der legalen Drogen Tabak und Alkohol wird in unserem Kulturkreis als völlig „normal“ angesehen – die bei Mißbrauch zwangsläufig daraus folgende Abhängigkeit aber als „unnormal“, „abweichend“ und „krank“. Drogenmißbrauch tritt dann auf, wenn ein Drogengebraucher den Versuch macht, sich alltäglichen Lebensproblemen und -herausforderungen über lange Zeit hinweg nicht durch aktive Bewältigungsstrategien zu stellen und sich mit ihnen produktiv auseinanderzusetzen, sondern die Flucht vor ihnen anzutreten, sich in eine Scheinwelt zurückzuziehen und seine Sinne in eine erlebnisintensivierende oder -abdämpfende Befindlichkeit zu versetzen.

Dieser Weg kann in die Abhängigkeit führen, die eine der am schwierigsten zu behandelnden Krankheitsformen überhaupt ist.

Der Umschlagpunkt zwischen Drogengebrauch und Drogenmißbrauch ist fließend. Der Mißbrauch, der Drogenkonsum in seiner übersteigerten und unkontrollierten Form, ist eine Fehlanpassung an die Erfordernisse der Realität. Sehr oft ist er nur eine vorübergehende Phase in der Biographie eines Menschen und erfüllt eine selbstheilende Funktion, die zum „Normalzustand" zurückführt. Aber er stellt auch häufig eine Verhaltensweise dar, die aufgrund mangelnder Kompetenzen Entwicklungsaufgaben nicht bewältigt, sondern dauerhaft zu umgehen versucht, und die deshalb in einen krankhaften Zustand führt, aus dem ein Mensch ohne fremde Hilfe nicht wieder hinausfindet.

Bislang ist noch wenig erforscht, unter welchen Umständen der Drogenkonsum zur psychischen und körperlichen Abhängigkeit führen kann. Eine Abhängigkeit beginnt meist nicht schon mit dem ersten Drogenkonsum, sondern stellt sich erst allmählich über einen längeren Zeitraum ein. Sucht und Abhängigkeit lassen sich nur aus dem Wechselspiel zwischen der Persönlichkeit des oder der Süchtigen, der jeweiligen sozialen Umwelt und der spezifischen Wirkung der jeweiligen das Zentralnervensystem manipulierenden Substanz erklären. Um Abhängigkeit zu vermeiden, ist eine Balance zwischen Schutz- und Risikofaktoren der Gesundheit notwendig. Meist ist die Abhängigkeit von Drogen ein Zeichen dafür, daß auch unabhängig vom Substanzmißbrauch diese Balance gestört ist.

Mit den Unwägbarkeiten der Gratwanderung zwischen Gesundheit und Krankheit, zwischen Gebrauch und Mißbrauch, die jeder Drogenkonsum darstellt, befaßt sich der vorliegende Band. Die Darstellung in diesem Buch ist in sechs Kapitel gegliedert.

Im *ersten Kapitel* stellen wir Überlegungen über den Zusammenhang von Gesundheit und Drogengebrauch an. Wir sehen Gesundheit als Gleichgewicht zwischen Anforderungen und Belastungen auf der einen und persönlichen und sozialen Ressourcen auf der anderen Seite. Drogengebrauch ist in diese Gesundheitsbalance einbezogen. Drogenkonsum wird aber zu einer inadäquaten Form der Lebensbewältigung, wenn Sucht und Abhängigkeit eintreten; sie sind Endstufe einer mißlungenen Gesundheitsbalance. Wir gehen von der Annahme aus, daß Sucht aus einem komplexen Ursachengefüge entsteht, zu dem Merkmale der Person, Merkmale der Situation und Merkmale der Droge beitragen. Person, Umwelt und Droge stehen in einer engen Wechselbeziehung zueinander. Unterschiedliche Theorien zur Entstehung von Suchtverhalten, die diese Wechselwirkung thematisieren, werden dargestellt und kritisch gewürdigt.

Im *zweiten Kapitel* nehmen wir eine Bestandsaufnahme der Gebrauchs- und Nutzungsmuster der legalen und illegalen Drogen vor, und zwar mit Bezug auf das Jugendalter, das Erwachsenenalter und das höhere Alter. Wir stellen zunächst die vielfältigen Entwicklungsaufgaben im Jugendalter dar und gehen dabei auf die Motivationslage Jugendlicher ein, Drogen zu konsumieren. Dann wenden wir uns den Bedingungen zu, unter denen Menschen im Erwachsenenalter entweder die aus der Jugend erworbenen Gebrauchsmuster von Drogen beibehalten, intensivieren oder beenden. Abschließend gehen wir auf die besondere Situation des Drogenkonsums bei älteren Menschen ein. Die Darstellung zeigt, wie sehr Drogen den gesamten Lebenslauf begleiten und jeweils in einzelnen Phasen der Biographie eine besondere Bedeutung erhalten können.

Im *dritten Kapitel* erläutern wir die Zusammenhänge zwischen sozialen Belastungen und Drogenkonsum. Welche Spannungen ergeben sich aus gesellschaftlichen Veränderungen, etwa dem Wandel der Familienformen und der Familienbeziehungen? Welche Belastungen entstehen in den Lebensbereichen Schule, Beruf und Freizeit? Überforderungen durch Armut, Wohnungsnot und Arbeitslosigkeit werden angesprochen. Wir gehen von der Beobachtung aus, daß in heutigen westlichen Leistungsgesellschaften durch hohen Konkurrenzdruck, bei großen Anforderungen an die Selbstregulierung und das Selbstmanagement, die Suchtgefährdung steigt. Zwischen Familie, Schule, Arbeitsplatz- und Freizeitbereich bestehen vielseitige Wechselwirkungen, die Überforderungen hervorbringen und damit zum Einstieg in den Drogenmißbrauch führen können.

Im *vierten Kapitel* gehen wir auf die Möglichkeiten und Grenzen der Suchtprävention ein und beschreiben diese besonders am Beispiel von Familie, Kindergarten und Schule. Die modernen Konzepte der Suchtprävention sind Bestandteil einer umfassenden Gesundheitsförderung. Sie gehen auf das Wechselspiel von Person, Umwelt und Droge ein und streben positive Einflüsse auf das

Gesundheitsverhalten und die gesundheitlichen Rahmenbedingungen an.

Im *fünften Kapitel* stellen wir Ansatzpunkte einer Drogen- und Suchtpolitik dar. Diese Politik wird von uns als Bestandteil der Gesundheits- und Sozialpolitik gesehen. Wir plädieren für eine politische Gleichbehandlung der Drogen Tabak, Alkohol und Cannabis. Bei Kokain und Heroin plädieren wir für Schritte der Entpönalisierung, um die Hilfemöglichkeiten wirksamer als bisher gestalten zu können. Wir stellen Drogenhilfemaßnahmen vor, die individuell, akzeptanzorientiert und schadensbegrenzend einsetzen und auf dem Zusammenwirken von Person, Umwelt und Droge aufbauen. Wir machen deutlich, wie wichtig eine rationale und erfolgsorientierte Sucht- und Drogenpolitik ist, um die Diskussion über Drogengebrauch und Drogenmißbrauch aus der heutigen Tabuzone herauszuholen und den süchtigen und abhängigen Konsumenten die angemessene Hilfe zukommen zu lassen.

In einem Glossar beschreiben wir abschließend die Wirkungen von Drogen – der legalen Substanzen Coffein, Tabak, Alkohol und psychoaktiver Medikamente und der illegalen Drogen Kokain, Haschisch/Marihuana, LSD, Opium, Morphium, Heroin und Methadon sowie Designerdrogen.

Drogengebrauch, Sucht und Abhängigkeit

Drogengebrauch und Gesundheit – ein Spannungsverhältnis

In der inzwischen sehr lebhaft gewordenen interdisziplinären Forschung wird „Gesundheit" als ein breiter und umfassender Begriff verwendet. Gesundheit, darüber besteht Einverständnis, ist mehr als nur die Abwesenheit von Krankheit. Gesundheit ist das Ergebnis einer aktiv betriebenen Balance der sozialen, psychischen und körperlichen Kräfte eines Menschen. Die körperliche Konstitution, die seelische Befindlichkeit und die sozialen, ökonomischen, ökologischen und kulturellen Lebensbedingungen bilden den Rahmen für die Entwicklungsmöglichkeiten von Gesundheit.

Gesundheit ist dann gegeben, wenn ein Mensch die Balance zwischen eigenen Wünschen und Möglichkeiten und den Anforderungen seines Körpers, den psychischen Bedürfnissen und den gesellschaftlichen Erwartungen sowie den ökologischen Lebensbedingungen herstellen kann, wenn er die eigene Lebensgestaltung an die wechselhaften Belastungen des Lebens anpassen und dabei seine individuelle Selbstbestimmung sichern kann (Hurrelmann 1988). Gesundheit ist so gesehen das jeweils aktuelle Resultat einer „gelingenden" Sozialisation und einer „produktiven" Lebensbewältigung, die sich aus der Auseinandersetzung des Menschen mit seinen „inneren" und den „äußeren" Lebensmöglichkeiten ergibt (Abbildung 1).

Aus beiden in Abbildung 1 aufgeführten Feldern können positive oder negative Impulse für die Aufrechterhaltung der Gesundheitsbalance kommen. Langandauernde, in ihrer Wirkung sehr starke negative Impulse stellen Risiken für eine gesunde Entwicklung dar: Schwache körperliche Konstitution, Behinderungen, Krankheiten, psychische Irritierbarkeit, negatives Selbstbild aus dem Kreis der „inneren" Lebensbedingungen, disharmonische Familie, überfor-

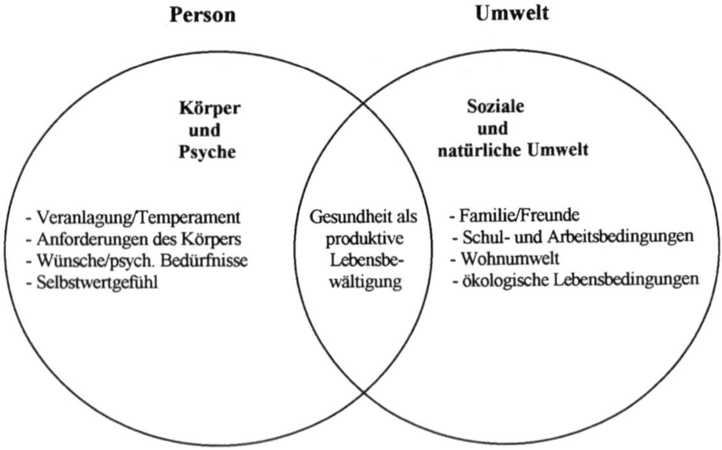

Abbildung 1: Gesundheit als Balance zwischen inneren und äußeren Lebensbedingungen.

dernde Schule oder Berufswelt, schlechte Wohnumwelt und belastende Luft-, Boden- und Wasserressourcen aus dem Kreis der „äußeren“ Lebensbedingungen. Körperliche Spannkraft, psychische Flexibilität, hohe Kompensationsfähigkeiten, gute soziale Unterstützung, angenehme Wohn- und befriedigende Arbeitsbedingungen können stärkende und stabilisierende Wirkungen für die Aufrechterhaltung der Gesundheitsbalance haben.

Die Rolle von Drogen für die Gesundheitsbalance

Wie anfällig ein Mensch für Beeinträchtigungen der Gesundheit ist, richtet sich nach dem Verhältnis von Risiko- und Schutzfaktoren und den zur Verfügung stehenden sozialen, seelischen und körperlichen Ressourcen, die den Bewältigungsprozeß tragen und steuern. Sind diese Ressourcen unzureichend, werden hierdurch die Bewältigungskapazitäten beeinträchtigt – sie reichen nicht aus, um mit physiologischen, psychischen und sozialen Anpassungsprozessen zurechtzukommen. Ein Übermaß an körperlichen Störungen, eine Häufung von unvorhergesehenen Belastungen aus der sozialen und ökologischen Umwelt können zu einer so starken Strapazierung der Bewältigungskapazitäten eines Menschen führen, daß die Anpassungsfähigkeiten unzureichend werden. Die Gesundheitsbalance ergibt sich aus dem Verhältnis zwischen den Risikofaktoren und den Schutzfaktoren.

Diese Zusammenhänge lassen sich anschaulich in der Formel ausdrücken:

$$\text{Gesundheitsbalance} = \frac{\text{Risikofaktoren im körperlich-psychischen und sozial-ökologischen Bereich}}{\text{individuelle und soziale Schutzfaktoren}}$$

Welche Rolle spielen nun die psychoaktiven Substanzen in dieser Balance? Sie sind in die beschriebene Dynamik voll einbezogen. So kann etwa der Tabak- und Alkoholkonsum mit dazu beitragen, die Gesundheitsbalance herzustellen: Diese Substanzen wirken als stimulierende und/oder beruhigende Mittel, die die psychischen Bewältigungskapazitäten als Schutzfaktoren vor Belastungen stabilisieren können. Die gleichen Substanzen haben aber auch ein hohes Gefährdungspotential für die Gesundheit, sie sind Risikofaktoren im körperlich-psychischen Bereich und können bei regelmäßigem Gebrauch zur Abhängigkeit führen.

Die meisten Menschen bedienen sich der Drogen in der Absicht, durch die als positiv empfundene Manipulation ihrer Befindlichkeit die persönlichen Ressourcen für die Gesundheitsbalance zu stärken. Drogen dienen ihnen als „Medium" der Herstellung der Gesundheitsbalance, gerade aufgrund ihrer anregenden und das zentrale Nervensystem beeinflussenden Eigenschaft. Im Extremfall kann Drogenkonsum Ausdruck des Versuchs einer psychischen Selbstheilung sein. Er hat dann die Funktion der Stimulation, der Beruhigung oder Dämpfung, um eine subjektiv unerträgliche Situation nicht mehr in ihrer ganzen Tragweite wahrzunehmen.

Der Drogengebrauch erfolgt in allen Fällen in der Absicht, eine instrumentelle Wirkung zu erzielen. Er dient dem Bestreben eines Menschen, produktiv mit der eigenen Lebenssituation umzugehen. Er wird in der Absicht gewählt, die Voraussetzungen für die Gesundheitsbalance zu verbessern (Abbildung 2).

Der Drogengebrauch durchdringt nun aber, wie Abbildung 2 zeigt, den Prozeß der Gesundheitsbalance auch insofern, als er die körperlich-seelischen und die sozial-ökologischen Lebensbedin-

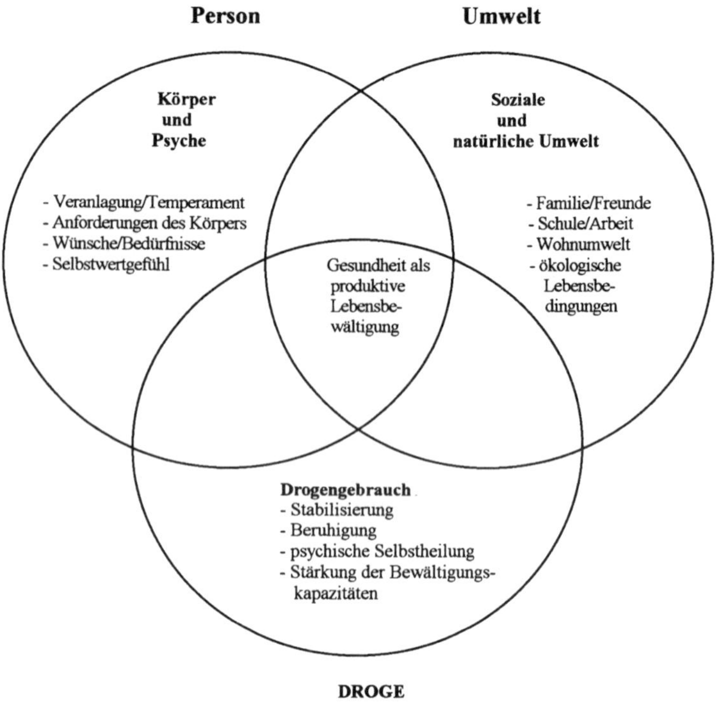

Abbildung 2: Die Rolle des Drogenkonsums als Medium zur Herstellung der Gesundheitsbalance.

gungen infiltriert: Drogen sind Bestandteil der körperlichen, psychischen, sozialen und ökologischen Regelkreise, die das menschliche Leben bestimmen, und sie wirken je nach Gebrauchs- und Mißbrauchsmuster positiv oder negativ bzw. förderlich oder hinderlich auf die Fähigkeit eines Menschen ein, die Gesundheitsbalance herzustellen. Drogen können nicht nur als Substanzen mit einer instrumentellen Funktion für die Stabilisierung, Beruhigung, Selbstheilung und Bewältigungsstärkung verstanden werden, sondern müssen zugleich auch als Risikofaktoren, und zwar sowohl für Körper und Psyche wie auch für die sozial-ökologische Umwelt, gewertet werden. Deshalb haben sie für die Gesundheitsbalance eine ambivalente, schwer vorhersagbare Bedeutung.

Gesundheit herzustellen ist dem einzelnen Menschen nur dann möglich, wenn er gelernt hat, mit Belastungen in seinem Leben umzugehen und seine Bewältigungskapazitäten darauf einzustellen und sie ihnen anzupassen. Gesundheit in diesem Sinne – als Ausdruck einer aktiven Lebensbewältigung – ist mit und ohne Drogengebrauch möglich. Werden Drogen gebraucht, dann ist die Gesundheitsbalance aber nur so lange aufrechtzuerhalten, wie eine körperliche und psychische Kontrolle des Drogenkonsums gegeben ist. Der unkontrollierte Drogengebrauch ist hingegen Ausdruck einer zumindest problematischen Form der Lebensbewältigung, insofern zwar auch ein Versuch der Bewältigung von Belastungen, aber ein inadäquater Versuch: Die Droge wird zu dem Problem, als dessen Lösung sie sich ausgibt. Sie löst sich von ihrer ursprünglichen instrumentellen Funktion, sie „verselbständigt" sich und wird statt zu einem Medium der Lebensbewältigung zu einer eigenständigen gesundheitlichen Belastung.

Die Dynamik von Sucht und Abhängigkeit

Die Gefahren des Drogengebrauchs liegen also darin, daß Drogen ursprünglich als Hilfsmittel für die Lebensgestaltung und Lebensbewältigung eingesetzt werden und allmählich die spontanen Fähigkeiten und Kompetenzen der Lebensgestaltung verdrängen. Der Drogenkonsument schafft seine Lebensgestaltung und Problembewältigung nicht mehr ohne die psychoaktive Substanz. Er benötigt für Lebensfreude und Alltagsbewältigung den „Stoff". Der Drogengebrauch ist in den Mißbrauch umgeschlagen. Das Sucht- und Abhängigkeitspotential der Substanzen fordert seinen Tribut.

Der Begriff „Sucht" steht in der deutschen Sprache einerseits gleichbedeutend mit Krankheit (Schwindsucht, Wassersucht, Gelbsucht), andererseits jedoch auch mit „lasterhaften Charakterzügen" wie Habsucht, Rachsucht und Eifersucht (Feuerlein 1996). Trotz der ursprünglichen Gleichsetzung mit Krankheit werden Süchtige, insbesondere Drogensüchtige, in der Öffentlichkeit selten wie Kranke, sondern eher wie sozial Abweichende oder sogar Kriminelle (im Falle von illegalen Drogen) behandelt.

Die heute verbreitete Definition von Sucht ist die eines krankhaften und zwanghaften Verlangens nach psychoaktiven Substanzen (oder nach Ausübung bestimmter Tätigkeiten, die in diesem Buch nicht thematisiert wird). Das Verlangen nach Substanzzuführung kann nach einer Phase der Gewöhnung, in der dauerhafter Konsum stattfindet, in eine Phase der psychischen oder physischen Abhängigkeit umschlagen. Während bei den substanzabhängigen Süchten die körperliche meist mit der psychischen Abhängigkeit kombiniert auftritt, kommt es bei den tätigkeitsbedingten Süchten nur zu einer psychischen Abhängigkeit. Für die Krankenbehandlung wird heute nur die Abhängigkeit von Alkohol, Medikamenten und von illegalen Drogen anerkannt, nur in Ausnahmefällen die Abhängigkeit von substanzfreien Zwangshandlungen.

In der internationalen Literatur gibt es unterschiedliche Nomenklaturen. So spricht der ICD 10 (International Classification of Diseases, 10. Auflage) von „schädlichem Gebrauch", während das Diagnostisch-Statistische Manual psychischer Störungen der US-Amerikanischen Psychiatrischen Assoziation (DSM IV) den Begriff des „Mißbrauchs" für den gleichen Sachverhalt einführt. Für „Mißbrauch" nennt das DSM folgende diagnostische Kriterien:

- fortgesetzter Gebrauch trotz des Wissens um ein ständiges oder wiederholtes soziales, berufliches, psychisches oder körperliches Problem, das durch den Gebrauch der psychoaktiven Substanz verursacht oder verstärkt wird;
- wiederholter Gebrauch in Situationen, in denen der Gebrauch eine körperliche Gefährdung darstellt (z. B. Alkohol am Steuer).

Der fortgesetzte Mißbrauch kann zur Abhängigkeit führen. Abhängigkeit wird von ICD 10 und DSM einheitlich durch folgende Kriterien definiert: Konsumzwang, Kontrollverlust, körperliches Entzugssyndrom, Gewöhnung, Toleranzbildung (Dosissteigerung), Konzentrierung auf Beschaffung und Konsum sowie anhaltender Konsum trotz fortschreitender Gesundheitsschädigung und sozialer Probleme.

Zu betonen ist, daß es keine klare Trennlinie zwischen Gebrauch und Mißbrauch gibt, sondern sich das Spektrum als Kontinuum darstellt, mit fließenden Übergängen von z. B. experimentierendem, gelegentlichem Konsum über regelmäßigen Gebrauch, gesundheitsgefährdenden Konsum, Drogenmißbrauch, Sucht bis hin zu manifester Abhängigkeit.

Grundsätzlich kann jedes menschliche Verhalten zur Sucht werden, wenn eine psychische Fehlhaltung vorliegt. Sie äußert sich in dem Bestreben, aus einer subjektiv unerträglichen und unbefriedigenden Lebenssituation nicht durch eigene aktive, mitunter anstrengende Bewältigungsleistungen und willensgesteuertes Selbstmanagement herauszukommen, sondern durch Passivität, Verdrängung, Ablenkung oder Flucht. Insofern liegen hier die gleichen Ausgangsbedingungen vor, die für psychische Krankheiten bekannt sind. Durch Drogengebrauch wird die psychische Unerträglichkeit der Situation in der Regel nur für bestimmte Zeitphasen verdeckt, jedoch nicht aufgehoben (Tölle 1988).

Suchtverhalten ist vor allem durch zwei Kriterien gekennzeichnet: den immer wiederkehrenden Wunsch nach kurzfristiger Bedürfnisbefriedigung ohne intensive Eigenaktivität und durch den – damit eng zusammenhängenden – zunehmenden Verlust der Kontrolle über das eigene Verhalten. Bei allen Suchtformen ist der Übergang von Genuß und Entspannung in den Zustand des Nichtaufhörenkönnens und damit in den Gefahrenbereich der körperlichen und/oder psychischen Abhängigkeit fließend (McMurran 1994). Die Dynamiken und Mechanismen, die zum Übergang vom Gebrauch zum Mißbrauch und zur Abhängigkeit führen, sind bislang nicht bekannt. Wahrscheinlich sind sowohl anlagemäßige wie psychische und soziale Auslösefaktoren beteiligt, die in einem dynamischen Wechselspiel stehen. Kein einzelner Faktor löst für sich allein die Suchtdynamik aus, sondern muß dazu mit den anderen zusammentreffen.

Suchtformen

In der Fachliteratur wird zwischen verschiedenen substanz- bzw. stoffungebundenen und stoffgebundenen Suchtformen unterschieden (Abbildung 3).

Unter stoffungebundener Sucht versteht man den Zwang, eine bestimmte Tätigkeit auszuüben bzw. sich in eine bestimmte Situation zu begeben und diese immer wieder aufzusuchen. Die Befriedigung wird durch die meist unkontrollierbar und unstrukturierbar ablaufende Tätigkeit selbst erlangt.

Stoffgebundene Suchtformen sind an ein bestimmtes Suchtmittel, eine spezifische Substanz gebunden sowie auch an das zu erzielende Erlebnis (Erregung, Ekstase, Beruhigung, Ablenkung, Betäubung, Rausch) und das Milieu (Szene, Lokal, Diskothek), in dem die Wirkung erzielt wird (Meyenberg/Scholz/Buisman 1993).

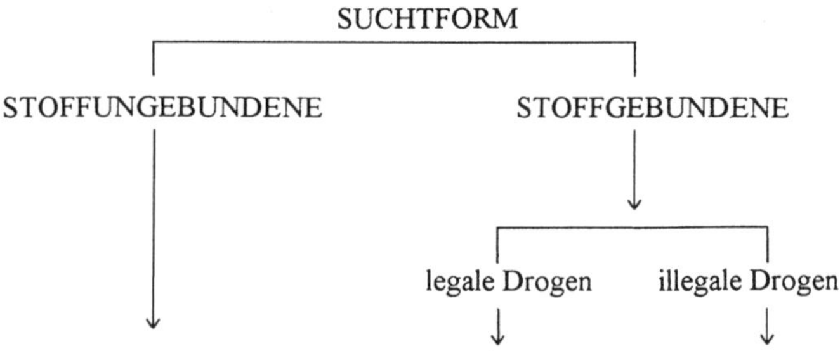

Spielsucht	Coffein	Cannabis
Arbeitssucht	Nikotin	Kokain
Eßsucht	Alkohol	Heroin
Mediensucht	Medikamente	LSD
andere Süchte		Amphetamine

Abbildung 3: Stoffungebundene und stoffgebundene Suchtformen.
(Quelle: Meyenberg/Scholz/Buisman 1993.)

Wir gehen in diesem Buch nur auf die stoffgebundenen Suchtformen ein, nämlich die legalen und illegalen Drogen. Der Status einer psychoaktiven Substanz als legal oder als illegal sagt nichts über ihre Wirkung und ihr Suchtpotential aus. Die Klassifizierung als legal oder illegal läßt sich meist nur aus der historischen Perspektive erklären: Fast alle heute legalen Drogen (z.B. Coffein, Tabak, Alkohol) waren irgendwann einmal verboten, bis sie sich in unserem Kulturkreis allmählich durchsetzten. Die heute illegalen Substanzen (z.B. Cannabis, Kokain, Heroin, Amphetamine) sind nicht immer deswegen verboten, weil sie die objektiv größeren Abhängigkeitspotentiale besitzen, sondern weil sie in unserem Kulturkreis noch nicht vertraut sind. Es ist nicht ausgeschlossen, daß einige von ihnen im Laufe der Jahre in den Status einer legalen Droge überführt werden.

In der Umgangssprache wird das Wort „Droge" meist als Synonym für illegale Rauschmittel verwendet. Dies ist nicht korrekt. Genauer und weniger mißverständlich ist der Begriff „psychoaktive Substanz", da er die Wirkungsweise einschließt und weitgehend wertneutral ist. Psychoaktive Substanzen werden im allgemeinen nach ihrem Wirkungsmuster in drei Gruppen eingeteilt:

- Sedativa
  Hierzu gehören die betäubend, beruhigend und entspannend wirkenden Substanzen, insbesondere sämtliche Opiate wie z. B. Heroin, Morphium, Codein, Methadon; außerdem die Untergruppen der Tranquilizer, der Schlaf- und der Schmerzmittel. Auch der Alkohol wird zu dieser Gruppe gezählt.
- Stimulanzien
  Hierzu gehören die anregend, aufputschend oder aktivierend wirkenden Substanzen Kokain, die Amphetamine und ihre zahlreichen Derivate wie z. B. Speed, MDMA („Ecstasy") und außerdem Coffein.
- Halluzinogene
  Hierzu werden LSD (Lysergsäurediäthylamid), Mescalin, Atropin, Psylocybin, MDA, DOM und eine große Anzahl ähnlicher Verbindungen gezählt. Sie erzeugen halluzinogene Effekte bis hin zu symptomatischen Psychosen.
- Keiner dieser Gruppen eindeutig zuzuordnen sind Cannabis und Nikotin, die Elemente aller drei genannten Wirkungsgruppen enthalten.

Zahl der Suchtkranken

In der Bundesrepublik Deutschland gibt es nach Angaben der „Deutschen Hauptstelle gegen die Suchtgefahren" (DHS) eine erschreckend hohe Anzahl von stoffgebundenen Suchtkranken.

Aus Abbildung 4 wird deutlich, daß die Anzahl der Abhängigen von legalen Drogen weit höher ist als die von illegalen. Dies ist eine häufig übersehene Tatsache; der Anteil der Suchtkranken von illegalen Drogen wird in der Öffentlichkeit überschätzt. Die von der Deutschen Hauptstelle gegen die Suchtgefahren angegebenen sechs Millionen Nikotinabhängigen sind diejenigen, die medizinisch als „behandlungsbedürftig" angesehen werden. Der Anteil derjenigen, die mehr als 16 Zigaretten pro Tag rauchen und noch nicht behandlungsbedürftig sind, liegt vermutlich noch weit höher als diese Zahl; nach DHS-Schätzungen sind es bis zu 19 Millionen Menschen.

Die große Gesundheitsgefahr, die von den legalen Substanzen und ihrem Mißbrauch ausgeht, wird auch durch die Zahl der Todesfälle, die auf den Mißbrauch von psychotropen Substanzen zurückzuführen sind, bestätigt. Nach Schätzungen der DHS gibt es pro

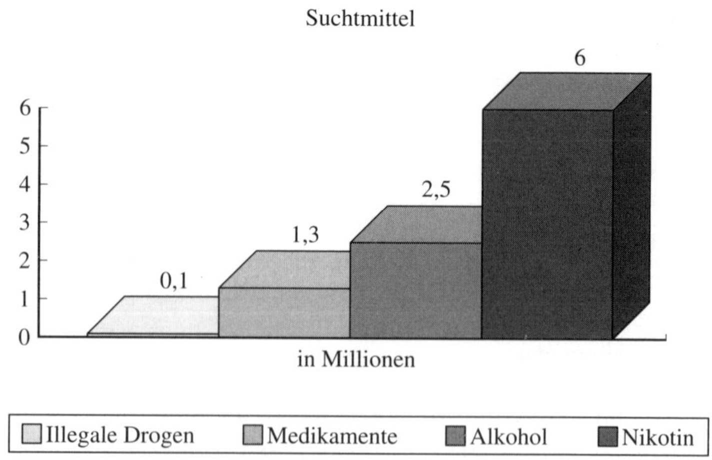

Abbildung 4: Anzahl der stoffgebundenen und behandlungsbedürftigen Suchtkranken in der Bundesrepublik Deutschland.
(Quelle: Deutsche Hauptstelle gegen die Suchtgefahren, 1995.)

Jahr bis zu 2000 Fälle, die auf illegale Drogen zurückzuführen sind („Drogentote"), während bis zu 40 000 „Alkoholtote" und 80 000 „Tabaktote" gezählt werden.

Dynamik der Abhängigkeit

Stoffgebundenes Suchtverhalten ist durch zwanghaftes Verhalten gekennzeichnet, sich unter allen Umständen die Substanz zu verschaffen. Zugleich ist die Unfähigkeit typisch, aus eigener Kraft mit dem Konsum aufzuhören. Der Übergang vom gelegentlichen über den regelmäßigen Gebrauch verläuft über die Stadien Gewöhnung, Kontrollverlust und Sucht in die Abhängigkeit (Abbildung 5).

Konsum und Genuß führen nicht zwangsläufig zum Mißbrauch und zur Abhängigkeit. Der Gebrauch sowohl von legalen als auch von illegalen Substanzen kann auf einer bewußten Entscheidung basieren, ein Leben mit Drogen zu führen, wobei der „Nutzen" aus dem Konsum höher eingeschätzt wird als die „Kosten" (Hartwig/Pies 1995). Aber jede Abhängigkeit setzt mißbräuchliches Konsum- und Genußverhalten voraus. Der unkontrollierte Gebrauch bzw. Mißbrauch führt langfristig zur Abhängigkeit. Abhängigkeit tritt

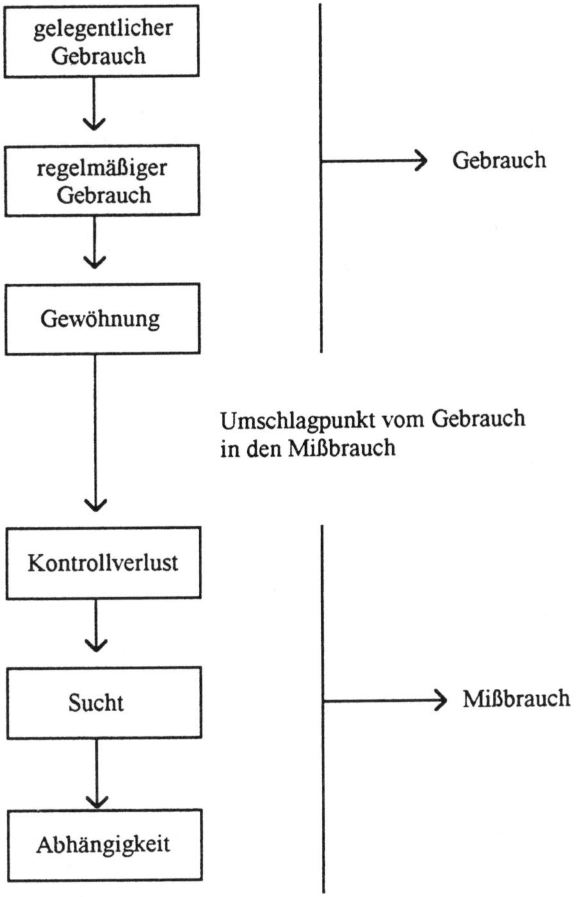

Abbildung 5: Stadien der Entstehung von Abhängigkeit.

nicht schlagartig und von heute auf morgen auf, sondern erst nach einem Mißbrauchsverhalten, das sich über längere Zeit erstreckt. Abhängigkeit entwickelt sich zunächst „unter der Oberfläche so langsam und unauffällig, daß sie lange Zeit vom Betroffenen selbst und seiner Umwelt nicht bemerkt wird“ (Lindenmeyer 1993, 10). Wann die einzelnen Sucht- bzw. Abhängigkeitszeichen auftreten, ist von der Art der Droge, der Persönlichkeitsstruktur des Konsumenten und von seinem suchtbezogenen sozialen Umfeld abhängig.

Die Begriffe „Sucht" und „Abhängigkeit" sind nur schwer voneinander zu trennen. In Theorie und Praxis werden sie – auch im englisch-amerikanischen Sprachgebrauch – oft austauschbar verwendet. Es erscheint uns aber sinnvoll, den Begriff „Sucht" für den Prozeß zu reservieren, der von der Gewöhnung in die unkontrollierte Zwangshandlung führt, und den Begriff „Abhängigkeit" zur Bezeichnung des krankhaften Endzustandes dieses Prozesses zu verwenden.

Von einer Abhängigkeit wollen wir sprechen, wenn folgende Merkmale auftreten:

- Tendenz zur Dosissteigerung oder zur Intensivierung des Wirkstoffes;
- körperliche und/oder psychische Unkontrollierbarkeit der Substanzzufuhr;
- Auftreten von schmerzhaften und quälenden Entzugssymptomen, wenn die Substanz nicht konsumiert werden kann;
- Ausrichtung aller Tagesaktivitäten auf das Bemühen, den Nachschub der Substanz sicherzustellen;
- Vernachlässigung anderer Interessen und Lebensvollzüge zugunsten des Substanzkonsums.

Es kann zwischen körperlicher und psychischer Abhängigkeit unterschieden werden, wobei die Merkmale der Abhängigkeit je nach Art der Droge wechseln.

- Körperliche Abhängigkeit ist dann gegeben, wenn der Körper die Substanz in seinen Stoffwechsel eingebaut hat und auf die ständige Einnahme mit Gegenregulationen des Stoffwechsels reagiert, meist durch verminderte Eigenproduktion oder chemische Blockierung von körpereigenen Stoffen. Ein Zeichen körperlicher Abhängigkeit ist die Gewöhnung an die Substanz (Toleranzbildung), die eine Dosissteigerung zur Folge hat, damit dieselbe Wirkung wie zuvor erzielt wird. Gleichzeitig führt ein Mangel der Substanz zu massiven körperlichen Entzugserscheinungen, die vor allem bei Alkohol-, Hypnotika-, Tranquilizer- und Opiat-Abhängigen auftreten. Sie zeigen sich bei einzelnen Menschen – möglicherweise genetisch bedingt – in unterschiedlichem Maße in Unruhe, Gereiztheit, Frieren, Schwitzen, Zittern, Schwindelgefühlen, Schlafstörungen, Übelkeit und Erbrechen sowie Schmerz.

- Psychische Abhängigkeit manifestiert sich vor allem im „Stoffhunger", im unbezähmbaren Verlangen nach Substanzeinnahme sowie in begleitenden Ängsten, Depressionen, Panikattacken und Suizidgedanken. Der psychisch Abhängige ist nicht mehr frei, den Umgang mit der Droge unter Kontrolle zu halten. Er ordnet alle verstandesmäßigen Einsichten seinem Verlangen nach einem bestimmten Erlebenszustand unter. Süchtiges Verhalten beeinträchtigt die freie Entfaltung der Persönlichkeit und zerstört soziale Bindungen durch die nahezu ausschließliche Zentrierung der Aufmerksamkeit auf die eigene Befindlichkeit und die Sicherstellung des Drogennachschubs. Bei einigen Drogen, wie zum Beispiel Haschisch, Kokain und LSD, tritt keine körperliche Abhängigkeit ein, dennoch ist das Verlangen, den Konsum fortzusetzen, enorm hoch und kaum steuerbar. Physische und psychische Abhängigkeit können auch unabhängig voneinander bestehen.

Der Teufelskreis der Abhängigkeit

Die Entstehungsgeschichte der Abhängigkeit ähnelt oftmals einem Teufelskreis, der für den einzelnen nur schwer zu durchbrechen ist. In Abbildung 6 ist dieser Teufelskreis, der besonders beim Gebrauch und Mißbrauch der Drogen Alkohol und Heroin so beobachtet werden kann, anschaulich dargestellt: Am Anfang (Stadium 1) verspürt der Konsument das Bedürfnis, der Realität zu entfliehen, er möchte Entspannung und Erleichterung empfinden. Um diesen Wunsch zu befriedigen, greift er (Stadium 2) zur Droge und empfindet tatsächlich momentane Entlastung. Sein Verlangen nach der Droge wird immer größer (Stadium 3 und 4). Im Laufe des sich steigernden Konsums entstehen – auch aus dem Empfinden des wachsenden Kontrollverlustes heraus – Schuldgefühle (Stadium 5). Der Konsument versucht, die Substanzeinnahme vor sich selbst und vor anderen zu rechtfertigen (Stadium 6). Er versucht, über das wahre Ausmaß der Drogeneinnahme hinwegzutäuschen (Stadium 7). Er verspricht, weniger zu konsumieren, hält dieses Versprechen jedoch nicht ein (Stadium 8 und 9). Allmählich wird die Beschaffung der Droge zum einzigen Lebensinhalt des Konsumenten, und es besteht, falls es sich um eine illegale Substanz handelt, die Ge-

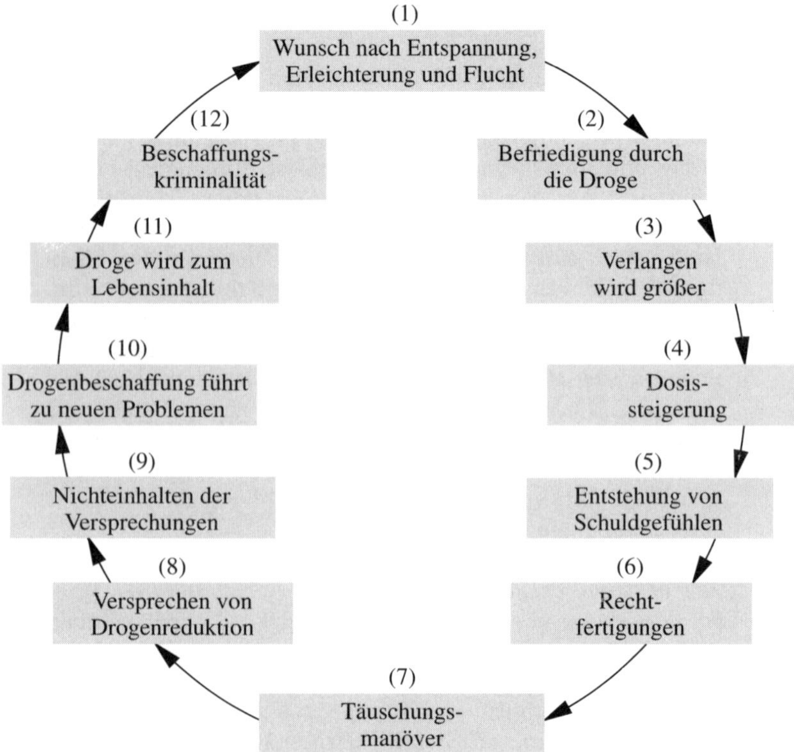

Abbildung 6: Der Teufelskreis der Abhängigkeit.

fahr des Abgleitens in die Beschaffungskriminalität (Stadium 10, 11 und 12).

Jede Abhängigkeit entsteht in einem bestimmten Lebenskontext. Der Beginn und die Fortsetzung des Drogengebrauchs können sehr unterschiedlich motiviert sein. Die Spanne der Motive reicht von der freien Entscheidung, mit Hilfe von Drogen die Lebensfreude und das eigene Gesundheitsgefühl zu erhöhen, bis zum verkrampften und krankhaften Versuch, eigene Probleme im Lebensalltag auf eine passive und ausweichende Weise zu lösen und auf eine aktive Bearbeitung der Ursachen und konsequentes Bewälti-

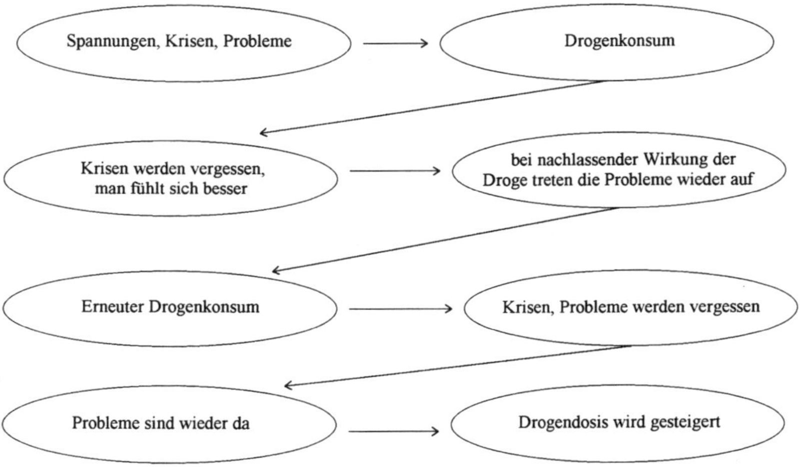

Abbildung 7: Drogenkonsum als Problemlösungsversuch.
(Quelle: Ziegler 1995, 8.)

gungsverhalten zu verzichten. Für diese zuletzt genannte Variante hat Ziegler (1995) die Dynamik des Mißbrauchsverhaltens in einem Ablaufbild festgehalten (Abbildung 7).

In Abbildung 7 wird deutlich, wie sehr der Drogenkonsum den Charakter einer „Ersatzhandlung" annehmen kann: Statt den Ursachen von Spannungen und Problemen auf den Grund zu gehen und ursachenbezogene Bewältigungshandlungen einzuleiten, geschieht genau das Gegenteil, nämlich Verdrängung und Vergessen der Ursachen. Hierdurch kann der Drogenkonsum seine fatale Schlüsselrolle in der Persönlichkeitsdynamik einnehmen, die bis hin zu Sucht und Abhängigkeit führen kann.

Der „Person-Umwelt-Droge-Ansatz"

Der komplexe Vorgang der Entstehung einer Abhängigkeit kann nur durch einen Denkansatz erklärt werden, in dem körperliche, seelische und soziale Einflüsse gemeinsam berücksichtigt werden. Drogenabhängigkeit wird von uns, wie oben dargestellt, als Symptom einer gestörten Gesundheitsbalance verstanden. Sie hat nie nur eine einzige Ursache, sondern entsteht aus einem vielfältigen

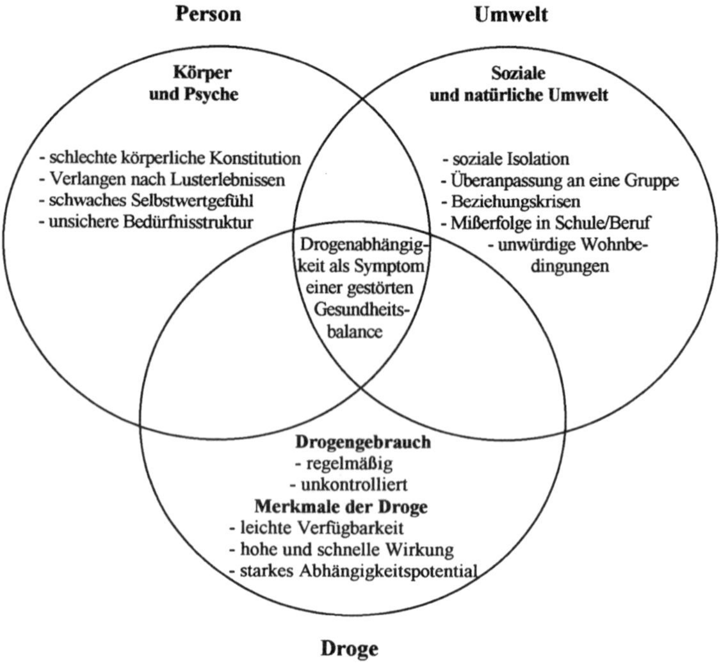

Abbildung 8: Drogenabhängigkeit als gestörte Gesundheitsbalance: Der „Person-Umwelt-Droge-Ansatz" zur Erklärung von Abhängigkeit.

Ursachengefüge. Sie hat fast immer eine längere, oft jahrelange Entstehungsgeschichte. Ob es zur Abhängigkeit kommt, entscheidet sich nach der Art der Droge, der Intensität des Drogengebrauchs, den Merkmalen der Persönlichkeit und den Merkmalen der Umwelt.

Wir haben schon zu Beginn dieses Kapitels in Abbildung 1 auf das Wechselspiel zwischen den Merkmalen der Person (Körper/Psyche) und der sozialen und natürlichen Umwelt hingewiesen, das die Gesundheitsbalance bestimmt. Die psychotropen Substanzen werden in dieses Wechselspiel mit einbezogen. In Abbildung 8 ist der Versuch gemacht, die Faktoren aufzuzeigen, die zu einer gestörten Gesundheitsbalance führen können. Neben spezifischen Faktoren in den Regelkreisen „Körper und Psyche" und „Soziale und natürliche Umwelt" sind es auch Merkmale der Droge und des Drogengebrauchs bzw. -mißbrauchs.

Die Drogenabhängigkeit wird in diesem den weiteren Überlegungen des Buches zugrundeliegenden Denkansatz nicht nur als ein individuelles Problem der einzelnen Person und auch nicht als Zeichen einer pathologischen Persönlichkeit verstanden, sondern als Ergebnis einer Verkettung von unzureichenden personalen und sozialen Ressourcen bei der Auseinandersetzung mit der Lebenssituation und den Merkmalen der Drogennutzung:

- Zu den Personmerkmalen gehören ungünstige körperliche Voraussetzungen, die möglicherweise genetisch bedingt sind: eine schlechte Verträglichkeit von psychoaktiven Substanzen oder körperliche Anfälligkeit. Auch zählen die psychischen Dispositionen dazu, etwa ein unsicheres Selbstbewußtsein und Selbstwertgefühl, seelische Labilität, geringe Frustrationstoleranz und Konfliktlösungskompetenzen, widersprüchliche Wertorientierungen und unzureichende Kenntnisse über das Gefahrenpotential von Drogen sowie über eine gesunde und verantwortungsbewußte Lebensführung.
- Zu den Umweltmerkmalen, die ihrerseits in einer Wechselbeziehung zu den Persönlichkeitsmerkmalen stehen, können die Störimpulse aus dem Nah- und Fernbereich der Person gezählt werden. Negative Ereignisse und Schicksalsschläge im Leben der Person sind besonders zu nennen und ihre mangelnde Fähigkeit, darauf zu reagieren. Familie, Schule, Beruf und Freundeskreis bieten unzureichende Unterstützung, Schutz und Hilfe; sie bringen durch Konkurrenz und Versagenserlebnisse Anspannungen und Unsicherheiten mit sich, die der Person Drogenkonsum als eine Form der Bewältigung von Belastungen nahelegen. Auch kann es soziale Gruppenzusammenhänge geben, die durch den gemeinsamen Konsum von Drogen gekennzeichnet sind, denen sich sozial und psychisch ungefestigte Personen kaum entziehen können. Sucht und Abhängigkeit sind immer auch ein gesellschaftliches Problem und entstehen aus dem Widerspruch zwischen Zielsetzung und Zielerreichung, sozialer Einschränkung und freier Selbstverantwortung. Berufliche und familiäre Unterordnungserfahrungen kollidieren mit Unabhängigkeitbestrebungen des einzelnen. Die Vorherrschaft von Macht-Beziehungen kann beim Individuum

zur Unterdrückung unerwünschter Gefühle führen, was wiederum eine Verlockung darstellen kann, zur Betäubung und Manipulation dieser Gefühle zu Drogen zu greifen.

- Zu den Merkmalen der Droge und der Drogennutzung werden die spezifischen Eigenschaften der psychotropen Substanz sowie die Art und Intensität des Drogengebrauchs gerechnet. Die Wahl der Droge wird ihrerseits meist von bestimmten Persönlichkeits- und Umweltgegebenheiten bestimmt. Meist ist es nicht das stoffliche Suchtpotential allein, das in Sucht und Abhängigkeit führen kann, sondern es ist das Wechselspiel mit den in Abbildung 8 aufgeführten Gebrauchs-/Mißbrauchsmustern und den problematischen Personen- und Umweltmerkmalen.

In den folgenden Kapiteln dieses Buches werden wir alle drei in Abbildung 8 aufgeführten Bereiche – die Person-, Umwelt- und Drogenmerkmale – ausführlich behandeln: Die Personmerkmale behandeln wir – theoriebezogen – gleich im Anschluß. Auf die Drogenmerkmale, insbesondere die Merkmale des Drogengebrauchs, gehen wir in Kapitel 2 und auf die Merkmale der Umwelt (Familie, Schule/Beruf und Freizeit) in Kapitel 3 ein.

Zunächst wenden wir uns den bekanntesten sozio-psychodynamischen sowie neurobiologischen Theorien zu und fragen, welche Bedeutung sie Personmerkmalen für die Erklärung von Sucht und Abhängigkeit zumessen.

Theorien der Entstehung von Sucht und Abhängigkeit

Die Antwort auf die Frage, warum einige Menschen süchtig und abhängig werden, andere aber nicht, ob es eine Disposition zur Sucht und zu Persönlichkeitsstörungen und ob es eine „Suchtpersönlichkeit“ gibt, hängt eng mit der Ansicht über die Entwicklung der Persönlichkeitsstruktur zusammen (Ladewig 1996). Diese Sichtweisen sind in verschiedenen Theorien unterschiedlich akzentuiert. Wir gehen im folgenden auf vier unterschiedliche Theorien ein. Alle vier vorzustellenden Theorien greifen bei der Beantwortung der Frage, wie Sucht und Abhängigkeit entstehen, jeweils einzelne Erklärungsdimensionen heraus und betonen auf unterschiedliche Weise nicht nur Merkmale innerhalb der Person, sondern auch Merkmale der Umwelt, in der die Person agiert. Damit verweisen sie, allerdings mit jeweils anderer Akzentsetzung, auf das komplexe Zusammenwirken zwischen Person- und Umweltmerkmalen.

Wir stellen der Reihe nach die folgenden Theorien vor:

- Psychoanalytische Theorien
- Lerntheorien
- Systemische Theorien
- Neurobiologische Theorien.

Psychoanalytische Theorien

Die psychoanalytischen Theorien stellen einen psychodynamischen Ansatz dar, in dessen Mittelpunkt die Genese der Persönlichkeitsstruktur, die Trieblehre sowie die Lehre von den psychischen Instanzen steht. Nach diesen Theorien wird die Ursache der Sucht in einer Störung der Persönlichkeitsentwicklung des Süchtigen gesehen. Die affektive Dynamik, die die Persönlichkeitsentwicklung steuert, kennzeichnet auch die Suchtentstehung eines Menschen.

Die psychoanalytischen Theorien betonen die Bedeutung der frühkindlichen Beziehungsstrukturen zwischen Kind und Eltern, insbesondere der Mutter. Sie sehen die Persönlichkeitsentwicklung eines Menschen eng an den familiären Sozialisationsprozeß gekoppelt, in den unterschiedliche sowohl elterliche als auch kindliche Erwartungen, Bedürfnisse, Affekte, Phantasien und Handlungsimpulse eingehen.

Die Persönlichkeitsentwicklung vollzieht sich nach Auffassung der Psychoanalyse in Auseinandersetzung zwischen dem triebgesteuerten Kind und der reglementierenden, disziplinierenden und damit triebeinschränkenden Umwelt. Kommen die Bedürfnisse nach Liebe und Wärme, die zu Bedürfnissen nach Nahrungszufuhr in Beziehung stehen, zu kurz und werden nicht genügend befriedigt, entwickelt das Kind lebenslang Frustrationen mit Fixierungen auf Bedürfnisse der oralen Phase.

Für die süchtige Person stellt die Droge eine Form der Befriedigung oraler Bedürfnisse dar. Drogenzufuhr kann als Rückfall auf eine frühkindliche Entwicklungsstufe, und zwar in Form einer Fixierung auf Verhaltensweisen der oralen Phase, angesehen werden, in der das Kleinkind normalerweise die Erfahrung macht, von einer verwöhnenden Mutter umsorgt zu werden. Ist dies nicht der Fall, kann es zu andauernden illusionären Wunschvorstellungen und zu grenzenlosen Erwartungen an andere kommen. Wenn orale Bedürfnisse in der Kindheit nicht befriedigt werden, so die Theorie, dann erlebt das Individuum lebenslang diesen Mangel und versucht, ihn durch eine passiv-orale Haltung des Verschlingen-wollens auszugleichen. Selbstbestrafungs- bis hin zu Selbstzerstörungstendenzen und die ständige Suche nach emotionaler Befriedigung, die von seiten der Mutter nicht erfolgte, werden in der psychoanalytischen Theorie als Grundmuster des süchtigen Verhaltens angesehen (Täschner 1983).

Die psychoanalytischen Theorien betrachten Sucht als eine Form der Lust/Unlust-Regulierung (Schmidt 1986). Beim Süchtigen spielen Lust-Unlust-Erlebnisse eine entscheidende Rolle. Er hat ein ausgeprägtes Bedürfnis nach Lust-Erleben und das Bestreben, jegliche Art von Unlust zu vermeiden. Der Süchtige kann nur schwer Frustration ertragen, und daher wird Unlust durch Bedürfnisbefriedigung, das heißt durch Substanzzufuhr, vermindert.

Die psychischen Instanzen

In der psychoanalytischen Theorie spielen die psychischen Instanzen, das „Es“, „Ich“ und „Über-Ich“ eine große Rolle. Von ihnen gehen triebgewährende und triebverbietende Impulse aus.

- Das „Es“ ist von allen Instanzen die primäre; aus ihm entwickeln sich später das „Ich“ und das „Über-Ich“. Das „Es“ ist die Instanz, die gemäß dem Lustprinzip nach Befriedigung strebt.
- Das „Ich“ stellt eine Art vermittelnder Instanz zwischen „Es“ und „Über-Ich“ dar: Es ist einerseits unter dem Einfluß des „Es“ Vollstrecker der Triebe, andererseits aber auch unter dem Einfluß des „Über-Ich“ Sublimierer und Triebverdränger. Der Prozeß der Ich-Entwicklung führt zu einem gewissen Maß an Kontrolle des „Es“ durch das „Ich“, das heißt, daß sich erst dann das „Ich“ gegenüber dem „Es“ durchsetzen kann, wenn ein bestimmter Grad an Entwicklung und Organisation des „Ich“ stattgefunden hat. Mit der Ausbildung des „Ich“ geht eine Schwächung des „Es“ einher.
- Das „Über-Ich“ ist diejenige Instanz, die gesellschaftliche Traditionen, Wertvorstellungen, Normen und Regeln nach dem elterlichen Vorbild enthält und die Basis für das „Ich-Ideal“ abgibt,

einer moralischen Instanz, aus der in Auseinandersetzung zwischen den Impulsen aus dem „Es", dem „Ich" und dem „Über-Ich" die Schuldgefühl erwachsen. Im Unterschied zum „Es" agiert das „Über-Ich" eher triebunterdrückend.

Schuldgefühle spielen beim Süchtigen eine große Rolle; sie entstehen, wenn er den Impulsen aus dem „Es" nachgibt, und sie verstärken sich, je mehr er Impulse aus dem „Über-Ich" durch Abwehrmechanismen wie Rechtfertigung und Selbstmitleid zurückdrängt. Die Gesellschaft, verkörpert durch das „Über-Ich", verlangt dem Süchtigen Einschränkungen seiner Triebbedürfnisse ab. Der Süchtige bemitleidet sich und sorgt für seine eigene Triebbefriedigung, was wiederum die Entstehung von Schuldgefühlen begünstigen kann. Der Lustgewinn, den er durch die Substanzeinnahme erfährt, überwiegt die Schuldgefühle, stärkt das Gefühl, ungerecht behandelt worden zu sein und stellt gleichzeitig eine Art Selbstbestrafung dar. Psychoanalytisch wird Sucht als eine chronische Form der Selbstzerstörung, als ein sich langsam vollziehender Suizid angesehen.

Im Unterschied zum Nicht-Süchtigen, bei dessen „Ich"-Entwicklung das „Ich" gegenüber dem „Es" eine Stärkung erfährt, hat sich beim Süchtigen das „Ich" nur schwach entwickelt. Die süchtige Person besitzt nach psychoanalytischer Auffassung eine Persönlichkeitsstruktur mit wenig ausgeprägten Ich-Funktionen. Ihr „Ich" ist hilflos und vermag die Abfuhr der Energien des „Es" nicht mehr zu steuern. Der Konsum von Drogen kann die Funktion übernehmen, eine unentwickelte und labile Persönlichkeit zu stützen. Drogen können auf diese Weise in den Dienst der Stabilisierung des schwachen „Ich" gestellt und als ein Versuch verstanden werden, ein gestörtes Gleichgewicht zwischen den eigenen Bedürfnissen und den Anforderungen von außen wiederherzustellen.

Abwehrmechanismen

Zu den Abwehrmechanismen zählen Vorgänge der Verdrängung, der Reaktionsbildung, der Verleugnung, des Ungeschehenmachens, der Projektion und der Regression. Die süchtige Person verfügt in hohem Maße über diese Abwehrmechanismen: Entweder leugnet sie vehement ihre Sucht und versucht, ihre Angehörigen und Freunde über das Ausmaß hinwegzutäuschen, oder sie sucht nach Erklärungen, Entschuldigungen und gibt Versprechungen ab, die sie nicht einhält. Nach der psychoanalytischen Theorie ist süchtiges Verhalten mit neurotischem Verhalten gleichzusetzen, wobei die Persönlichkeit des Süchtigen bzw. des Neurotikers als gestört angesehen wird.

Die psychoanalytischen Theorie sieht Sucht und Abhängigkeit als Symptome einer gestörten Persönlichkeitsentwicklung an. Kritisch ist zu erwähnen, daß sie damit eine „Pathologisierung" der Persönlichkeit der süchtigen und abhängigen Person vornimmt. Sie übersieht weitgehend situative Auslösebedingungen und Merkmale, die mit der Verfügbarkeit von Drogen und suchtgefährdenden Situationen zu tun haben, sie übersieht auch gesellschaftliche Faktoren wie Leistungs- und Konkurrenzsituationen, wirtschaftliche Probleme und soziale Diskriminierung von einzelnen Menschen, die für den Beginn und die Stabilisierung des Sucht- und Abhängigkeitsverhaltens von großer Bedeutung sein können. Die Stärke dieser Theorie liegt im Aufspüren von krankhaften Mechanismen der Suchtentstehung und der Bereitstellung von Therapien, die auf diese Störungen einwirken.

Lerntheorien

In Lerntheorien wird die Persönlichkeitsentwicklung von Menschen gleichgesetzt mit Lernerfahrungen. Sucht wird als erlerntes Verhalten angesehen, das aufgrund von lerntheoretischen Gesetzmäßigkeiten wie klassischer (Reiz-Reaktions-Verbindungen) und instrumenteller Konditionierung (Reaktions-Reaktions-Verbindungen, positive und negative Verstärkung, Löschung, Vermeidung, Generalisierung, Diskrimination) und durch soziales Lernen (Modell-Lernen, Identifikation und Imitation, Rollenübernahme und Rollenverhalten) zustande kommt.

Lerntheoretische Gesetzmäßigkeiten

Das Prinzip der klassischen Konditionierung (Reiz-Reaktions-Verbindung) liegt in der Koppelung eines ursprünglich neutralen Reizes an eine Reaktion und ermöglicht damit – unter bestimmten Bedingungen – neue feste Reiz-Reaktions-Verbindungen: Der Anblick einer Flasche oder Zigarette löst zum Beispiel dann das Verlangen nach der Substanz aus, wenn eine Person die damit verbundene angenehme Wirkung erfahren hat. Durch klassisches Konditionieren kann sowohl Verhalten auf- als auch abgebaut werden. In der Kindheit konditionierte Reaktionen sind sehr schwer zu löschen und oftmals Ursache für Suchtverhalten.

Das instrumentelle Konditionieren wird auf Reaktions-Reaktions-Verbindungen zurückgeführt, das heißt auf positive und negative Verstärker, die einer Handlung unmittelbar folgen und damit die Wahrscheinlichkeit erhöhen, daß diese Handlungen öfter ausgeführt werden. Man unterscheidet zwischen primären (Essen, Trinken, Schlafen) und sekundären Verstärkern (Lob, materielle Zuwendung). Für den Süchtigen spielen beide eine große Rolle: Die primären Verstärker werden durch die Droge selbst und die pharmakologische Wirkung dargestellt, die sekundären durch die Wertschätzung in der Gruppe und die Assoziation mit einem bestimmten Lebensgefühl. Als positive Verstärkung wirkt beim Süchtigen auch der Wegfall von Angst, Anspannung und Hemmungen (Sieber 1988, 53).

Auf diese Weise wird die Droge instrumentell, das heißt als Mittel zum Zweck benutzt, zur Herstellung von angenehmen Gefühlen, zur Anbahnung von Kontakten oder auch zur Flucht aus der Wirklichkeit. Eine andere instrumentelle Funktion des Drogengebrauchs besteht im Empfinden von Macht und Stärke, das sich zum Beispiel bei vielen Menschen nach Alkoholkonsum einstellt. Hat sich erst eine Abhängigkeit mit Entzugssymptomatik entwickelt, so wird die Droge selbst zum primären Verstärker (Sieber 1988).

Lerntheoretische Begriffe wie „differentielle Verstärkung" und „Generalisierung" lassen sich auf das Verhalten von süchtigen Personen anwenden: Wenn eine Person zum Beispiel die angenehme Wirkung einer Zigarette nach einem guten Essen oder einer Tasse Kaffee gespürt hat, wird sie danach streben, diese Wirkung auch bei einem Glas Wein oder einem guten Gespräch zu erleben. Hat sie die Erfahrung im Beisein bestimmter anderer Personen gemacht, wird sie diese in ihrer Anwesenheit wiederholen wollen. Man spricht von Stimulus- bzw. Reizkontrolle, wenn die Person gelernt hat, bestimmte Handlungsweisen in Anwesenheit bestimmter Personen oder in bestimmten festgelegten Situationen auszuführen (Feste, Familienfeiern, Empfang von Gästen usw.).

Sucht und Strafmaßnahmen

Nach lerntheoretischen Gesetzmäßigkeiten haben Strafmaßnahmen nur eine vorübergehend abschwächende Wirkung auf das Suchtverhalten eines Menschen. Strafen lösen – dies ist aus der Erziehungspsychologie bekannt – bei Personen, ob bei Kindern oder Erwachsenen, oft Vermeidungsverhalten und Angstreaktionen aus. Menschen versuchen, die Strafmaßnahmen zu unterlaufen oder geschickt zu umgehen. Süchtige versuchen, trotz der Strafen ihr Suchtverhalten aufrechtzuerhalten. Strafe kann aus unangenehmen Konsequenzen bestehen oder aus einem Entzug von begehrten Verstärkern. In jedem Fall wird der Süchtige versuchen, mit noch größerer Anstrengung die unangenehmen Konsequenzen zu umgehen und wieder an die Verstärker (z. B. seine Droge) zu gelangen.

Modell-Lernen

Die Theorie des Modell-Lernens sieht Lernen überwiegend als einen aktiven Aneignungsprozeß, der sich aus drei Merkmalen zusammensetzt: dem Beobachter, den zu Beobachtenden und der Situation, in der beobachtet wird. Der Prozeß des Modellernens besteht aus einer Aneignungs- und einer Ausführungsphase. Er soll hier am Beispiel des Raucherverhaltens erläutert werden.

- In der Aneignungsphase findet das Beobachtungslernen statt, in der der Beobachtende das Verhalten der Modellperson als Vorstellung oder verbale Repräsentation in seinem Gedächtnis speichert, damit es dieses später abrufen kann. Beim Tabakrauchen beobachtet der Jugendliche, lange bevor er selbst zur Zigarette greift, seine Eltern oder Verwandten, und es prägen sich ihm feste Zusammenhänge zwischen Rauchen und bestimmten Situationen ein. Er hört Sätze wie „zum Kaffee gehört eine Zigarette“ oder „jetzt habe ich aber eine Zigarette verdient“ und erlebt stellvertretend die gratifizierende Wirkung der Zigarette in angenehmen Situationen. Wenn ein spannender Krimi im Fernsehen gesehen und dabei geraucht wird, dann kann Rauchen „Spannungs-/Entspannungsmanagement“ sein (Niederberger 1987, 68). Der Jugendliche erwirbt in seiner Familie Gebrauchsmuster, die er für sich gespeichert hat und später aktualisieren und aktivieren kann.
- In der Ausführungsphase entscheidet die zu erwartende Verstärkung darüber, ob das beobachtete Verhalten auch tatsächlich

gezeigt wird. Hier spielen Belohnungsprozesse eine große Rolle. Der Jugendliche raucht, um „in“ zu sein, um dazuzugehören, um mit seinen Freunden „gleichzuziehen“. Die Belohnung erfährt er durch das Gefühl der Gruppenzugehörigkeit. Die jugendspezifischen Kontexte ermöglichen ihm die Ausführung des schon lange vorher innerlich angeeigneten Verhaltens. Der soziale Druck und der Konformitätszwang sind oft so stark, daß Jugendliche auch dann zur Zigarette greifen, wenn sie gar kein Bedürfnis danach verspüren. So üben sie ein Verhalten aus und auch ein, das aus festen Reiz-Reaktions-Verbindungen („wenn ich mit meinen Freunden zusammen bin, rauche ich“) besteht und damit zur Gewohnheit wird (Niederberger 1987).

Die bewußte, aber auch unbewußte Übernahme von Verhaltensweisen anderer vollzieht sich nach lerntheoretischer Sichtweise vor allem durch die Wirkung von Modellpersonen. Die Person identifiziert sich besonders mit jenen Personen, die sie mag oder die bei anderen beliebt sind, und übernimmt deren Verhaltensweisen und so auch ihr Raucherverhalten. Sie möchte so sein wie die Modellpersonen, auch ebenso beliebt, daher verhält sie sich wie diese. Während zu Beginn des Identifikationsprozesses die Verstärkung bzw. die in Aussicht stehende Verstärkung noch sehr wichtig ist, tritt diese jedoch im Verlauf des Identifikationsprozesses immer mehr in den Hintergrund. Damit findet eine Verlagerung der Kontrollinstanz („locus of control“) von außen nach innen statt: Während zunächst noch das Rauchen abhängig ist von der Anwesenheit anderer, ihrer Modellwirkung, und der Genuß vor allem in der Gemeinsamkeit des Rauchens gesehen wird, vollzieht sich eine zunehmende Autonomisierung und Internalisierung.

Rauchen kann auch eine konfliktregulierende Funktion haben, das heißt, es wird zur Zigarette gegriffen, wenn die Person einen Konflikt erlebt oder ihn regulieren will. Das konfliktregulierende Rauchen gilt ebenfalls als gelernt und als durch Vorbildwirkung erworben. Es tritt eine Habitualisierung und Generalisierung ein, die sich darin zeigt, daß nicht mehr nur in bestimmten Situationen geraucht wird, sondern in vielen und ganz unterschiedlichen Situationen. Das Rauchverhalten hat sich verselbständigt (Niederberger 1987).

Insgesamt liefern die Lerntheorien wertvolle Hinweise, an welchen Komponenten des Person-Umwelt-Wechselspiels Mechanismen ansetzen, die zu Sucht und Abhängigkeit führen können. Im Unterschied zu psychoanalytischen Theorien verankern die Lerntheorien Suchtmechanismen nicht so stark in Tiefenstrukturen der Persönlichkeit und sind deswegen möglicherweise in Gefahr, persönlichkeitsspezifische Dynamiken zu übersehen.

Systemische Theorien

Systemische Theorien verstehen soziale Strukturen als regelgesteuerte und adaptive Systeme, die eine Tendenz zur Aufrechterhaltung des Gleichgewichts (Homöostase) besitzen. Systemische Theorien befassen sich mit Regelkreisen, Gleichgewichtsprozessen, Rückkoppelungsmechanismen und zirkulären Wechselwirkungen. Familien werden als Inbegriff sozialer Systeme aufgefaßt und als für die Persönlichkeitsentwicklung von entscheidender Bedeutung bewertet. Familiensysteme stehen mit anderen Systemen (Nachbarn, Institutionen, Vereinen etc.) im Austausch, grenzen sich voneinander ab, reagieren aber auch aufeinander.

Systemische Theorien leisten einen entscheidenden Beitrag zur Erklärung der Familiendynamik von Sucht (Dembach 1990). Sie beschäftigen sich allerdings nicht primär mit der Entstehungsgeschichte von Sucht und Abhängigkeit und fragen nicht so sehr (wie die psychoanalytischen Theorien) nach den Ursachen der Suchtentstehung. Vielmehr stellen sie die Dynamik und Beziehung zwischen den Familienmitgliedern in den Mittelpunkt und fragen danach, welche familialen und intergenerationalen Mechanismen das Suchtverhalten zum gegenwärtigen Zeitpunkt aufrechterhalten bzw. verändern.

Nach systemischen Vorstellungen besteht das „System Familie" normalerweise aus unterschiedlichen Subsystemen:

- aus den Subsystemen der einzelnen Familienmitglieder;
- aus dem elterlichen Subsystem;
- aus dem Geschwistersubsystem.

Zwischen ihnen lassen sich in der Regel klare „Grenzen" ausmachen. Solche Grenzen sind für eine „normale" Entwicklung notwendig und erfüllen eine „strukturierende und ordnungsschaffende Funktion" (Dembach 1990, 94). Normalerweise entwickeln sich im Laufe des Zusammenlebens in einer Familie Kommunikations- und Beziehungsstrukturen sowie Regeln, Tabus und Kontrollmechanismen, die den Zusammenhalt und auch das Gleichgewicht unter den Familienmitgliedern sichern. Das Verhalten eines jeden Familienmitgliedes wirkt sich auf das der anderen aus (Heckmann 1991).

In Familien mit einem Abhängigkeitskranken fällt auf, daß die notwendigen Grenzen nicht anzutreffen sind. Es herrscht in ihnen eine spezielle Dynamik, die dadurch gekennzeichnet ist, daß Kinder und Jugendliche als Familienmitglieder oftmals eine „Mission" zu erfüllen haben (Delegationsmodell). Diese besteht darin, den Eltern bei der Lösung ihrer Konflikte behilflich zu sein oder Konflikte von ihnen fernzuhalten („Wir haben keine Probleme!"). Sie erhalten Aufträge, die sie an die Familie binden und ihnen nur wenig Entscheidungsfreiheit und Selbstbestimmung lassen (Stierlin 1988). Die solchermaßen „gebundenen" Jugendlichen versuchen häufig, ihr Bewußtsein für Spannungen zu betäuben. Drogenkonsum kann eine Antwort auf diese Ausgangssituation sein (Dembach 1990).

Familiäre Suchtprobleme ergeben sich aus der Dynamik sowohl der jeweiligen Familie als auch der Geschwister-, Eltern- und Großelternfamilien. Sucht wird nach systemischer Sichtweise als ein adäquates Verhalten verstanden, das im Kontext der Familie entstanden ist. Der Drogenabhängige wird von den Familienmitgliedern zwar als krank und gestört angesehen, aber nach der systemischen Sichtweise erfüllt sein Suchtverhalten eine bestimmte Funktion, nämlich die Familie als Ganzes zu schützen und dafür zu sorgen, daß sie nicht auseinanderfällt. Das Suchtverhalten eines Familienmitgliedes wird auf dem Hintergrund seiner Funktion für den Familienzusammenhalt gesehen und gibt einen Hinweis auf bestehende dysfunktionale Beziehungsstrukturen, denn das Symptom steht sowohl für Zusammenhalt als auch für Veränderungswünsche (Cierpka 1995).

Loyalität von Kindern gegenüber ihren Eltern

Die Erklärung für die Beobachtung, daß in manchen Familien Suchtverhalten gehäuft vorkommt, wird aus systemischer Sicht in der Mehrgenerationenperspektive gesehen (Stierlin 1988; Boszormenyi-Nagy/Spark 1993). Danach können sich Verhaltensstörungen in der Kindergeneration aus unbewußten Konflikten zwischen Eltern und Großeltern oder zwischen den Partnern ergeben. In vielen Familien spielen sich in einer Art Wiederholungszwang über Generationen hinweg immer wieder dieselben Konflikte ab. Es sind „unsichtbare Bindungen", die zur „Loyalität" von Kindern gegenüber ihren Eltern führen und bewirken, daß sich Kinder nach einem ungeschriebenen „Familiengesetz" oder einem „Familienmythos" verhalten. Dies bewirkt, daß Positionen und Rollen der Familienmitglieder festgeschrieben sind, so daß keine Veränderung möglich ist. In Familien, in denen ein Elternteil oder beide Elternteile drogensüchtig sind, kommt es oft zu „Hierarchieumkehrungen", zu sogenannten Parentifizierungen, wobei die Kinder in die Elternrolle schlüpfen und versuchen, deren Verantwortung zu übernehmen. Oftmals lasten auf den Kindern in Suchtfamilien schwere Verantwortung und Überforderung. Sie werden von den Eltern in die Rolle der Über-Eltern gedrängt, müssen die Familie versorgen, auf die Geschwister aufpassen und den Haushalt führen (Boszormenyi-Nagy/Spark 1993, 209ff.).

Rigide innerfamiliäre Verhaltensweisen

In den Familien mit Suchtkranken gibt es zwar, wie in jeder Familie auch, Probleme und Konflikte, aber im Unterschied zu anderen Familien wählt die „Suchtfamilie" ganz bestimmte Bewältigungsmuster. Sie bestehen in den schon erwähnten besonders ausgeprägten gegenseitigen Bindungen und Abhängigkeitshaltungen, in Abstoßungs- und Anklammerungstendenzen und sind oftmals auch in Inzesthandlungen zu finden. Eltern und Kinder fühlen sich aneinander gebunden. Keiner kann den anderen freilassen, einer ist der Gefangene des anderen. Die Generationengrenzen sind entweder verwischt und diffus oder auch starr und rigide (Solms 1988).

In vielen Familien ist der jugendliche Drogenabhängige oft mit einem Elternteil verstrickt und steht in engster Bindung zu ihm, was zu einer Koalition gegenüber dem anderen Elternteil führt. Familien mit Suchtkranken weisen häufig ein hohes Maß an Rigidität, das heißt an starren Verhaltensweisen und persistierenden Einstellungen auf. Über bestimmte Themen wird nicht gesprochen, es werden immer dieselben Verhaltensmuster ausgetauscht, so daß es keine Veränderung gibt (Cierpka 1995).

Nach dem Prinzip des „Mehr desselben" kommt es zu jahrelangen erfolglosen Versuchen, die Sucht zu beenden. Es gibt häufig ein Entweder-Oder-Denken, welches das Suchtverhalten nur stabilisiert und das durch ein Sowohl-Als-auch abgelöst werden muß. In Familien mit Suchtkranken gelten nicht selten Regeln wie „Wir dürfen niemals auseinandergehen!", „Wir halten immer zusammen!", „Wir haben keine Probleme!", daneben aber auch oft ein Schwarzweißdenken, ein Alles-oder-Nichts, das sich in rigorosen Ausstoßungstendenzen äußert („Wenn du jetzt gehst, brauchst du nicht wiederzukommen!").

In vielen Familien mit Suchtkranken, besonders bei Alkoholikern, findet man neben den eigentlich Abhängigen einen oder mehrere Co-Abhängige. Der Begriff der Co-Abhängigkeit läßt sich auf dem Hintergrund systemischer Sichtweisen erklären. Co-Abhängigkeit entsteht aufgrund wechselseitiger Verstärkerfunktionen innerhalb der Familie (Bäuerle 1991, 31).

- Der Co-Abhängige versucht, Kontrolle über den Suchtkranken zu bekommen und überwacht seinen Drogenkonsum.
- Der Co-Abhängige übernimmt Aufgaben und Pflichten des Suchtkranken.
- Der Co-Abhängige schützt durch sein überbesorgtes Verhalten, das ganz auf den Abhängigen zentriert ist, den Suchtkranken davor, die volle Wirkung und damit auch die Konsequenzen seiner Abhängigkeit zu tragen.
- Der Co-Abhängige will nicht nur den Suchtkranken, sondern auch sich selbst vor Unannehmlichkeiten bewahren.
- Der Co-Abhängige akzeptiert die Sucht als familienbeherrschend und stabilisiert damit ungewollt die Abhängigkeit des Suchtkranken, anstatt ihm zu helfen, sich daraus zu befreien.

Systemische Theorien gehen vom Gedanken der Zirkularität aus: Nicht eine kausale Ursache bedingt das Suchtverhalten, sondern ein Bedingungsgefüge von Verhaltensweisen und Einstellungen. („Ich nehme Drogen, weil ihr mich nicht genug liebt." „Ihr liebt mich nicht, weil ich Drogen nehme.") Es gibt keine linearen Schuldzuweisungen, sondern alle Familienmitglieder tragen gleichermaßen die Verantwortung und auch die Kompetenz für Veränderungen in sich.

Systemische Theorien bauen einerseits darauf, daß jeder einzelne der Konstrukteur seiner eigenen Wirklichkeit ist, daß also Süchtige letztlich für ihr Suchtverhalten selbstverantwortlich sind und daß sie ihr Verhalten eigenverantwortlich ändern können. Andererseits steht jedoch nicht das einzelne Familienmitglied im Mittelpunkt der Veränderung, sondern sein Familiensystem, innerhalb dessen sich die Sucht entwickelt hat. Damit betonen systemische Sichtweisen sowohl die Stärke des einzelnen als auch die Verantwortung des gesamten Systems Familie für den einzelnen. „Die Lösung kommt aus dem Handeln, nicht aus der Einsicht“ (Watzlawick 1988, 10). Insgesamt werden die systemischen Theorien damit den komplexen Ausgangsbedingungen von Sucht und Abhängigkeit in besonders differenzierter Weise gerecht.

Neurobiologische Theorien

In neurobiologischer Sichtweise ist Sucht eine Erkrankung des Gehirns aufgrund von biochemischen „Verletzungen“ in neuralen, zellulären und molekularen Strukturen (Ewig 1993, 15). Die Identifizierung von Morphinrezeptoren im zentralen Nervensystem und die Entdeckung körpereigener Suchtstoffe, nämlich morphinartig wirksamer Substanzen im Gehirn, hat der Suchtforschung neue Impulse verliehen (Ladewig 1996).

Körpereigene Suchtstoffe
Endorphine sind Suchtstoffe, die im Mesolimbischen System ausgeschüttet werden und bei physiologischen, mit Befriedigung verknüpften Körperfunktionen wie Essen, Trinken und Sexualverhalten eine große Rolle spielen. Ohne äußere Zufuhr von Drogen reagiert das Limbische System mit körpereigenen endogenen Morphinen, die über den Neurotransmitter Dopamin euphorisierend wirken und positive Gefühle wecken. Die Freisetzung dieser körpereigenen Stoffe kann durch Handlungen oder Erlebnisse geschehen. Jede Tätigkeit ist mit einem bestimmten Gefühlszustand verbunden, der wiederum auf Stoffwechselprozesse zurückgeführt werden kann, bei denen vermehrt körpereigene Substanzen produziert werden. Besonders streß- und angstabbauend wirkt das Beta-Endorphin (Ewig 1993).

Drogen, die dem Körper von außen zugeführt werden, übernehmen im Grunde keine andere Funktion als die körpereigenen

Suchtstoffe auch. Sie stimulieren die Nervenzellen des Mesolimbischen Systems, dessen physiologische Rolle in der Übermittlung von „Belohnung“, das heißt von Wohlbefinden und Lust, besteht. Von außen zugeführte Drogen, ob Opiate, Kokain, Amphetamine oder auch Nikotin und Alkohol, stimulieren das neurale Netz dieses „Belohnungssystems“ und führen zu einer ähnlichen, jedoch weit stärkeren Wirkung als die körpereigenen Stoffe (Ewig 1993). Werden Opiate wie Morphin oder Heroin wiederholt zugeführt, kommt es zur psychischen und auch körperlichen Abhängigkeit, wobei der Zustand der körperlichen Abhängigkeit so lange nicht auffällt, wie ausreichend Stoff im Organismus vorhanden ist. Erst der Ausfall der Drogen macht die Abhängigkeit durch das Auftreten von Entzugserscheinungen offensichtlich. Der Organismus entwikkelt gegenüber den extern zugeführten Opiaten Toleranz, nicht jedoch gegenüber den körpereigenen, endogen produzierten Endorphinen (Ladewig 1996).

Im Gehirn von Alkoholikern ist Beta-Endorphin dreimal niedriger vorhanden als bei Nicht-Alkoholikern. Mäßiger Alkoholkonsum führt zu einer leichten Erhöhung des Beta-Endorphin-Spiegels und sorgt damit für Entspannung und Stimmungsaufhellung. Bei chronischem Alkoholkonsum wird allerdings die Beta-Endorphin-Synthese gestört, so daß das bestehende (meist schon genetisch angelegte) Defizit noch weiter verstärkt wird. Es tritt nun eine paradoxe Wirkung ein: Wer trinkt, um sich in Stimmung zu versetzen, erzielt langfristig genau das Gegenteil, denn das Gehirn aktiviert einen Schutzmechanimus und sorgt dafür, daß wir von unseren eigenen körpereigenen Endorphinen nicht abhängig werden (Nuber 1991).

Eine ähnliche Wirkung wird neben dem Alkohol zum Beispiel auch den illegalen Drogen Kokain und Crack zugesprochen: Sie bieten dem Körper die Neurotransmitter Dopamin, Serotonin und Norepinephrin im Übermaß an, so daß er die natürliche Herstellung dieser Stoffe einstellt und auf die Zufuhr von außen „wartet“. Erfolgt diese aus irgendeinem Grunde nicht mehr, reagiert der Körper mit Entzugssymptomen. Der genetischen, möglicherweise aber auch erlernt-erworbenen Disposition zu jedweder Form von Sucht liegt also eine primäre oder auch sekundäre Unteraktivität endogener dopaninerger Belohnungssysteme zugrunde (Fritze 1994).

Neurophysiologische Forschungen betonen die Wirksamkeit von Selbstreizversuchen durch elektrische Aktivierung bestimmter Hirnstrukturen, wodurch eine Steigerung des Wohlbefindens ausgelöst wird. Dieselbe Wirkung spielt beim Zustandekommen suchtmittelinduzierter Rauschzustände eine Rolle. Suchtverhalten kann aus der Sicht der Neurophysiologie als Versuch definiert werden, unbefriedigte Triebmechanismen zu aktivieren (Dembach 1990).

Andere Forschungsansätze diskutieren Stoffwechselstörungen als Ursache für Suchtverhalten: Nahrungsbestandteile können vom Organismus nicht voll genutzt werden, so daß Mangelernährung besteht. Diese – so der Ansatz – kann durch psychotrope Substanzen kompensiert werden. Auch ein Vitamin-B-Mangel, ebenso wie eine Nebennierenrindenfunktionsstörung wird in Zusammenhang mit der Steigerung des Drogen-, insbesondere des Alkoholkonsums gesehen (Schmidt 1986).

Ist Suchtverhalten genetisch bedingt?

Die Mehrzahl der Untersuchungen, die die genetische Komponente betonen, sind an Alkoholikern gemacht worden. Ein in der Literatur häufig bestätigter Befund ist die überzufällig hohe familiäre Häufung von Alkoholproblemen: Alkoholabhängigkeit tritt sehr häufig bei Personen auf, deren Eltern ebenfalls Alkoholprobleme aufwiesen oder noch aufweisen. Die Wahrscheinlichkeit, selbst eine Alkoholabhängigkeit zu entwickeln, ist für einen Familienangehörigen einer alkoholabhängigen Person mindestens dreimal so hoch wie das Risiko eines unbelasteten Familienmitglieds. Angehörige ersten Grades von Alkoholkranken haben nach Fritze (1994) sogar eine siebenmal höhere Wahrscheinlichkeit.

Familienstudien belegen das gehäufte Auftreten von Alkoholismus in mehreren aufeinanderfolgenden Generationen und vor allem auch unter Geschwistern. Es treten nicht nur Störungen im Umgang mit Alkohol auf, sondern auch mit anderen Substanzen, so daß die Vermutung naheliegt, daß die Disposition (oder auch Vulnerabilität) für Substanzmißbrauch übertragen wird. Welche Substanzabhängigkeit im einzelnen entwickelt wird, hängt sowohl von der Verfügbarkeit der Substanzen ab als auch von verschiedenen Umweltfaktoren.

Zur Beurteilung des genetischen Einflusses werden vor allem Zwillings- und Adoptionsstudien durchgeführt: Die Zwillingsmethode vergleicht eineiige mit zweieiigen Zwillingen und die Adoptionsmethode Verwandte der biologischen Familie mit denen der Adoptivfamilie. Die Ergebnisse aus diesen Studien verstärken die genetische Hypothese, auch wenn sie noch keinen Aufschluß darüber geben, welches Gen nun genau für die Alkoholabhängigkeit verantwortlich ist. Unter eineiigen Zwillingen entwickelte sich Alkoholabhängigkeit sehr viel häufiger als bei zweieiigen, und Söhne von Alkoholkranken, die in einer Adoptivfamilie aufwuchsen, wurden viermal häufiger alkoholkrank als Adoptivsöhne von nicht alkoholkranken Eltern (Schmidt 1986). Die genetische Komponente gilt bislang nur für männliche Alkoholsüchtige als gesichert (Fritze 1994).

Die erstaunlichen individuellen Unterschiede von Menschen in der Alkoholverträglichkeit und im Alkoholabbau stärken ebenfalls die Annahme, daß genetische Faktoren eine Rolle spielen. So reagieren zum Beispiel Angehörige asiatischer Rassen wie Chinesen und Japaner weit empfindlicher auf Alkohol als europäische. Untersuchungen an Söhnen von Alkoholikern haben eine bessere Verträglichkeit des Alkohols bzw. eine verminderte Reaktivität auf Alkohol und ein vermindertes subjektives Empfinden von Intoxikation ergeben als bei Söhnen von Nicht-Alkoholikern. Weitere interessante Befunde weisen auf ein erhöhtes Ausmaß an Streßdämpfung durch Alkohol hin. Die höhere Sensitivität für positive Effekte und die geringere Sensitivität für negative Effekte des Alkoholkonsums können eine Erklärung dafür sein, daß Söhne von Alkoholikern mehr trinken und auch mehr vertragen als die von Nicht-Alkoholikern (Feuerlein 1996).

Die meisten Untersuchungen bestätigen den Einfluß genetischer Faktoren auf die Alkoholismusentwicklung. Genetische Faktoren beeinflussen möglicherweise Resorption, Stoffwechsel, Transmitterstoffe und Enzymsysteme. Woraus aber die genetischen Mechanismen genau bestehen, die die unterschiedliche Anfälligkeit für Alkohol verursachen, das vermögen auch sie noch nicht hinreichend zu erklären, so daß die biogenetischen Faktoren in der Entstehung von Abhängigkeit letztlich immer noch weitgehend unbekannt sind. Wahrscheinlich liegt keine monokausale, „mechanische“ genetische Auslösung, sondern mehr eine dipositionelle vor, die erst aktiviert wird, wenn bestimmte weitere Parameter hinzutreten. Es bleibt die Vermutung, daß neben genetischen auch noch andere Faktoren wirken. Die Wirkmechanismen, die zur Abhängigkeit führen, sind wahrscheinlich eine Kombination aus genetischen Faktoren, die in Zusammenhang mit Umwelt- und Situationsmerkmalen sowie mit Familienatmosphäre, Familienklima und Familiendynamik stehen.

Zusammenfassung

Drogenkonsum und Gesundheit stehen in einem Spannungsverhältnis zueinander. Einerseits kann ein gemäßigter und kontrollierter Konsum von Drogen zur Erhöhung des Wohlbefindens und der Stabilisierung der Gesundheitsbalance beitragen, andererseits kann er jedoch, wenn er im Übermaß betrieben wird, die Gesundheit stark gefährden. Beginn und Fortführung des Drogenkonsums können auf einer freien Entscheidung beruhen, ein Leben mit legalen oder illegalen Drogen zu führen. Drogengebrauch wird häufig als Ausdruck eines bestimmten Lebensstils gesehen, als Medium der Erlebnissteigerung und Erlebnisintensivierung, kann jedoch auch Mittel sein, um Lebensprobleme zu bewältigen oder um Problemen aus dem Wege zu gehen.

In dieser Funktion der Problemvermeidung trägt Drogenkonsum nicht zur Gesundheit im Sinne einer aktiven Lebensbewältigung bei, sondern birgt hohe Gesundheitsrisiken in sich. Der regelmäßige und außer Kontrolle geratene Drogengebrauch kann zur Abhängigkeit führen. Er ist dann ein Anzeichen dafür, daß die Belastungen die Bewältigungsmechanismen des betreffenden Menschen überschreiten und er die Kontrolle über sich und sein Verhalten verloren hat. So gesehen ist Drogenabhängigkeit Ausdruck einer gestörten Gesundheitsbalance, die darauf hinweist, daß sich der betreffende Mensch nicht im Einklang mit den eigenen Möglichkeiten und den jeweils gegebenen äußeren Lebensbedingungen befindet. Wenn Gesundheit das Ergebnis einer stets von neuem herzustellenden Aktionsfähigkeit ist, dann sind Sucht und Abhängigkeit das Ergebnis von Verlust der Kontrollfähigkeit und einer Beeinträchtigung der freien Entfaltung der Persönlichkeit und damit Symptome für eine starke Gesundheitsbeeinträchtigung.

In die Entstehungsbedingungen von Sucht und Abhängigkeit durch den Gebrauch legaler und illegaler Drogen gehen biologische, psychologische und soziale Faktoren ein. Es gibt nicht „die“

Theorie für die Entstehung von Sucht und Abhängigkeit, sondern verschiedene Theorien, die auf unterschiedliche Aspekte focussieren, zwischen denen eine Wechselwirkung besteht.

Wie vor allem die psychoanalytische Theorie hervorhebt, besteht beim einzelnen Menschen zeit seines Lebens ein großes Bedürfnis nach Lust einerseits und nach Vermeidung von Unlust andererseits. Dieses Bedürfnis findet, wie die lernpsychologische Theorie betont, seine Befriedigung in der positiv verstärkenden und belohnenden Wirkung der Suchtstoffe und in der Vermeidung der aversiven Wirkung der Entzugssymptome im Sinne einer negativen Verstärkung. Systemische Theorien betonen die Interaktionsformen der Familie und betrachten nicht nur das Individuum für die Entstehung von Suchtverhalten als verantwortlich, sondern alle Familienmitglieder gemeinsam. Die neurobiologischen Theorien führen die Entstehung und Aufrechterhaltung von Sucht vor allem auf Stoffwechselvorgänge im Gehirn zurück und vermuten eine genetisch bedingte Anfälligkeit bestimmter Personen für Suchtverhalten.

Drogengebrauch und Drogenmißbrauch in verschiedenen Lebensphasen

In diesem Kapitel gehen wir der Frage nach, welche besonderen Muster des Drogengebrauchs und auch des Drogenmißbrauchs in den Lebensphasen Kindheit/Jugend, Erwachsenenalter und höheres Alter auftreten, wie sie jeweils mit den alterstypischen Entwicklungsaufgaben und biographischen Herausforderungen zusammenhängen und welche Gesundheitsgefährdungen mit den Konsummustern verbunden sind.

Drogengebrauch im Kindes- und Jugendalter

In den Lebensphasen Kindheit und Jugend kommt es zu einem Aufeinandertreffen von unterschiedlichen psycho-physischen und psycho-sozialen Veränderungsprozessen, die sich in der Bewältigung von jeweils spezifischen Entwicklungsaufgaben zeigen.

Entwicklungsaufgaben von Kindern und Jugendlichen
Im frühen Kindesalter baut das Kind zunächst einmal durch emotionale Bindungen an seine Eltern ein Urvertrauen auf, das von großer Bedeutung für die Aufnahme aller weiteren sozialen Beziehungen ist. Hier werden Bausteine und Fundament für seine Fähigkeit zur Kommunikation und Interaktion mit anderen gelegt. Das Kind erobert sich durch Anfassen und Begreifen die gegenständliche Welt, schafft sich ein sprachliches Ausdrucksrepertoire und macht unter der Obhut und Anleitung von Erwachsenen erste Schritte in Selbständigkeit, Selbstfindung und Selbstbestimmung. Es baut kognitive Konzepte und Denkschemata auf, erlernt grundlegende Fertigkeiten in den Kulturtechniken und knüpft Beziehungen zu Gleichaltrigen und Erwachsenen auch außerhalb der Familie (Bründel/Hurrelmann 1996).

Im Unterschied zur Kindheit ist die Jugendphase durch Veränderungen des Hormonhaushaltes und des Körperbaus und auch durch größeres Selbständigkeits- und Unabhängigkeitsstreben gekennzeichnet, mit denen zunächst psychische Unsicherheiten und Irritationen einhergehen. Eltern und Erwachsene erhalten jetzt eine völlig neue Bedeutung. In der Jugendphase schwindet die Einwirkungsmöglichkeit der Eltern auf ihre Kinder beträchtlich. Jetzt erfolgt die Bewältigung zentraler Entwicklungsaufgaben, wie zum Beispiel die Hinwendung zum anderen Geschlecht und die Aufnahme sexueller Beziehungen, dadurch, daß sich Jugendliche von Vater und Mutter innerlich ablösen und eine eigenständige, autonome Organisation der Bewältigungsprozesse vornehmen.

Im Jugendalter kommen Abgrenzung, Widerspruch und auch Rivalität zu den Erwachsenen mehr und mehr zum Vorschein. Oft zeigt sich ein aktiver Aspekt der Absetzung von den Eltern auch darin, daß Jugendliche ein Kontrastbild zur Welt der Erwachsenen formulieren und eigene Lebensstile durchsetzen wollen.

Für die Jugendphase lassen sich die folgenden Entwicklungsaufgaben benennen (Hurrelmann):

- Bewältigung der körperlichen Entwicklung: Jugendliche müssen lernen, mit den intensiven inneren und äußeren Veränderungen ihres Körpers umzugehen, diese zu akzeptieren und ein positives Verhältnis dazu zu entwickeln. Es ist notwendig, daß sie sich mit ihrer nun ganz offensichtlich gewordenen eigenen Geschlechtsrolle als Mädchen oder als Junge identifizieren.
- Aufbau von Freundschaftsbeziehungen: Typisch für das Jugendalter ist der eigenständige Aufbau von Beziehungen zu Gleichaltrigen. In der Altersspanne zwischen 12 und 14 Jahren kommt es normalerweise zu immer eigenständigeren Aktivitäten, die nicht mehr von den Eltern gesteuert werden. Eine gute Position in der Gleichaltrigengruppe zu erringen, Ansehen und Anerkennung zu erhalten ist für Jugendliche von sehr großer Bedeutung. Erlebnisse der Zurückweisung und des Ausgeschlossenseins können zu starken Anspannungen und zu Gefühlen der Einsamkeit und Isolation führen.
- Aufnahme von sexuellen Kontakten: Mit spätestens 16 Jahren kommt es bei den meisten Jugendlichen zu intensiven erotischen Beziehungen und teilweise auch zu sexuellen Kontakten. Von einem Drittel aller Jugendlichen werden sexuelle Beziehungen aufgenommen. Stabile Freundschaften und Liebesbe-

ziehungen setzen ein Mindestmaß an emotionaler Sicherheit voraus, sie können das Selbstwertgefühl festigen. Mißerfolgserfahrungen hingegen führen zu Selbstwertkrisen.

- Ablösung von den Eltern: Wenn auch die Eltern immer noch ganz wichtige emotionale Bezugspersonen für die Jugendlichen bleiben, weiterhin eine Rolle im Bereich der Wertorientierung spielen und eine starke Vorbildwirkung in der Gestaltung der Lebensführung besitzen, so beginnt doch schon mit 12 Jahren eine innere Distanzierung von den Eltern, auch wenn die Jugendlichen noch räumlich und wirtschaftlich von ihnen abhängig sind. Überbehütende Eltern können den Start in die Unabhängigkeit erheblich stören, ebenso aber auch Eltern, die sich wenig um die Bedürfnisse und Interessen ihrer Kinder kümmern.
- Aufbau eines eigenen Wertsystems: Ab dem 13. Lebensjahr wird von den Jugendlichen erwartet, daß sie ihre eigenen kulturellen, ethischen, moralischen und politischen Wertmaßstäbe und eigene Kompetenzen in diesen Bereichen entwickeln. Die Erwachsenen möchten, daß sie in öffentlichen Belangen verantwortungsvoll mitdenken, gestehen ihnen aber derzeit nur ein geringes politisches Mitspracherecht zu. Jugendliche müssen mit diesen Widersprüchen fertig werden, was zu starken Verunsicherungen und auch zu Protesten führen kann.
- Aufbau einer Schul- und Berufskarriere: Die Bewältigung von Leistungsanforderungen wird zu einem dominierenden Thema in der Lebensgestaltung von Jugendlichen. Schule und Ausbildung besitzen einen sehr hohen Stellenwert. Von den Jugendlichen werden hohe intellektuelle und soziale Kompetenzen in Schule und Berufsausbildung verlangt. Die Anforderungen in diesen Bereichen sind in den letzten Jahren formal immer weiter gestiegen.
- Aufbau selbständiger Konsummuster: Zu den wichtigen Entwicklungsaufgaben im Jugendalter gehört ebenfalls, sich im Freizeit- und Konsumsektor zurechtzufinden und die Fähigkeit zu erwerben, mit den zum Teil recht verlockenden Angeboten umzugehen. Die Nutzung des Konsumwaren- und des kulturellen Freizeitmarktes gehört zum Spektrum der jugendspezifischen Entwicklungsaufgaben.

Insgesamt geht es im Jugendalter darum, eine Identität aufzubauen, die auf einem stabilen Selbstwert beruht, und Kompetenzen zu erwerben, um die anstehenden körperlichen, psychischen, sozialen, intellektuellen und moralischen Lebensaufgaben zu bewältigen. Die Gefahr von Enttäuschungen und Mißerfolgen ist dabei notwendigerweise sehr groß.

Wie hängen Entwicklungsaufgaben und Drogengebrauch zusammen?

Die Lebenssituation von Kindern und Jugendlichen ist – wie diese Darstellung zeigt – durch ein erhebliches Spannungspotential gekennzeichnet. Belastungen und Überforderungen können zu Streßreaktionen und Symptombildungen im psycho-physischen Bereich und zu gesundheitlichen Beeinträchtigungen führen. Konflikte mit den Eltern, Versagenserlebnisse in der Schule wie Klassenwiederholungen und Schulzurückstufungen sowie Nichtanerkennung im Freundeskreis können das Wohlbefinden von Kindern und Jugendlichen erheblich belasten und dazu führen, daß sie nach Mitteln und Wegen suchen, ihre Streßsymptome zu verringern. Der Drogengebrauch kann ein solcher Weg sein, er kann bereits im Kindesalter, besonders aber im Jugendalter als eine Form der Belastungsbewältigung gewählt werden. Die leichte Verfügbarkeit von psychoaktiven Medikamenten, Tabakprodukten und Alkohol als legalen Substanzen und von synthetischen Drogen (Ecstasy usw.) und Cannabis als illegalen Substanzen fördert diese Entwicklung erheblich (Nordlohne/Hurrelmann/Holler 1989 und 1990).

Am Beispiel von Tabak- und Alkoholkonsum lassen sich diese Zusammenhänge anschaulich aufzeigen. Beide Substanzen werden heute bereits vom 9. Lebensjahr an von einigen Kindern konsumiert, der Konsum steigt dann mit dem Erreichen und Durchlaufen der Pubertät schnell weiter an. Tabak und Alkohol werden, wie alle Studien zeigen (Hurrelmann/Hesse 1991), nicht aus geschmacklichen Gründen konsumiert, sondern ganz überwiegend deshalb, weil die Kinder und Jugendlichen sich selbst und ihren Bezugsgruppen gegenüber etwas „demonstrieren" wollen. Der Drogengebrauch in der Einstiegsphase hat also – psychologisch und soziologisch gesehen – einen instrumentellen Charakter (Silbereisen/Kastner 1985). Tabak- und Alkoholkonsum kann verschiedene, der Selbst- und Fremddarstellung dienende Bedeutungen haben, und zwar

- Provokation gegen elterliche und gesellschaftliche Normen und Werte,
- bewußte Verletzung der elterlichen Kontrollvorstellungen,
- Abwendung von den elterlichen Lebensgewohnheiten,
- sozialer Protest,
- demonstrative Vorwegnahme des Erwachsenenverhaltens,
- Nachahmung des Verhaltens bestimmter Personen,
- Suche nach grenzüberschreitenden und bewußtseinserweiternden Erfahrungen,
- Verschaffung von schneller Entspannung und von Genuß,
- Erschließung von Zugangsmöglichkeiten zu Freundesgruppen,
- Zugehörigkeit zu subkulturellen Lebensstilen,
- Ablenkung von schulischem Versagen,
- Bewältigung von psychischen Problemen in eigener Regie,
- Ablenkung von einem Mangel an Selbstbewußtsein.

Der Drogenkonsum im Jugend- und teilweise auch schon im späten Kindesalter, besonders der von Zigaretten und Alkohol, hat also zentrale psychische und soziale Funktionen. Er kann dazu beitragen, kindes- und jugendspezifische Unsicherheiten zu verringern. Bei Jungen von etwa 12 bis 14 Jahren stellt zum Beispiel der Alkoholkonsum ein Aufnahmeritual in die Männergesellschaft dar („Junge, du kannst ja schon was vertragen!"). Der erste Schluck Alkohol wird sogar meistens mit wohlwollender Billigung der Erwachsenen konsumiert, und der erste Zug an der Zigarette gilt speziell unter Jungen etwa ab 10 Jahren als „Bewährungsprobe". Auch Rauscherfahrungen mit der Droge Alkohol finden Anerkennung und Bewunderung in der Clique der männlichen Gleichaltrigen und vermitteln ein Gefühl von Macht und Stärke. Sie stärken das Gruppengefühl und führen bei 12- bis 16jährigen Jungen zur gewollten Abgrenzung gegenüber Mädchen, eine Verhaltensweise, die auch noch bei älteren Jungen und bei Männern bis ins höhere Alter anhält (Trinkgelage unter Männern nach dem Motto: „Mal richtig einen draufmachen und zeigen, wozu ein Mann imstande ist").

Der Konsum der „legalen" Drogen wie Tabak und Alkohol ist „normal" für die Entwicklung im Jugendalter, denn Jugendliche müssen sich gedanklich und handelnd mit dem Konsum dieser Drogen auseinandersetzen und für sich selbst eine Form des Umgangs finden, der es ihnen auch ermöglicht, die Balance zwischen

Kontrollverlust und Selbstverantwortung zu erproben. Der Konsum dieser Drogen ist deshalb psychologisch und pädagogisch als ein „Medium“ der Realitätsverarbeitung und eine spezifische Bewältigung der Lebensanforderungen zu verstehen: Der Konsum hängt mit den Entwicklungsaufgaben im Jugendalter unmittelbar zusammen. Das gilt später auch für die illegalen Substanzen vom Typus Ecstasy und Cannabis.

Gesundheitlich gesehen, vor allem in medizinischer und psychosomatischer Sichtweise, ist der Konsum psychoaktiver Substanzen in der frühen Lebensphase außerordentlich problematisch. Drogenkonsum für Kinder und Jugendliche stellt während der Periode intensivster körperlicher und seelischer Entwicklung eine Möglichkeit dar, einen Weg der Manipulation der Befindlichkeit durch psychoaktive Substanzen einzuschlagen (über die gesundheitlichen Folgen siehe Angaben im Glossar).

Vor allem beim Konsum von illegalen und/oder kulturell nicht vertrauten und integrierten Substanzen kommt noch ein weiteres Element ins Spiel: Drogenkonsum kann eine Spielart von jugendtypischem Risikoverhalten sein. Risikoverhalten, also die Ausübung von Handlungen, bei denen eine offensichtliche Gefahr für Leib und Leben eingegangen wird, ist Statushandlung und Reifesymbol zugleich, da teils anerkennend, teils ablehnend mit Symbolen und Handlungen aus der Welt der Erwachsenen „gespielt“ wird. Über Risikoverhalten (Lösungsmittel schnüffeln, Drogenmixturen konsumieren, „Geheimpillen“ schlucken usw.) wird der Zugang zur Gleichaltrigengruppe geschaffen und gleichzeitig die Verarbeitung jugendspezifischer Belastungen und Spannung und Genuß verwirklicht (Kolip 1994, 1995).

In diesem Sinn kann dem Drogenkonsum von Jugendlichen durchaus eine „subjektive Vernunft“ zugeschrieben werden, da er als ein Zeichen der Bereitschaft Jugendlicher zum Erwachsenwerden zu werten wird (Engel/Hurrelmann 1993, 18). Der Umgang mit Drogen muß auch als Bestandteil der Entwicklungsaufgaben von Jugendlichen angesehen werden, denn der kontrollierte Umgang mit legalen Drogen wie Tabak, Alkohol und Medikamenten muß in unserer Gesellschaft, in der große Bevölkerungsgruppen mit diesen Substanzen umgehen, eingeübt werden.

Die in Kapitel 1 angesprochene prekäre Rolle, die Drogenkonsum beim Herstellen der Gesundheitsbalance spielt, gilt also bereits in vollem Umfang für Kinder und Jugendliche: Der Konsum legaler Drogen trägt zur Kompetenzerweiterung und zur persönlichen Stabilität bei. Der Konsum der Drogen wird von vielen Jugendlichen gar nicht bewußt als Risiko empfunden, da er kurzfristig Genuß und Wohlbefinden sichert und schädliche Folgen erst Jahre später eintreten können. Die Doppelgesichtigkeit des Drogengebrauchs sowohl als Risiko- wie auch als Schutzfaktor für die Gesundheit wird damit schon in der ersten Lebensphase offensichtlich, vielleicht sogar deutlicher als in späteren Lebensphasen.

Jugendliche sind gegenwartsbezogen, im Vordergrund ihres Erlebens steht die Suche nach Anregung, Lust und Wohlbefinden. Ein langfristig objektiv schädigendes, aber subjektiv attraktives Verhalten wird nichtschädigenden, aber langweiligen und unattraktiven Verhaltensweisen vorgezogen. Gruppendruck, Machtbeziehungen, Prestige- und Einflußmotive tragen ihrerseits dazu bei, in gezielter Weise Drogen in die Mechanismen der Alltagsbewältigung einzubeziehen.

Muster des Tabakgebrauchs im Jugendalter

Welche Droge von Kindern und Jugendlichen gewählt wird, scheint nicht zufällig zu sein. Der Griff zur Droge hängt sehr eng mit familiären und außerfamiliären Vorbildern und Einflüssen zusammen. Es gibt zu jeder Droge einen eigenen und besonderen Entwicklungspfad, der situationsbezogen und biographieabhängig sowie lebensgeschichtlich erklärbar ist. Die Wahl einer spezifischen Substanz hängt mit den individuellen Verarbeitungsstilen von Angst und Streß zusammen und auch mit den unterschiedlichen Wünschen, Sehnsüchten und Bedürfnissen, die im Laufe der Lebensgeschichte entwickelt werden.

Im folgenden sollen Muster und Entwicklungen des Drogengebrauchs im Kindes- und Jugendalter für einzelne Substanzen kurz erläutert werden. Bei den Ergebnissen aus Verbreitungsstudien wird dabei jeweils zwischen Prävalenz und Inzidenz unterschieden. Unter Prävalenz wird die Häufigkeit des Auftretens des Gebrauchs einer Droge in einer spezifischen Bevölkerungsgruppe zu einem bestimmten Zeitpunkt verstanden. Mit Inzidenz wird die Anzahl von Personen bezeichnet, die bislang noch nicht Drogen ge-

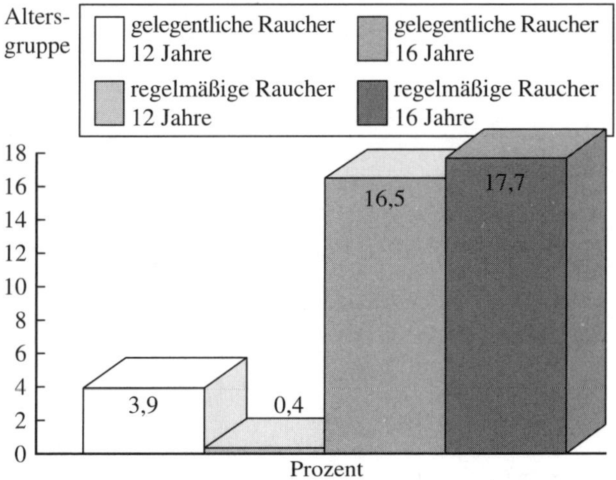

Abbildung 9: Anteil der gelegentlichen und regelmäßigen 12- und 16jährigen Raucherinnen und Raucher.
(Quelle: Kolip 1995.)

nommen haben und die erstmalig zur Droge greifen. Wir beginnen die Einzeldarstellung mit der Analyse von Mustern des Tabakgebrauchs.

Nach repräsentativen Studien, die auf Selbstangaben Jugendlicher beruhen, erfolgt der Einstieg in den Tabakkonsum zwischen dem 9. und 16. Lebensjahr (Abbildung 9). Der Anteil der gelegentlichen und regelmäßigen Raucherinnen und Raucher nimmt mit dem Alter stark zu (Nordlohne/Reißig/Hurrelmann 1993; Kolip 1995).

Mädchen und Jungen unterscheiden sich in ihrem Konsumverhalten nur noch wenig. In den letzten Jahrzehnten ist der Anteil der weiblichen Tabakraucher immer weiter angestiegen. Inzwischen übertreffen die Mädchen in ihrem Raucherverhalten teilweise die Jungen. Engel und Hurrelmann (1993) ermittelten in ihrer Stichprobe in einer 7. Klasse 6,4% der Jungen und 7,6% der Mädchen als regelmäßige oder gelegentliche Raucher, drei Jahre später waren es in derselben Gruppe 25,2% der Jungen und 28,0% der Mädchen (Abbildung 10). Bis zum 18. Lebensjahr steigen die Werte für regelmäßiges („aktives") Rauchen auf etwa 35% an, weitere 10% be-

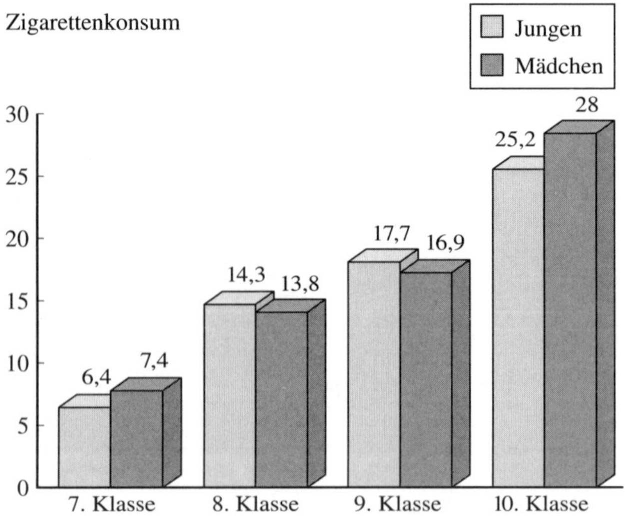

Abbildung 10: Regelmäßiger oder gelegentlicher Zigarettenkonsum bei Jungen und Mädchen nach Schuljahrgängen (in Prozent). (Quelle: Engel/Hurrelmann 1993, 197.)

zeichnen sich als Gelegenheitsraucher. Diese Werte bleiben anschließend bis weit in das Erwachsenenalter hinein unverändert.

Zeitvergleiche machen deutlich, daß seit Ende der 70er Jahre der Anteil der jugendlichen Nichtraucherinnen und Nichtraucher angestiegen ist. Der Anteil von 14- bis 25jährigen, die bei Befragungen angeben, noch nie in ihrem Leben geraucht zu haben, hat sich von 1973 bis Mitte der 90er Jahre verdoppelt und beträgt rund 33%, weitere 20% bezeichnen sich als Nicht-mehr-Raucher. Dieser Befund könnte darauf hindeuten, daß sich in der jüngeren Bevölkerungsgruppe ein Einstellungswandel vollzogen hat, der zu einem veränderten Gesundheitsverhalten führt (Junge 1995 a).

Die Aufnahme des Rauchens hängt vom sozialen Umfeld ab und ist stark sozial determiniert. Sowohl das Rauchverhalten der Eltern als auch das der Freunde spielt eine Rolle, weil Nachahmungseffekte („Modellverhalten“) eintreten. Ein Jugendlicher, der bis zum Alter von 18 oder 19 Jahren Nichtraucher geblieben ist, hat sich gegen alle Tabakverlockungen meist erfolgreich durchgesetzt; er wird diesen Status mit großer Wahrscheinlichkeit auch im weiteren Lebenslauf beibehalten (Engel/Hurrelmann 1989). Die Vorverlagerung des Einstiegsalters auf inzwischen 10, 9 oder sogar 8 Lebensjahre deutet auf den „instrumentellen Nutzen" des Tabakkonsums schon für Kinder hin. Daß Jugendliche heute immer früher zur ersten Zigarette greifen, hängt offenbar mit ihrem Wunsch zusammen, möglichst früh in die Welt der Erwachsenen einzutreten und Selbständigkeit und Unabhängigkeit zu demonstrieren, ist aber auch ein Symptom für frühe Selbstwertkrisen und Probleme der Lebensbewältigung. Die Angleichung der Prävalenzraten des Rauchens zwischen Mädchen und Jungen kann als eine Begleiterscheinung zunehmender weiblicher Emanzipation gewertet werden: Die Zigarette ist heute auch für Mädchen ein Mittel, sich öffentlich darzustellen und sich der instrumentellen Bedeutung des Konsumverhaltens zu bedienen (Nicolaides-Bouman/Wald/Forey/Lee 1993).

Die Aufnahme des Konsums von Nikotin ist nach den vorliegenden Studien sehr häufig mit Selbstwertproblemen verbunden, mit Verhaltensunsicherheiten vor, während und nach der Pubertät, mit mangelnder Anerkennung in der Gleichaltrigengruppe und Mißerfolgserlebnissen in der Schule (Hurrelmann/Hesse 1991; Sieber 1995). Kinder und Jugendliche, die nicht die Anerkennung erhalten, die sie für eine gesunde Entwicklung benötigen, und Jugendliche, die Umgang mit anderen Jugendlichen haben, die, wie sie selbst, auf einer niedrigen sozialen Prestigestufe stehen, versuchen häufig, Rauchen als ein Attribut des Erwachsenseins zur Selbstwertsteigerung zu nutzen.

Worin liegt die Faszination des Zigarettenrauchens? Es handelt sich um ein überwiegend psychomotorisches Ritual, das zur Stilisierung des eigenen Verhaltens eingesetzt wird. Es weist für Jugendliche eine hohe Attraktivität auf, die nicht in erster Linie mit der Wirkung der Droge zusammenhängt – diese wird meist zunächst negativ erlebt: Hustenreiz und Schwindelgefühle –, sondern vielmehr mit Gestik, Habitus und sozialer Bedeutung. Hess (1989) hat die verschiedenen Verhaltensschritte dieses Rituals anschaulich zusammengefaßt (Abbildung 11).

Alle Verhaltensschritte bieten verschiedene Erlebnisqualitäten und Möglichkeiten der Selbstdarstellung. Die Zigarette hilft, soziale Interaktionen bewußt zu strukturieren, Kontakte zu schaffen.

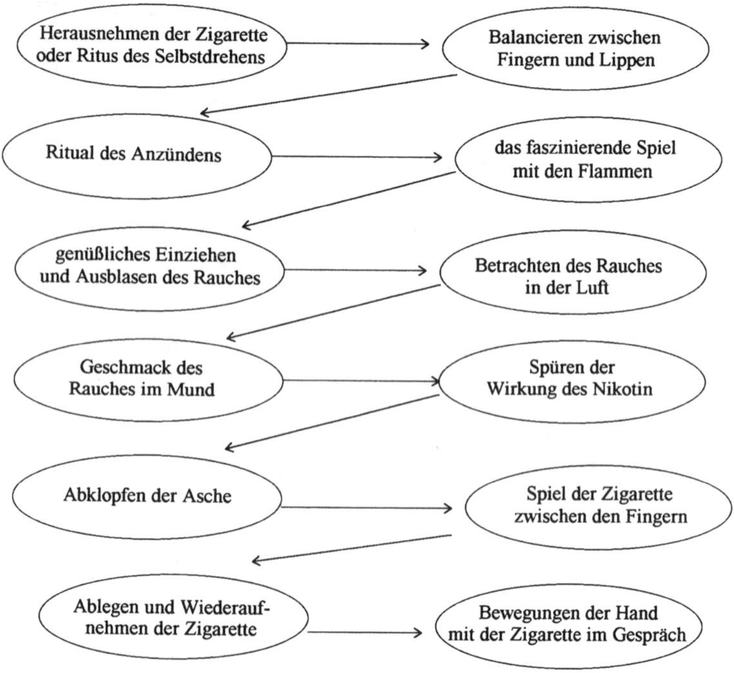

Abbildung 11: Das psychomotorische Ritual des Rauchens.
(Quelle: Hess 1989, 146.)

Man signalisiert Interesse, Wohlwollen und den Wunsch nach Gemeinsamkeit. Mit der Zigarette können Unsicherheit überspielt und Erregung gedämmt, Unbefangenheit und Lässigkeit demonstriert werden. Die Wahl einer bestimmten Zigarettenmarke hilft, einen bestimmten Lebensstil darzustellen und eine eigene Identität zur Schau zu stellen. Obwohl Rauchen eine Massenerscheinung ist, gibt es vielfältige Mittel und Wege, sich durch die Auswahl der Marke, die Art und Weise des Rauchens von den anderen abzuheben und damit seine Individualität zu unterstreichen. Rauchen ermöglicht Anpassung und Abgrenzung zugleich – Ausdrucksformen, die besonders für Jugendliche interessant sind. Rauchen stellt sowohl einen Akt der Konformität mit der Erwachsenenwelt dar als auch ein Aufbegehren gegen Normen und Autorität der Erwachsenen (Hess 1989).

Die gesundheitliche Gefährlichkeit des Tabakgebrauchs wird nur von etwa der Hälfte der Jugendlichen anerkannt. Deswegen sehen viele das Rauchen nicht als Drogenmißbrauch an. Sie machen sich nicht klar, daß Nikotin ein Stoff mit einem hohen Suchtpotential ist, nur zu vergleichen mit den illegalen Substanzen Kokain und Heroin. Mit jeder Zigarette werden Hunderte schädlicher Substanzen inhaliert. 90% der Schadstoffe bleiben in der Lunge zurück oder reichern sich in verschiedenen anderen Organen an. Ein Raucher, der täglich eine Schachtel Zigaretten raucht, inhaliert jedes Jahr eine Tasse Teer. Im Vergleich zu Nichtrauchern erkranken Raucher häufiger an Krebs, Herzkrankheiten, chronischer Bronchitis, Magengeschwüren, Zahnfleischerkrankungen und Allergien. Je mehr jemand raucht, um so größer ist das Risiko. Nichtraucher sind wesentlich leistungsfähiger als Raucher, weil das Blut von Rauchern weniger Sauerstoff transportiert und ihr Herz deswegen stärker belastet wird. Sie ermüden schneller, und selbst kleine Anstrengungen lassen sie schneller atemlos werden.

Muster des Alkoholgebrauchs im Jugendalter

Noch stärker verbreitet als der Tabakgebrauch ist der Alkoholgebrauch, wenn er auch etwas später im Lebensalter einsetzt. Bei vielen sozialen Anlässen ist der Alkoholkonsum eine selbstverständliche und akzeptierte Verhaltensweise. Die meisten Jugendlichen haben bis zum Alter von 14 Jahren Erfahrungen mit Alkohol gesammelt (Abbildung 12).

Männliche Jugendliche konsumieren weit mehr Alkohol als weibliche. Das gilt sowohl für die weichen Alkoholika (Wein, Sekt, Bier) als auch die harten (Schnaps, Likör, Weinbrand). In Abbildung 13 sind die Angaben aus einer repräsentativen Jugendbefragung zusammengestellt, die aufzeigen, wie stark bei beiden Geschlechtern im Alter zwischen 13 und 16/17 Jahren (10. Schuljahrgang) die Konsumentenanteile anwachsen.

Ganz ähnlich wie der Zigarettenkonsum ist auch der Alkoholkonsum als Symbol des Hineinwachsens in die Erwachsenenkultur zu sehen, als „Ausdruck der kulturellen Integration“ (Engel/Hurrelmann 1993, 206). Das erste Glas Alkohol wird selten heimlich getrunken, sondern fast immer mit elterlicher Billigung und aus elter-

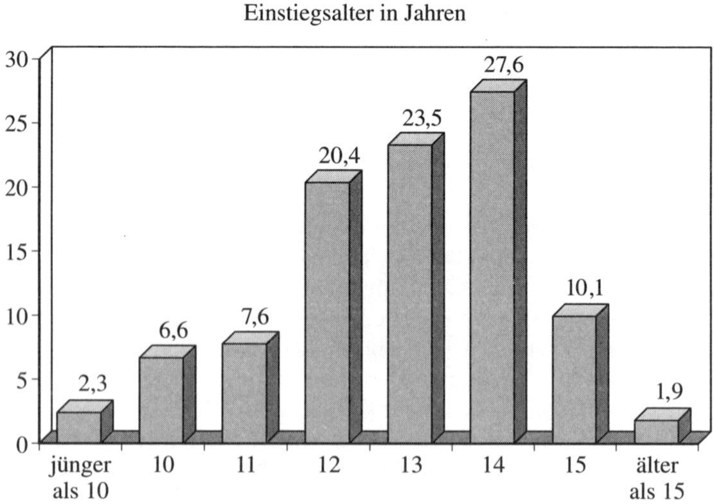

Abbildung 12: Einstieg in den Alkoholkonsum bei Jugendlichen (in Prozent). Frage: „Wann hast Du zum erstenmal Alkohol getrunken?" (Quelle: Hurrelmann/Hesse 1991.)

lichen Vorräten. Väter laden ihre 13jährigen Söhne zum abendlichen Bier vor dem Fernseher ein, Mütter ihre 14jährigen Töchter zum Sekt bei einem Geburtstagsempfang. Früh im Jugendalter beginnt damit die Gratwanderung zwischen der Integration in allgemein übliche Verhaltensweisen und dem Risiko der Gewöhnung an Alkohol. In den letzten zwei Jahrzehnten hat sich der Einstieg in den Alkoholgebrauch – ebenso wie beim Tabakgebrauch – im Lebenslauf nach vorne verlagert.

Die Aufnahme und Festigung des Alkoholkonsums wird durch Gleichaltrigengruppen beschleunigt, in denen ein starker Konformitätszwang herrscht. Ähnlich wie der Tabakkonsum unterliegt der Alkoholkonsum einem hohen Gruppendruck. Das Bestreben nach Geselligkeit, Anpassung, Mitmachen und der Wunsch, sich nicht ausschließen und ausgrenzen zu lassen, führt bei Jugendlichen häufig zum Alkoholgebrauch.

Die Dynamik der Gleichaltrigengruppen ist sehr stark, und kaum ein Jugendlicher kann sich ihr entziehen. 15jährige Jugend-

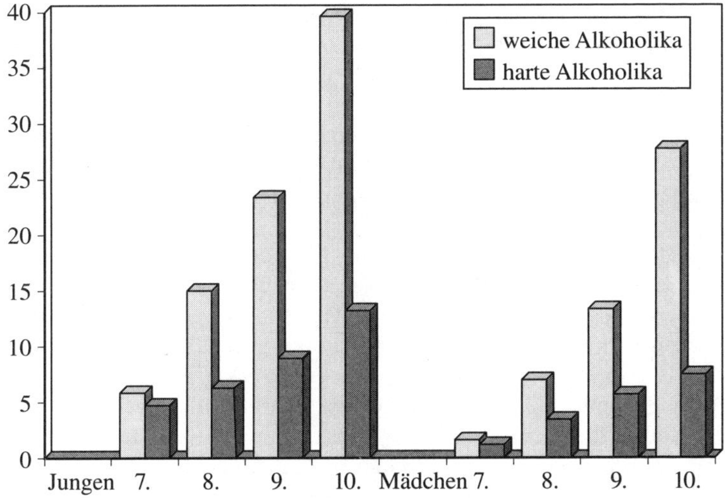

Abbildung 13: Alkoholkonsum innerhalb der letzten drei Monate bei Mädchen und Jungen der Klassenstufe 7–10 (in Prozent). (Quelle: Engel/Hurrelmann 1993, 197.)

liche zum Beispiel, die sich in ihrer Freizeit nicht an einem Verein, sondern ausschließlich an einer informellen Clique orientieren, trinken besonders häufig Alkohol. In repräsentativen Studien fanden wir bei 25% dieser Jugendlichen mit einer dichten und festen Cliquenorientierung einen regelmäßigen (wöchentlichen oder täglichen) Konsum von Wein, Sekt oder Bier; die entsprechenden Werte für die Jugendlichen mit einem aktiven Vereinsleben lagen nur bei 10% (Engel/Hurrelmann 1993). Dieser Befund weist darauf hin, daß intensiver Alkoholgenuß ein Symptom für persönliche Kontakt- und Beziehungsstörungen sein kann, die durch betont enge Cliquenorientierung kompensiert wird.

Während Eltern also eher das Startsignal zum Einstieg in den legalen Drogenkonsum geben, unterstützen und intensivieren Gleichaltrige im weiteren Verlauf die Aufrechterhaltung dieses Verhaltens und sorgen durch Ausübung von Gruppendruck dafür, daß es notfalls auch gegen den Willen der Eltern weiterhin ausgeführt wird. Jugendliche schaffen sich ihre eigenen Normen und Vorstellungen, auch wenn diese von den elterlichen abweichen. Dies trifft besonders für den Alkohol- und Tabakgenuß zu. Sie können sich dem Konformitätszwang der Gruppe oft nicht entziehen, sie passen sich an, um nicht als Außenseiter zu gelten, suchen sich – je nach eigener Einstellung – ihre Freunde oder übernehmen die Einstellung der anderen, um Freunde zu gewinnen. Stark rauchende und Alkohol konsumierende Jugendliche haben meistens Freunde, die dasselbe Konsumverhalten zeigen.

Viele Jugendliche sehen durchaus die Gefahren ihres Handelns, sie sind sich der objektiven Risiken bewußt. Aber sie versprechen sich vom gesundheitsgefährdenden Verhalten gegenüber dem abstinenten Verhalten Vorteile für Anerkennung und Selbstwertgefühl, die ihnen zentral wichtig sind. Die Suche nach Zuwendung und Aufmerksamkeit in einer nüchternen Wettbewerbsgesellschaft ist bei vielen die Antriebsfeder, vor allem dann, wenn sie leistungsmäßig und sozial zu den Randständigen gehören. Das gilt auch für die Suche nach dem Ich, einem Versuch, sich selbst zu finden. Vielen Jugendlichen fehlt es ganz offensichtlich an Möglichkeiten, in ihrem normalen Alltag Gefühle von Bestätigung und Selbstwert zu erleben. Sie greifen auf den Konsum von Alkohol und auf andere Risikoverhaltensweisen zurück und gehen dabei gefährliche Konsequenzen für ihre eigene Gesundheit ein.

Wer sich früh zur Gruppe hingezogen fühlt, benutzt den Alkohol offensichtlich auch als ein Mittel zur Abgrenzung von der Eltern- und Erwachsenenwelt. Viele versuchen, durch übermäßiges Trinken Stärke und Unabhängigkeit zu demonstrieren. Diese Muster treten ganz besonders bei jungen Männern auf, bei denen Rauschzustände mit starker Betrunkenheit häufig auftreten. Alkoholräusche vertragen sich ganz offensichtlich sehr gut mit dem Klischee vom „starken Mann, der viel vertragen kann".

Bei intensiv Alkohol konsumierenden Jugendlichen (als kritische Grenze gilt die Aufnahme von täglich 60 Gramm Alkohol bei 18jährigen Männern und 40 Gramm bei Frauen) werden weitere Risikofaktoren identifiziert: Mißerfolge in der Schul- und Ausbildungslaufbahn, schlechte wirtschaftliche und finanzielle Situation der Familie, oft damit zusammenhängende mangelnde Geborgenheit in der Familie, Beziehungsstörungen und Arbeitslosigkeit. Untersuchungen zur Persönlichkeitsstruktur von starken Alkoholkonsumenten zeigen, daß es sich bei ihnen häufig um ängstliche, leicht verletzliche und verschlossene Persönlichkeiten handelt. Vermehrter Alkoholkonsum ist mit starken psychischen Problemen verbunden: gestörtes Selbstwertgefühl, Gefühle der Überflüssigkeit, Hilflosigkeit und Einsamkeit sowie Gefühle der Überforderung und Erschöpfung (Engel/Hurrelmann 1993). Sehr anfällig für Alkoholmißbrauch sind schließlich auch die Kinder von alkoholkranken Eltern.

Alkoholmißbrauch im Jugendalter kann die körperliche und seelische Entwicklung stark beeinträchtigen. Die Pubertät ist die Zeit des schnellen körperlichen Wachstums. Das Gehirn, das Nervensystem, die Fortpflanzungsorgane und die Leber sind noch nicht ausgewachsen, der Körper und die Muskeln noch nicht ausgebildet und anfälliger für die Wirkungen des Alkohols. Durch Alkoholkonsum kann das Erlernen grundlegender sozialer Fähigkeiten beeinträchtigt werden, wie zum Beispiel der Umgang mit anderen, die Übernahme von Verantwortung und der Umgang mit Problemen. Erwachsene Alkoholiker zeigen oft ein entsprechendes unreifes Verhalten.

Alkoholabhängigkeit kann sich in der Pubertät sehr schnell entwickeln. Bei Erwachsenen dauert die Ausbildung des Alkoholismus meist viele Jahre. Jugendliche können aber schon nach 6 bis 18 Monaten exzessiven Trinkens vom Alkohol abhängig sein. Die Suchtgefahr ist um so höher, je früher ein Jugendlicher mit dem Trinken beginnt. Der Alkoholmißbrauch macht Jugendliche auch anfälliger für andere Probleme wie ungeschützten Geschlechtsverkehr, Unfälle, Kriminalität und Gewalt. Schließlich ist er für die hohe Todesrate Jugendlicher mitverantwortlich. Von allen Altersgruppen weisen nur die 15–24jährigen eine steigende Todesrate auf. Der Grund sind Verkehrsunfälle, Selbstmorde und risikoreiche Mutproben wie zum Beispiel U-Bahn-Surfen, sogar Mord und Totschlag. In vielen Fällen (bei Verkehrsunfällen bis zu 50%) ist Alkoholeinfluß dabei ausschlaggebend.

Wir schätzen, daß 2–3% der männlichen Jugendlichen zwischen 14 und 25 Jahren so intensive Alkoholkonsumenten sind, daß sie gesundheitlich schwer geschädigt sind. Eine weitere Gruppe von etwa 15% kann als Alkoholmißbraucher eingestuft werden. Bei den weiblichen Jugendlichen liegen die Werte jeweils etwa halb so hoch.

Diesen „alkoholgefährdeten" Jugendlichen steht eine große

Gruppe von kontrollierten Konsumenten und Alkoholabstinenten gegenüber. Aus gesundheitlichen Gründen heraus, aber auch, um schulisch und beruflich leistungsfähig zu sein, weist eine wachsende Minderheit (Mitte der 90er Jahre schon ca. 20%) der Jugendlichen die Droge Alkohol ganz zurück oder konsumiert sie in einer kontrollierten Form (über 60%). In dieser Gruppe hat sich der Alkoholkonsum sehr stark auf die Freizeit und insbesondere das Wochenende verlagert, an Werktagen ist mit Blick auf Schul- und Arbeitsanforderungen Zurückhaltung erkennbar.

Zu pauschalen Schreckensbildern über die Alkoholgefährdung von Jugendlichen besteht also kein Anlaß, vielmehr zeigt sich bei der überwältigenden Mehrheit ein genußorientierter, kontrollierter Gebrauch. Allerdings besteht dringender Bedarf an einem gezielten Ausbau der Beratungs- und Hilfsdienste für die 15–20% der Jugendlichen, die die Droge Alkohol in gefährlicher Weise mißbrauchen.

Muster des Medikamentengebrauchs im Jugendalter

Nach dem Vorbild von Erwachsenen greifen heute schon Kinder zu psychoaktiven Medikamenten, um in unangenehmen Lebenssituationen Entlastung, Ablenkung, Anregung und Leistungssteigerung zu erfahren. Eltern neigen besonders bei sozial und psychisch abweichenden Verhaltensweisen ihrer Kinder dazu, in Medikamenten die schnellstmögliche Hilfe zu sehen. 14% der 12- bis 24jährigen nehmen nach eigenen Angaben täglich und 52% gelegentlich Medikamente in Eigeninitiative ein. Sie tun dies ohne zwingenden medizinischen Grund, auf Anraten oder nach dem Vorbild der Eltern und meistens ohne ärztliche Verordnung (Nordlohne/Hurrelmann/Holler 1989; Nordlohne 1992). Oft beginnt der Gebrauch von Medikamenten – an der Spitze Schmerzmittel und Mittel gegen Erkältungskrankheiten – schon im Vorschul- und verstärkt im Grundschulalter (Voß 1987).

Schulbezogene Faktoren spielen beim Gebrauch und der Vergabe von Medikamenten eine große Rolle (Nordlohne/Hurrelmann/Holler 1990). Weit verbreitet ist die Neigung mancher Ärzte, Kindern bei Verhaltensauffälligkeiten wie Aggressivität, Unruhe, Konzentrationsstörungen, Hyperaktivität, Bettnässen und Leistungsstörungen Medikamente zu verschreiben. Sie übersehen dabei, daß es sich bei diesen Störungen überwiegend um psychisch bedingte Auffälligkeiten handelt, die mit Familienatmosphäre, Familienklima und elterlichem Erziehungsverhalten oder mit schulischen Problemen wie Leistungsüberforderung zusammenhängen. Medikamente aber können an dieser Ausgangskonstellation nichts verändern, sie können allenfalls begleitend zu einer psychologischen Beratung oder pädagogischen Hilfe eingesetzt werden. Ärzte sollten deshalb Arzneimittel nur bei klar und eng umschriebenen Krankheitsbildern und Symptomen verschreiben. Bei unklarer Symptomatik ist die ärztliche Begleitung von Kindern und Eltern oder – wenn dem behandelnden Arzt die zeitaufwendigen Untersuchungen und Beratungen nicht möglich sind – eine Überweisung zum Kinder- und Jugendpsychologen (z. B. Schulpsychologen) der richtige Schritt. Damit wird sowohl Eltern als auch Kindern klar, daß die Ursachen der Störungen nicht nur im Kind selbst, sondern auch im Familiensystem liegen können (Trott 1993).

Mädchen haben einen höheren Medikamentenverbrauch als Jungen. Sie neigen deutlich mehr zu psychosomatischen Beschwerden und sind eher bereit, einen Arzt oder Psychologen aufzusuchen. Sie sind die häufigeren Arzneimittelkonsumenten und wählen mit dem Medikament die stille unauffällige Form der Verarbeitung ihrer Befindensstörung. Viele der medikamentengebrauchenden Mädchen fallen weder in der Schule noch im Berufsleben auf und sind eher ängstlich und zurückhaltend. Insofern scheint der Medikamentenkonsum eine Form des Substanzkonsums zu sein, der dem traditionellen Rollenbild von Mädchen und Frauen besonders entspricht.

Unabhängig vom Geschlecht steigt der Medikamentengebrauch fast in jeder Medikamentengruppe mit dem Alter der Jugendlichen an (Abbildung 14). Es wird deutlich, daß Erkältungs- und Schmerzmittel in jeder Altersstufe die am meisten eingenommenen Medikamente sind.

Problematisch am Medikamentengebrauch im Kindes- und Jugendalter ist beim Eigengebrauch ohne ärztliche Begleitung und Aufsicht nicht nur die unkontrollierbare medizinisch-körperliche Nebenwirkung der Arzneisubstanzen, sondern auch das psychische und soziale Konsummuster. Durch die selbstgesteuerte Zufuhr von chemischen Substanzen wird der eigene Körper und das emotionale und psychosoziale Befinden als beliebig manipulierbar angesehen. Das subjektive Wohlbefinden wird medikamentös beeinflußt. Es handelt sich dabei um ein Muster, das Kinder und Ju-

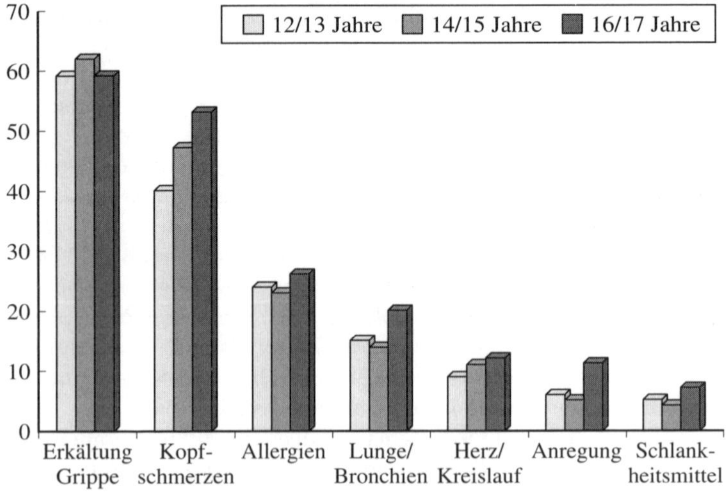

Abbildung 14: Arzneikonsum innerhalb der letzten 12 Monate, nach Alter (Selbstangaben der Jugendlichen in Prozent).
(Quelle: Nordlohne 1992, 168.)

gendliche von den Erwachsenen meist kritiklos übernehmen und kopieren.

Kritisch läßt sich deswegen sagen: Die meisten Arzneimittel werden heute in den Mustern ihrer Nutzung wie eine Droge konsumiert. Jugendliche erlernen eine mechanisch-pharmakologische Reaktion auf Anspannung, Frust und Streß, nach dem Motto: „Hast du ein Problem, dann greife in den Arzneimittelschrank." Mit Hilfe von chemischen Substanzen manipulieren Jugendliche ihre Befindlichkeit, ohne die eigentlichen Ursachen für das mangelhafte Wohlbefinden zu bearbeiten. Sie versäumen es, sich produktiv mit Anforderungen und Spannungszuständen auseinanderzusetzen und gewöhnen sich ein völlig falsches Verständnis von Problem- und Lebensbewältigung an. So gesehen haben wir beim Medikamentenmißbrauch eine ganz ähnliche Problemsituation vor uns wie beim Mißbrauch anderer psychoaktiver Substanzen (Hurrelmann/Hesse 1991; Mansel/Hurrelmann 1991; Nordlohne 1992; Engel/Hurrelmann 1993).

Muster des Gebrauchs von illegalen Drogen im Jugendalter

Auch der Konsum von illegalen Substanzen zur Manipulation des zentralen Nervensystems ist bei Jugendlichen stark verbreitet. Die Wahrscheinlichkeit, daß ein Konsument illegaler Drogen bereits ein Konsument legaler Drogen ist, liegt bei 70–80%, das heißt, ein Großteil derjenigen Jugendlichen, die zu illegalen Drogen greifen, hat vorher schon Bekanntschaft mit Nikotin und Alkohol gemacht.

Die verbreitetsten illegalen Drogen in unserem Kulturkreis sind Haschisch und Marihuana. Haschisch war in den 60er Jahren eine „Kultdroge", mit der ein alternativer Lebensstil demonstriert werden sollte (Reuband 1990). Von den befragten 12- bis 16jährigen Jugendlichen haben sich 3% als Probierer und Gelegenheitskonsumenten und knapp 1% als regelmäßige Nutzer bezeichnet (Kolip/Nordlohne/Hurrelmann 1995). Einbezogen in diese Erhebung war auch die Frage, ob sich die Jugendlichen vorstellen könnten, in nächster Zeit einmal Haschisch zu probieren. Die Frage wurde von 4% derjenigen mit „Ja" beantwortet, die zur Zeit noch nicht unter den Konsumenten waren. Die bisherigen Erfahrungen mit Befragungen dieser Art zeigen, daß unter diesen „Interessenten" sehr viele sind, die in Kürze zur Nutzung der angestrebten Drogen greifen. Tatsächlich steigt der Konsum von Haschisch und Marihuana mit dem Alter schnell an. Bei den 18jährigen sind nach unserer Schätzung 10–12% regelmäßige und gelegentliche Nutzer zu verzeichnen. Der Höhepunkt der Verbreitung dürfte bei den etwa 25jährigen mit schätzungsweise 20% liegen. Hierzu kommen noch einige Einmalprobierer. Danach fallen die Anteilswerte schnell ab.

Der Einstieg in den Haschischkonsum erfolgt also meistens als Probier- und Experimentierverhalten zwischen 15 und 20 Jahren, wobei männliche Jugendliche deutlich häufiger konsumieren als weibliche. Als Gründe werden oft angegeben: „Man muß mitreden können", „ Man kann den Alltag leichter vergessen", „Man kann sich leicht entspannen". Etwa zwei Drittel der Jugendlichen, die Haschisch und Marihuana probiert haben, hören damit auch wieder auf. Als Gründe geben sie nicht etwa gesundheitliche Bedenken an, sondern befriedigte Neugier oder auch enttäuschte Erwartungen (Engel/Hurrelmann 1989).

Der Probierkonsum der illegalen Droge Cannabis ist damit so

etwas wie der Inbegriff eines jugendtypischen „Risikoverhaltens". Die Probierer und Experimentierer wollen sich und anderen demonstrieren, daß sie Grenzen und Gesetze überschreiten können. Allerdings – und das gehört zum Risikoverhalten dazu – gehen sie objektiv dabei gesundheitliche Risiken ein: Cannabis ist eine Droge, die über längere Zeit körperliche, psychische und soziale Schäden hervorrufen kann. Besonders bedacht werden sollte, daß der Stoff heute eine erheblich stärkere Droge ist als vor 30 Jahren. Sein Gehalt an THC (Tetrahydrocannabinol, verursacht die berauschende Wirkung) ist heute 25mal so hoch. Je früher das Einstiegsalter, um so größer das Risiko einer lebenslangen Schädigung. Unter dem Einfluß von Haschisch können das Kurzzeitgedächtnis und die Fähigkeit des Gehirns nachlassen, Informationen zu verarbeiten und zu speichern. Bei häufigem Gebrauch kann es zu Antriebsschwäche kommen, die gekennzeichnet ist durch dauernde Müdigkeit, Apathie, geringe Aufmerksamkeit und reduzierte Fähigkeit, einem Gespräch zu folgen oder sich Ziele zu setzen und zu verwirklichen. Langzeitgebrauch kann zu schweren Gehirnstörungen, zu Psychosen, Panikanfällen und Delirium führen, so daß Abhängige leicht die Orientierung verlieren oder Halluzinationen entwikkeln.

Die „harten" illegalen Drogen Kokain und Heroin sind in der Altersgruppe der unter 18jährigen noch wenig verbreitet. In Repräsentativerhebungen gaben 0,2% der Jugendlichen an, Kokain schon einmal probiert oder gelegentlich konsumiert zu haben, 0,3% machten die Angabe für Heroin. Jugendliche, die sich den Konsum von Kokain und Heroin für die Zukunft durchaus vorstellen können, sind häufiger vertreten: Etwa 1% gaben dies an. Dieser Wert liegt auch in der Größenordnung dessen, was in höheren Altersjahrgängen an tatsächlichen Verbreitungswerten geschätzt wird. Männliche Jugendliche waren unter den Konsumenten stärker vertreten als weibliche und Jugendliche mit schwachen Schulleistungen und geringer Wertschätzung von schulischer Leistung häufiger als die übrigen (Hurrelmann 1996).

Die gemeinsame Nutzung von Kokain und Heroin mit Alkohol, Zigaretten und psychoaktiven Medikamenten und auch Haschisch ist auffällig. Offenbar zieht eine Droge in ihrer Nutzung die andere nach sich. Die biographisch zuerst konsumierten Drogen sind dabei die legalen Drogen Zigaretten und Alkohol, bei denen der

Einstieg mit 9 bis 10 Jahren (Tabak) bzw. 10 bis 11 Jahren (Alkohol) beginnt. Das Einstiegsalter beim Haschisch liegt bei etwa 15 Jahren.

Synthetische Drogen, also im Labor hergestellte Substanzen mit einer stimulierenden Wirkung, die auf bestimmten chemischen Konstellationen beruht (Ecstasy, Speed und LSD), werden in der Altersgruppe der 12- bis 16jährigen von 0,8% der Befragten genutzt. Bei den 17jährigen müssen wir jedoch schon mit einem Potential von 4% rechnen. Ähnlich wie beim Haschischkonsum liegt der Höhepunkt der Verbreitung synthetischer Drogen in der Altersgruppe der 18- bis 25jährigen. Eine Verbreitung von 8 oder 9% in diesen Jahrgängen ist anzunehmen (Hurrelmann 1996).

Auf die Frage nach der Möglichkeit, sich synthetische Drogen innerhalb der nächsten 24 Stunden besorgen zu können, antworteten 15% der Jugendlichen mit „Ja“ und 85% mit „Nein“. Diese Werte verschieben sich allerdings erheblich, wenn die Nutzer und Nicht-Nutzer voneinander unterschieden werden. Bei den Designerdrogen erklärten 77% der Nutzer, sie sähen keinerlei Schwierigkeit, sich die Substanz innerhalb der nächsten 24 Stunden besorgen zu können. Bei den Interessenten, die sich einen Konsum in nächster Zeit vorstellen können, sind es 28%. Ganz ähnlich fallen die Werte bei den anderen Substanzen aus. So erklären etwa die Haschischkonsumenten zu 72%, sie hätten keinerlei Probleme, innerhalb von 24 Stunden an die Substanz zu gelangen. Bei den Nutzern von Crack steigt der Wert auf 80%, bei Heroin und Kokain liegt er bei 50%.

Ähnlich wie der Konsum legaler Drogen unterliegt auch der Konsum illegaler Drogen einem starken Gruppendruck. Gleichaltrige spielen eine sehr große Rolle, was die Aufnahme des Konsums illegaler Drogen anbetrifft. In der Gruppe der Gleichaltrigen werden oftmals die ersten Erfahrungen mit illegalen Drogen, zumeist Haschisch, gemacht. Für die Aufnahme des Cannabisgebrauchs sind eher unspektakuläre Faktoren verantwortlich zu machen und nicht so sehr Problemvermeidung oder Konfliktregulierung. Dem Beginn des Konsums gehen meistens Gefühle der Neugier des einzelnen voran, teils aber auch – ähnlich wie bei den legalen Drogen – Wünsche nach Herstellung einer Gruppenidentität mit dem Ziel, ein Zusammengehörigkeitsgefühl zu erfahren (Schneider 1995, 48).

Auch der Gebrauch von Marihuana findet meistens im Beisein von Freunden statt, die ebenfalls diese Substanz rauchen. Durch Anwendung von richtigen Rauchtechniken und durch positive Bewertung der Wirkung im Rahmen von Interaktions- und Kommunikationsprozessen steigt beim einzelnen die Bereitschaft, Marihuana auch weiterhin zu konsumieren. Beim Gebrauch illegaler Drogen gilt ganz besonders: Je mehr der elterliche Einfluß schwindet, desto größer wird der Einfluß der Gleichaltrigen und desto größer ist das Risiko, zu illegalen Drogen zu greifen. Ist erst einmal der illegale Drogenkonsum aufgenommen, wird der Zusammenhalt in der Subgruppe und die Abgrenzung von der Familie immer stärker, was durch Anziehungs- und Abstoßungsprozesse erreicht wird.

Ebenso wie der Zigaretten- und Alkoholkonsum ist auch der Haschischkonsum bei denjenigen Jugendlichen besonders stark verbreitet, die mit ihren schulischen Leistungen Schwierigkeiten haben. Nicht immer ist allerdings herauszufinden, was Ursache und Wirkung ist. Einiges spricht dafür, daß Haschisch als ausgleichendes Mittel genommen wird, um Anspannungen und Belastungen des stressigen Schulalltags zu entgehen. Oft wird ein geringer Wert auf Schulleistungen gelegt. Untersuchungen zeigen einen deutlichen Zusammenhang zum Beispiel zwischen der Einschätzung der Wichtigkeit der Schulleistungen, wie sie von den Jugendlichen vorgenommen wird, und ihrem Haschischkonsum. Diejenigen, für die Schulleistungen einen hohen Stellenwert haben, sind nur außerordentlich selten unter Haschischkonsumenten zu finden. Demgegenüber steigen die Werte des Haschischkonsums in der Gruppe der Jugendlichen, die schulische Leistungen als nicht sehr wichtig oder sogar unwichtig erklären, deutlich an (Engel/Hurrelmann 1993).

Aber auch der umgekehrte Zusammenhang tritt auf. Der Haschischkonsum ist für viele Jugendliche Bestandteil einer bestimmten Lebensführung und eines Lebensstils, zu dem Genuß und Entspannung gehören. Von den meisten wird diese Droge als völlig harmlos klassifiziert.

Bei sehr vielen jugendlichen Haschischkonsumenten sind Störungen der Persönlichkeitsentwicklung und familiale Spannungen zu finden. Sie haben vielfältige Versagenserlebnisse hinter sich. Die meisten von ihnen sind fest in einer „Clique" integriert, in der es zur Norm gehört, Rauschgift zu nehmen. Der Konsum von Haschisch und Marihuana ist auch häufig mit abweichendem und leicht kriminellem Verhalten verbunden (Engel/Hurrelmann 1989). Viele jugendliche Haschischkonsumenten lassen es beim Haschisch bewenden, ein Teil von ihnen (etwa 10 bis 30%) setzt jedoch die Drogenkarriere fort und greift zu härteren Drogen wie Kokain und Heroin.

Der Konsum von Designerdrogen hängt nicht negativ mit dem schulischen Leistungsstand und der Wertschätzung von schulischen Leistungen zusammen, wie es bei den anderen Drogen der Fall ist. Designerdrogen werden im Gegenteil als „Antriebs- und Leistungsdroge" wahrgenommen, die Energie nicht dämpfen, sondern steigern sollen. Sie werden überwiegend von Schülerinnen und Schülern, Heranwachsenden, Auszubildenden oder im Berufsleben stehenden jungen Menschen genutzt. Sie kommen aus allen sozialen Schichten und sind gut in das soziale Leben integriert. Die meisten von ihnen haben eine gute Position in Ausbildung und im Berufsleben. Sie wollen vor allen Dingen ihren Spaß haben, an Wochenenden ihre „Aus-Zeit" nehmen und einmal etwas anderes erleben. Sie kommen aus den mittleren Leistungsschichten, sind angepaßt, lebens- und leistungsbejahend. Sie stammen meistens aus stabilen Familienverhältnissen und haben eine gute Schulbildung. Sie weisen keine Aussteigermentalität auf und zeigen auch keine Protesthaltung gegenüber den Normen und Werten der Gesellschaft. Aber sie wollen sich vor allen Dingen an den Wochenenden „ausleben" und auch einmal „ausrasten" können. Ecstasy-Konsumenten möchten sich selbst erleben, ihr Bewußtsein erweitern und es sich zumindest an den Wochenenden erlauben, in Ekstase zu geraten. Sie besitzen häufig zwei Identitäten, eine Alltags- und eine Wochenendidentität (Hurrelmann 1996).

Die synthetischen Drogen sind zusammen mit der „Techno-Party"-Welle aus England gekommen. Technomusik, gekonnt von Discjockeys gemischt, hat ihrerseits eine große Bedeutung für den Aufbau von Spannung und Ekstase. Technomusik ist innerhalb weniger Jahre zu einem Massenphänomen in der Jugendkultur geworden. Von ihr geht eine starke psychoaktive Wirkung aus, und zwar durch einen speziellen Einsatz von Rhythmus und Frequenz. Die inhaltlichen Botschaften sind auf Harmonie und Frieden ausgerichtet. Toleranz, Glück, Kreativität und Energie sind weitere Begriffe, die in den Texten der Songs vorkommen und damit ein großes Publikum ansprechen. Es ist ein Versuch, den Alltag zu verzaubern und den Jugendlichen und jungen Erwachsenen aus der Vereinzelung zu ziehen.

Die meisten Konsumenten der illegalen synthetischen Drogen berichten, daß ihr Alltag eintönig, stressig und wenig erlebnisreich sei. Sie nehmen die Drogen vorwiegend am Wochenende (Disco-Drogen), wenn sich alle ihre Hoffnungen auf das Erleben von Spannung und Action, von Abenteuer und neuartigen Erlebnisqualitäten richten. Sie möchten im richtigen Moment fit und gut gestimmt sein. Der Kreislauf wird für einige Stunden hochgetrieben – für einen im Vergleich zum ähnlich wirkenden Kokain günstigen Preis. Den meisten Jugendlichen ist untergründig bewußt, daß sie mit dem Konsum der Designerdrogen ein gesundheitliches Risiko eingehen. Aber sie wollen Abenteuer erleben, Neues ausprobieren und sich aus der Leistungsroutine des Alltags ausklinken.

Auch in der Techno-Szene herrscht ein starker Anpassungsdruck. Die Anforderungen an gute Stimmung und Durchhaltevermögen der einzelnen sind sehr hoch. Es ist nur derjenige willkommen, der mitmacht, fit und dynamisch ist, verschiedene Parties besucht und nächtelang durchtanzen kann. Die Techno-Szene ist leistungsorientiert und fordert den Drogenkonsum mit dem Ziel der Leistungssteigerung geradezu heraus. Nach dem Partybesuch erscheint der Alltag am Wochenbeginn wieder fade und grau, so daß sich bei vielen jungen Menschen der Eindruck verstärkt, das wirkliche Leben fände nur am Wochenende statt.

Trendwende im Drogenkonsum

Der starke Gebrauch von Designerdrogen könnte auf eine tiefgreifende Veränderung von Einstiegs- und Nutzungsmustern bei Erstkonsumenten von Drogen hindeuten: Es zeichnet sich eine Hinwendung zu einem leistungsbezogenen „Doping in Eigenregie“ ab, einer typischen Erscheinung einer lebensstilbewußten und zugleich leistungsorientierten Lebensweise. Betrachtet man die Nutzungsmuster und die Wirkungspotentiale der illegalen Drogen, dann gibt es bei den Neueinsteigern einen Trend weg von den betäubend wirkenden Drogen vom Typus Heroin und Opium und hin zu den stimmungshebenden und antriebs- und leistungssteigernden Drogen vom Typ Kokain und Ecstasy.

Eine ähnliche Entwicklung zeichnet sich auch bei den legalen

Substanzen ab: die betäubende Droge Alkohol erlebt seit einigen Jahren einen Akzeptanzverlust bei Erstkonsumenten, vor allem in der gebildeten Bevölkerung, und zwar mit dem bereits erwähnten Effekt, daß die Zahl der abstinenten Jugendlichen zugenommen hat. Dagegen scheinen leistungssteigernde und -wiederherstellende Arzneimittel und Pharmapräparate an Verbreitung und Akzeptanz zu gewinnen.

Unsere Vermutung ist, daß bei illegalen Drogen ein Trend gegen Heroin eingesetzt hat. Bei dieser Substanz sind inzwischen die Informationen über die gesundheitliche Gefährlichkeit in glaubwürdiger Weise öffentlich geworden. Die Informationen werden auch dadurch plausibel, daß Heroinkonsumenten in der Öffentlichkeit als verwahrloste und sozial randständige Personen wahrgenommen werden. Bekanntlich liegt das nicht in erster Linie an der Wirkung der Substanz als solcher, sondern vor allem an den sozialen Begleitumständen. Aber diese Wahrnehmung führt zur wachsenden Ablehnung von Heroin und zu einer Attraktivität von anderen, vermeintlich „sauberen" Drogen, insbesondere den synthetisch hergestellten. Solche Substanzen, die in ihrer Erstwirkung euphorisierend und leistungssteigernd sind, gewinnen an Verbreitung. Der Trend weg von der „Schmuddeldroge" Heroin wird begleitet vom Trend hin zu den vermeintlich „reinen" Substanzen aus dem Chemielabor.

Dieser Trend wird stark von Frauen getragen. Es fällt auf, daß fast gleich viele junge Frauen wie junge Männer unter den Erstnutzerinnen und -nutzern der aufputschenden chemischen Kunstsubstanzen sind, und das, obwohl Frauen sonst bei fast allen anderen legalen und illegalen Substanzen deutlich in der Minderheit sind. Das erinnert an die Bevorzugung in der Nutzung von Arzneimitteln, bei der Mädchen und Frauen, was Häufigkeit und Intensität der Nutzung anbetrifft, auch weit vor Jungen und Männern liegen. Offenbar werden Designerdrogen nicht als „Droge" wahrgenommen, sondern als Medikament, dessen illegaler Charakter den meisten Konsumentinnen nicht bewußt ist. Die Art der Einnahme – Schlucken, nicht Spritzen – stärkt vermutlich noch diesen Eindruck. Möglicherweise besteht ein Zusammenhang zwischen dem Konsum von Arzneimitteln und dem Konsum der illegalen synthetischen Drogen. Der regelmäßige Gebrauch von legalen und gesellschaftlich positiv bewerteten Arzneimitteln führt wahrscheinlich zu toleranten Einstellungen gegenüber den synthetischen Substanzen vom Typ Ecstasy: Ein in Eigenregie genommenes Schmerzmittel, um Schwächen zu überwinden und Fitneß zu erzielen, kann als „Einstiegsdroge“ für die synthetischen illegalen Substanzen bezeichnet werden.

Drogengebrauch im Erwachsenenalter

Das Erwachsenenalter ist in der Regel durch den Aufbau einer festen Partnerbeziehung, den Einstieg in den Beruf und die Entwicklung einer beruflichen Karriere, durch die Etablierung einer eigenen Familie mit Kindern und die verantwortliche Beteiligung am öffentlichen, politischen Leben der Gesellschaft gekennzeichnet. Ebenso wie im Kindes- und Jugendalter müssen diese Entwicklungsaufgaben bewältigt werden, um die psychosoziale Gesundheitsbalance herzustellen. Ob ein Mensch mit Anforderungen fertig wird, die an ihn gestellt werden, hängt von seinen persönlichen und sozialen Ressourcen ab, die er mobilisieren und aktivieren kann. Ein hohes Selbstwertgefühl, Selbstsicherheit und Erfolgszuversicht sind wesentliche personenbezogene Voraussetzungen. Erlebnisse des Scheiterns, Gefühle des Ausgeschlossenseins und der Mangel an sozialen Netzwerken erhöhen im Erwachsenenalter – ebenso wie in den Lebensabschnitten davor – die Wahrscheinlichkeit, im Drogenkonsum Lösungswege für Probleme und kritische Lebensereignisse zu sehen.

Im frühen Erwachsenenalter, also der Lebensspanne zwischen 20 und 35 Jahren, liegt der statistische Höhepunkt des Konsums von Tabakprodukten. Während der Tabakgebrauch im dritten Lebensjahrzehnt auf dem bis dahin erreichten Gipfel bleibt und dann abfällt, erreicht der Alkoholgebrauch im späteren Lebensverlauf bis zum 50. Lebensjahr, teilweise auch darüber, einen weiteren Anstieg. Ähnlich sieht es beim Medikamentengebrauch aus. Die illegalen Substanzen erreichen fast alle ihren Höhepunkt der Verbreitung im frühen Erwachsenenalter bis 25 Jahren, während sie danach, teilweise schlagartig, abfallen. Vereinfacht läßt sich sagen: Je stärker ein Mensch beruflich und sozial in die „Erwachsenenwelt“ integriert ist, desto eher wendet er sich von den illegalen Substanzen ab und konzentriert den Drogengebrauch auf die legalen Substanzen.

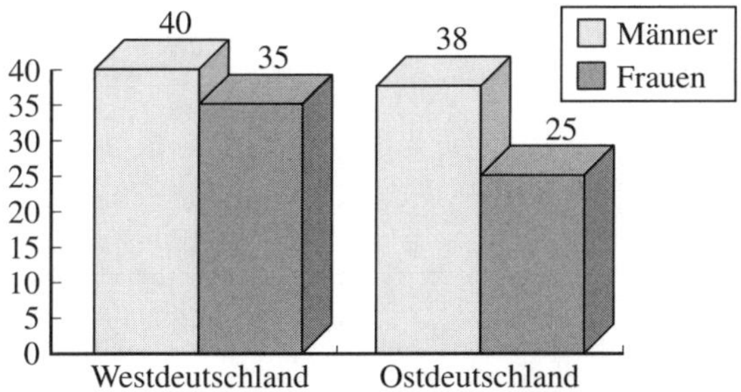

Abbildung 15: Anteil der Frauen und Männer in Ost- und Westdeutschland an den Rauchern (in Prozent).
(Quelle: Junge 1995 a, 75.)

Tabak- und Alkoholgebrauch im Erwachsenenalter

Männer stellen in der Altersgruppe der 18- bis 59jährigen im Vergleich zu den Frauen derselben Altersgruppe sowohl in West- als auch in Ostdeutschland den stärkeren Anteil an den Rauchern (Abbildung 15).

Da die Zigarette auch bei erwachsenen Männern und Frauen vielfältige Funktionen wie Kompensierung von Unsicherheit, Entspannung und Beruhigung erfüllt, werden die in früheren Jahren erworbenen Konsummuster im Erwachsenenalter häufig beibehalten und gefestigt. Männer und Frauen mit niedrigerem Bildungsgrad und geringem Einkommen rauchen im statistischen Durchschnitt erheblich mehr als andere. Dies mag damit zusammenhängen, daß sie weniger als die Mitglieder der mittleren und oberen Sozialschichten bereit sind, auf die immer eindeutiger werdenden medizinischen Informationen über die Gefährlichkeit des Rauchens zu reagieren und ein gesundheitsbewußtes Leben zu führen. Insgesamt jedenfalls hat Tabakkonsum in den gehobenen Bildungs- und Einkommenskreisen nicht mehr das positive Image der 50er und 60er Jahre, sondern wird eher mit Schwäche verbunden (Hess 1989).

Tabak ist objektiv eine besonders gesundheitsschädliche Substanz, wie die Mortalitäts- und Morbiditätsstatistiken ausweisen. Gemäß ihrem höheren Raucheranteil liegt der Anteil tabakbedingter Todesfälle bei Männern erheblich höher als bei Frauen. Die tabakbedingten Todesursachen sind vor allem auf Krebs, Kreislauf-

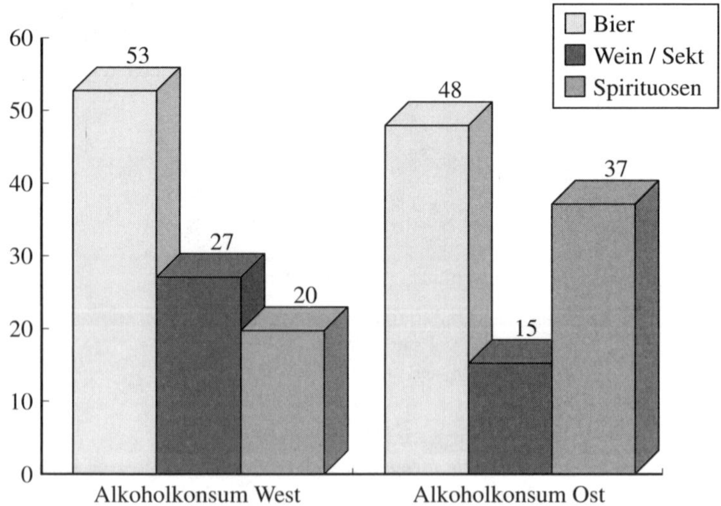

Abbildung 16: Alkoholkonsum in Deutschland Ost und West, nach Alkoholarten in Prozent.
(Quelle: Junge 1995b, 15.)

erkrankungen und Atemwegserkrankungen zurückzuführen. Bei Krebskrankheiten bildet das Zigarettenrauchen, von allen bisher bekannten, den bei weitem größten einzelnen Risikofaktor.

Bei Alkohol liegt Deutschland beim Pro-Kopf-Konsum an der Spitze der international vergleichenden Statistiken, was vor allem auf den Konsum von Bier und Spirituosen zurückzuführen ist (Junge 1995b). In Deutschland wird von allen Alkoholsorten am meisten Bier getrunken. Hierin stimmen die Verbrauchsmuster von Deutschland Ost und Deutschland West überein, allerdings gibt es einen erheblichen Unterschied im Weinkonsum zwischen den neuen und alten Bundesländern sowie im Verbrauch von Spirituosen (Abbildung 16). Die Konsummuster im Osten scheinen sich aber seit 1990 allmählich an die im Westen anzugleichen.

Eine differenzierte Betrachtung der Alkoholpräferenzen führt zu interessanten geschlechts-, alters- und schichtenspezifischen Befunden: Männer ziehen Bier und Hochprozentiges vor, Frauen mögen eher Weißwein, Sekt, Likör und Niederprozentiges. Konsumenten im mittleren Alter bis 40 Jahren bevorzugen die sogenannten Luxusgetränke wie Champagner, französischen Cognac und ausländische Spezialitäten. In dieser Altersklasse wird besonders viel Alkohol konsumiert. Ältere Konsumenten über 40 Jahre greifen eher zu den traditionellen Getränken wie Bier, Wein, Schnaps, Obstler und Kräuterlikör. Arbeiter bevorzugen seit eh und je Bier und Spirituosen, während Angestellte und Beamte vermehrt Wein konsumieren (Scheerer/Vogt 1989, 81).

Das gesundheitliche Risiko und die Wirkung des Alkohols ist nicht nur geschlechtsspezifisch bedingt – Frauen können viel geringere Mengen reinen Alkohols vertragen als Männer –, sondern auch von der körperlichen und psychischen Verfassung des Konsumenten abhängig. Allgemein anerkannt sind einige Richtlinien, die zwar nichts über eine mögliche Suchtgefährdung, jedoch über Schäden aussagen, die sich bei regelmäßigem, täglichen Alkoholgebrauch an den Leberwerten von Männern und Frauen orientieren. Danach sollten Männer nicht mehr als 60 Gramm reinen Alkohol und Frauen nicht mehr als 40 Gramm täglich zu sich nehmen (20 Gramm sind in 0,5 Liter Bier oder 0,25 Liter Wein enthalten). Fast 15% der Männer und 7% der Frauen in Deutschland konsumieren aber mehr als 60 bzw. 40 Gramm Alkohol pro Tag. Sie müssen demnach zu den Alkoholmißbrauchern mit potentieller Abhängigkeitsgefährdung gerechnet werden (Junge 1995 b).

Der Alkoholkonsum von Männern liegt in allen sozialen Schichten sowohl in den neuen als auch in den alten Bundesländern weit über dem von Frauen. Bei beiden Geschlechtern steigt der Konsum mit der sozialen Schichtzugehörigkeit an, bei Frauen deutlicher als bei Männern (Abbildung 17).

Alkohol ist insgesamt sehr stark verbreitet, daher wird durchaus auch toleriert, wenn der eine oder andere bei Feiern und Festlichkeiten „mal einen über den Durst trinkt". Es gibt hier jedoch geschlechtsspezifische Unterschiede: Ein leichter Schwips wird bei Frauen noch toleriert, Rauschzustände und Trunkenheit jedoch als abstoßend empfunden und weit mehr als bei Männern geächtet.

56% derjenigen, die Alkohol trinken, nehmen ihn täglich zu sich. Sie gefährden ihre Gesundheit stark, denn beim regelmäßigen Konsum – jedenfalls ab einer Mindestmenge von Alkohol – ist die Grenze zum Auftreten alkoholbedingter Schäden fließend. Alkoholabhängigkeit entwickelt sich „unter der Oberfläche" und wird lange Zeit zunächst nicht bemerkt, später kaschiert und vertuscht. Nach

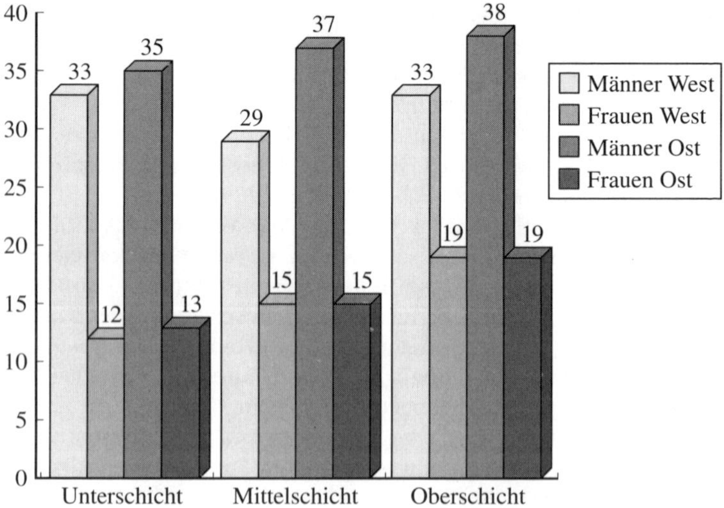

Abbildung 17: Alkoholkonsum und Schichtzugehörigkeit in Ost- und Westdeutschland bei Männern und Frauen (Durchschnittswerte nach Gramm Alkohol/Tag).
(Quelle: Junge 1995 b, 23.)

Weinbrenner (1991) ist jeder latent gefährdet, der regelmäßig oder gelegentlich oder öfter trinkt. Grundsätzlich ist nur der Alkoholabstinente nicht gefährdet.

Bezogen auf die Gesamtbevölkerung muß unserer Schätzung nach bei Männern über 18 Jahren mit einem Anteil von fast 4% alkoholabhängigen Behandlungsbedürftigen gerechnet werden, bei Frauen mit etwa 2%. Die Werte für die stark Alkoholgefährdeten schätzen wir auf weitere 10% bei Männern und 5% bei Frauen. Diese Werte machen deutlich, wie hoch die Zahl der Alkoholsucht-Kranken, also der Abhängigen, ist. Sie dürfte in Deutschland bei mindestens 2,5 Millionen Menschen liegen.

Nach den Motiven gefragt, warum sie Alkohol trinken, antworteten sowohl Abhängige als auch Nicht-Abhängige (Hilge/Schwoon 1990):

- Alkohol erleichtert den Kontakt,
- Alkohol lindert Depressionen,
- Alkohol hilft gegen Langeweile,

– Alkohol ist Medizin,
– Alkohol macht gute Gefühle,
– Alkohol macht mutig,
– Alkohol entspannt,
– Alkohol macht den Kopf klar.

Der Alkoholmißbrauch in breiten Schichten der Bevölkerung führt zu einer außerordentlich hohen Belastung des Gesundheitswesens. Alkoholmißbrauch hat nicht nur alkoholbedingte Todesfälle durch Leberzirrhose, Krebs, andere Organschädigungen, Unfälle und Suizide zur Folge, sondern auch körperliche und psychische Abhängigkeit. Die negativen sozialen Auswirkungen auf Familien und Angehörige und Freunde sind hoch. Kinder werden schon im Mutterleib durch den Alkoholkonsum ihrer Mütter geschädigt, da der Alkohol die Zellen des Kindes toxisch durchdringt. Fast die Hälfte aller Verkehrsunfälle sowie viele Unfälle in der Arbeitswelt und Gewalttaten in der Gesellschaft sind auf den Konsum von Alkohol zurückzuführen oder hängen eng mit ihm zusammen.

Medikamentengebrauch im Erwachsenenalter

Produktion, Verordnung und Kauf von Arzneimitteln und Medikamenten steigen seit Jahrzehnten kontinuierlich an. Vor allem wächst der Anteil der nicht-verordneten Arzneimittel (Glaeske 1995). Zugenommen haben in den letzten Jahren vor allem die ärztlichen Verordnungen von Antidepressiva, die Depressionen lindern können, aber auch gegen chronische Schmerzen wirken. Sie wurden Mitte der 90er Jahre zweieinhalbmal so häufig verschrieben wie ein Jahrzehnt zuvor. Auch die Anzahl der Verordnungen von Neuroleptika ist gestiegen; sie werden eigentlich nur gegen Psychosen, Erregungszustände und chronische Schmerzen eingesetzt, doch sind sie ganz offensichtlich inzwischen auch für ein darüber hinausgehendes Indikationsfeld vorgesehen. Insgesamt wurden 1993 in Deutschland 950 Tagesdosen Psychopharmaka eingenommen (Deutsche Hauptstelle gegen die Suchtgefahren 1992).

Die Gefahr, durch Selbstmedikation seiner Gesundheit mehr zu schaden als zu nützen, ist nicht unerheblich. Der Arzneimittelmarkt verzeichnet unter den nicht-rezeptpflichtigen Mitteln viele, die mit einem hohen Mißbrauchspotential behaftet sind – etwa Appetitzügler, coffeinhaltige Schmerzmittel, Abführmittel und hoch-

Alter	Frauen	Männer
40–49	11,2%	10,0%
50–59	19,0%	16,7%
60–69	27,0%	20,3%
70 und älter	28,9%	22,0%

Abbildung 18: Abhängigkeitspotential von Tranquilizern bei Männern und bei Frauen.
(Quelle: Remien 1995, 130.)

konzentrierte Kräuterschnäpse. Bei der Selbstmedikation steht die Anwendung von Schmerzmitteln an oberster Stelle, die bei unsachgemäßer Einnahme zum Beispiel zu Nierenschädigungen führen können.

Ein Mißbrauch von Arzneimitteln ist dann gegeben, wenn das Medikament nicht indikationsbezogen, sondern um seiner selbst willen eingenommen wird (Remien 1995). Das Abhängigkeitspotential von Medikamenten ist sehr unterschiedlich und quantitativ nur schwer zu fassen. Es wird von der Art des Wirkstoffes, der Höhe der Dosis, der Dauer der Einnahme und der individuellen Empfindlichkeit bestimmt. Schlafmittel (Tranquilizer) mit dem Wirkstoff Benzodiazephan zum Beispiel haben ein relativ hohes Abhängigkeitspotential. Nach etwa viermonatiger Einnahme einer therapeutischen Dosis muß bei Absetzen eines solchen Medikaments mit dem Auftreten von Entzugserscheinungen gerechnet werden (Remien 1995, 126). (Das Abhängigkeitspotential der Arzneimittel errechnet sich aus den Quotienten der Anzahl der Patienten, denen mindestens einmal pro Halbjahr das Medikament verschrieben wurde, und der Anzahl der Patienten, die von diesem Medikament abhängig sind.)

Das Abhängigkeitspotential steigt sowohl bei Männern als auch bei Frauen mit dem Alter, wobei Frauen ein höheres Abhängigkeitsniveau aufweisen. Bezogen auf Tranquilizer sind die entsprechenden Werte in Abbildung 18 aufgeführt.

Wie jedes andere Suchtverhalten auch entsteht Medikamentenabhängigkeit aus einer Vielzahl von Gründen. Die Abhängigkeitsgefahr steigt vor allem bei Frauen in der Altersgruppe über 50 deutlich an (Müller-Daehn 1990). Vermutlich fehlt es vielen Frauen in dieser

Lebensphase an positiven Herausforderungen, etwa deshalb, weil der Wiedereinstieg in berufliche Aktivitäten nach der Phase der Kinderbetreuung nicht gelingt oder weil aus anderen Gründen der Alltag mit Einsamkeit, Bedrohung und Verlust verbunden ist. Es fehlt ihnen an dem nötigen Selbstbewußtsein und der Unterstützung, um die Umbruchsituation im Lebenslauf zu meistern.

Bei vielen Frauen fällt die Selbständigkeit der Kinder, die sich mit dem Auszug aus dem elterlichen Haus dokumentiert, sehr häufig zusätzlich mit einer Lebens- und Altersphase zusammen, die als Wechseljahre bezeichnet werden und mit körperlichen Veränderungen einhergehen. Es handelt sich dabei um kritische Lebensereignisse, die von manchen Frauen nur schwer verkraftet werden. Sie empfinden ihre Lebenswirklichkeit als unerträglich, fühlen sich traurig und niedergeschlagen. Wegen klimakterischer Beschwerden und beginnender Depressionen werden ihnen von Ärzten Medikamente verschrieben, die jedoch nur kurzfristig wirken und bei Langzeiteinnahme abhängig machen. In Fortsetzung des weiblichen Verhaltensstereotyps „Schlucken und ducken" (Burmester 1994) tun sie nichts, um ihre Wirklichkeit aktiv zu verändern, sondern verharren in ihrer Situation und versuchen, diese mit Hilfe von Medikamenten zu bewältigen. Männer in vergleichbaren Situationen (etwa Verlust des Arbeitsplatzes, Abbau körperlicher Kräfte) greifen statt zu Medikamenten viel stärker zu Alkohol, um einer solchen belastenden Lebenslage zu entfliehen.

Gebrauch illegaler Drogen im Erwachsenenalter

Der Gebrauch von illegalen Drogen erreicht zwischen 15 und 25 Jahren seinen bevölkerungsstatistischen Höhepunkt. Wir schätzen, daß bis zu 5% der 25jährigen zu den regelmäßigen, mindestens wöchentlichen Gebrauchern bzw. Mißbrauchern von Cannabisprodukten zählen und weitere 15% zu den gelegentlichen. Designerdrogen wie Ecstasy dürften bei den 20- bis 25jährigen von bis zu 9% regelmäßig, mindestens wöchentlich eins- bis zweimal, gebraucht werden. Über Gesundheitsgefährdungen durch den Konsum dieser illegalen Substanzen wissen wir bislang wenig. Es muß aber angenommen werden, daß zumindest die regelmäßigen Dauerkonsumenten dringend behandlungsbedürftig sind. Das Gefährdungspotential der synthetischen Drogen scheint dabei höher zu liegen als das von Cannabis.

Bei den „schweren" illegalen Drogen Kokain und Heroin schätzen wir, daß sie von zusammen 1% der 20- bis 30jährigen gebraucht werden. Im ganzen Bundesgebiet gibt es wahrscheinlich etwa 150000 manifest Heroin- und Kokainabhängige, deren Gesundheitszustand teilweise alarmierend schlecht ist. Möglicherweise kommen als gelegentliche Konsumenten dieser Drogen noch weitere 10000 Menschen hinzu; diese Konsumenten vermeiden es offenbar, schwere gesundheitliche Risiken einzugehen. Untersuchungen über diesen Konsumentenkreis liegen bislang nicht vor, so daß wir auf Schätzungen angewiesen sind.

Das Suchtverhalten, das auf den übermäßigen Konsum illegaler Drogen zurückzuführen ist, wird häufig durch Einstellungsmuster gestützt, die sich entweder in Ablehnung der Vorstellungen, Normen und Regeln der „bürgerlichen" Gesellschaft zeigen oder auch in bewußter Anpassung an „subkulturelle" Gruppierungen (Groenemeyer 1990). Gemeinsamer Drogenkonsum in der Gruppe schafft Gruppenidentität und ein Gefühl der Zusammengehörigkeit sowie der Bekräftigung von subkulturellen Werten und Handlungsnormen (Sieber 1988, 59).

Nach Täschner (1983, 34) verläuft die typische Drogenkarriere in Form einer Abfolge von Drogengebrauchsmustern, die er als „Verelendungssequenz" bezeichnet. Am Beginn steht

– das Integrationstadium, das durch gemeinschaftlichen Gebrauch in der Gruppe gekennzeichnet ist. Dann folgt
– das Stadium des Kohäsionsverlustes, in dem sich der Gebrauch zu einer dominierenden Verhaltensmotivation entwickelt. Zuletzt folgt
– das Stadium der Desintegration, in dem die Beschaffung der Droge, auch mit kriminellen Mitteln, zum alleinigen Lebensinhalt wird.

Ob sich solche Sequenzen wirklich verallgemeinern lassen, ist umstritten. Eine solche starre Abfolge trifft nach Groenemeyer (1990) nur auf wenige Drogenabhängige zu. Tatsache ist aber, daß bei illegalen Substanzen nicht nur die gefährliche Wirkung der Droge selbst, sondern ganz besonders auch die Dynamik der (kriminalisierten, also unter Strafe gestellten) Beschaffung der Droge, zu Zwangshandlungen führen kann, die den von Täschner beschriebenen entsprechen können.

Wer zu illegalen Drogen greift, hat meistens vorher mit den legalen angefangen. Es beginnt selten jemand mit einem regelmäßigen Heroingebrauch, der vorher nicht legale oder andere illegale Drogen wie Haschisch oder Marihuana genommen hat. Untersuchungen zeigen, daß 74% der Heroinabhängigen ihre „Karriere" mit Alkohol oder Cannabis begannen. Marihuana wird eher von jungen Erwachsenen probiert, die davor schon Tabak geraucht haben und weniger von Nichtrauchern. Cannabisraucher haben ein sechsmal höheres Risiko, andere illegale Drogen zu nehmen als Jugendliche, die nur legale Drogen nutzen (Groenemeyer 1990, 48).

Je früher mit dem Konsum legaler Drogen begonnen wurde, desto wahrscheinlicher wird auf illegale Drogen umgestiegen. Je früher der Konsum weicher illegaler Drogen erfolgt, desto größer das Risiko für den Umstieg auf harte illegale Drogen. Aber auch hier gibt es keinen Automatismus. Welchen Drogenkonsum junge Erwachsene fortsetzen, hängt nicht nur vom Drogenangebot ab, sondern auch von soziokulturellen Determinanten wie Risikowahrnehmung der Konsumenten selbst und Attraktivität der Droge im Milieu (Reuband 1990, 12).

Die Variabilität der Drogengebrauchsmuster ist groß. Es gibt nicht „die" Drogenkarriere, sondern sehr viele individuelle Verläufe des Drogenverhaltens. Einigen Konsumenten gelingt ein Ausstieg, der zwar einer „Spontanremission" bei Krankheiten ähnelt, aber sicherlich viel mit individueller Energie, aktivem persönlichen Bewältigungshandeln sowie mit sozialen Unterstützungsnetzwerken zu tun hat. Vor allem Verbesserungen der sozialen Einbindung im privaten und beruflichen Bereich (neue Partnerschaft, beruflicher Erfolg) können hier eine Schlüsselrolle spielen. Mit steigendem Alter nehmen allgemein die Anstrengungen zu, die Drogenkarriere zu beenden und Behandlungsangebote wahrzunehmen. Ob dies gelingt, hängt davon ab, wie sehr der Abhängige bereits in das „Suchtsystem" involviert ist, andererseits aber auch davon, in welchem Maße er eine Abstinenz anstrebt und dafür motiviert ist und in welchem Verhältnis die „pushes" aus der Drogenszene und die „pulls" in drogenfreie Lebensbereiche zueinander stehen (Groenemeyer 1990, 62).

Zu den psychischen Folgen des Konsums illegaler Drogen gehören ganz wesentlich die Angst vor Strafverfolgung und die psychische Belastung durch Beschaffungskriminalität. Hinzu kommen

Isolierung und Diskriminierung. Je mehr Probleme schon vor dem Drogenkonsum bestanden haben, je einsamer, entmutigter und ausgegrenzter die Personen waren, desto hilfloser sind sie dem Prozeß der Verwahrlosung und der Verführung durch Drogenhändler sowie den Gefahren der Delinquenz ausgeliefert. Unter Verwahrlosung können Instabilitäts- (Depressionen), Asozialitäts- (Schulschwänzen, keine Arbeitsbindung) und Kriminalitätssyndrome (delinquente Handlungen) zusammengefaßt werden (Gölz 1995).

Die sozialen Folgen des illegalen Drogenkonsums sind erheblich. Konsumenten harter Drogen gelten in unserer Gesellschaft als krank und kriminell und unterliegen einer starken persönlichen Abwertung, sozialen Ausgrenzung und Deklassierung. Dadurch werden sie gezwungen, sich noch intensiver als bisher an die Subkultur der Drogenabhängigen anzuschließen und sich immer mehr von drogenfreien Lebensbereichen auszuschließen. Die Handlungsspielräume der Drogenabhängigen werden immer enger, ihr Beschaffungssystem immer ausgetüftelter und raffinierter.

Die meisten der illegalen Drogenabhängigen, die Heroin konsumieren, haben weder eine abgeschlossene Schul- noch Berufsausbildung. Der Anteil der Migranten unter ihnen ist überdurchschnittlich hoch. Viele haben kaum noch Verbindungen zu ihren Familien, viele haben langjährige Gefängnisaufenthalte wegen Drogenhandels hinter sich. Die Drogenszene, in der sie leben, ist zentraler Markt für Drogen, Lebensraum und Informationsbörse zugleich. Sie vermittelt wichtige Informationen, wie zum Beispiel, wann mit hoher Wahrscheinlichkeit die nächsten Razzien durchgeführt werden, wo man am besten schlafen kann, welche Ärzte welche Medikamente verschreiben usw. Sie vermittelt damit Geborgenheit und Akzeptanz unter Gleichgesinnten und ist die „Ersatzfamilie" (Gölz 1995). Deshalb ist es außerordentlich schwer, die Abhängigen aus dieser Szene herauszulösen, auch wenn sie selbst es rational durchaus wünschen.

In der Heroinszene sind diese Zusammenhänge besonders ausgeprägt. Auch wenn Heroin – und damit unterscheidet es sich in seiner pharmakologischen Wirkung entscheidend von den legalen Drogen Tabak und Alkohol – selbst bei abhängigem Gebrauch nicht zu irreversiblen Organschäden führt, so weisen Heroinabhängige doch gravierende Gesundheitsschäden auf, die aus den sozialen Folgen des Lebens „auf der Szene" resultieren (Scheerer 1989a). Etwa 50% der Drogenabhängigen sind zum Zeitpunkt ihres Ausstiegswunsches so schwer erkrankt, daß sie weder durch Abstinenz noch durch Substitutionsbehandlung jemals wieder eine Chance haben, ins Berufsleben zurückkehren zu können (Gölz 1995, 79). Das Leben „auf der Szene" ist mit vielen Gefahren verbunden, worunter Infektionsrisiken, Gefahren der Überdosis, chronischer Geldmangel mit dem Zwang zur Beschaffungskriminialität und schlechte Ernährungs- und Gesundheitslage aufgrund von vielfältigen Organschäden zählen. Für den schlechten Gesundheitszustand sind besonders Mangelernährung, Wohnungs- und Arbeitslosigkeit, unhygienische Lebensweise und Prostitution verantwortlich zu machen. Genau diese Faktoren führen aber auch zum engen Zusammenhalt der Szenenangehörigen.

Nach Gölz (1995, 81) führen vor allem die Konsumbedingungen der illegalen Droge Heroin dazu, daß pro Jahr 1- bis 3% der Drogenabhängigen sterben. Sie sterben an

- Überdosierungen (20%),
- Komplikationen bakterieller Infektionen (20%),
- den Folgen der Lebererkrankungen (20%),
- Aids (20%) und
- sonstigen Ursachen (20%).

Die jährlich vom Drogenbeauftragten der Bundesregierung veröffentlichte „Drogenbilanz" weist aus, daß Mitte der 90er Jahre über 1500 „Rauschgiftopfer" registriert wurden. Die meisten Opfer sind auf den Mißbrauch von Heroin zurückzuführen.

Geschlechtsspezifische Muster des Drogengebrauchs

Wie unsere Darstellung gezeigt hat, gibt es erhebliche Unterschiede des Drogengebrauchs zwischen den Geschlechtern, und zwar sowohl bei den legalen als auch bei den illegalen Substanzen. Bei Alkohol, Cannabis und den illegalen Drogen liegt der Konsum der Männer deutlich über dem der Frauen. Im Verbrauch von Medikamenten liegen Frauen, und zwar jüngere und ältere, eindeutig vor den Männern; zwei Drittel aller Tablettenabhängigen sind Frauen. Sie sind „die besten Kundinnen der pharmazeutischen Industrie" (Füller 1994). Das gilt besonders für Schlankheitsmittel, Schmerzmittel und Psychopharmaka. Pro Kopf werden auch doppelt so viele Tranquilizer von Frauen als von Männern genommen, was sicherlich mit der Stellung der Frau in unserer Gesellschaft zusammenhängt und auch auf ihre Doppelbelastung in Familie und Beruf zurückzuführen ist. Gesellschaftlich wird Frauen eher als Männern Kopfschmerzen, Angstzustände und Depressionen zugestanden. Bei ihnen werden Krankheitsäußerungen, häufigere Arztbesuche und damit auch mehr Rezepte akzeptiert; sie erhalten dafür Trost und Mitgefühl (Glaeske 1994a).

Die Erziehung der Mädchen und Frauen dürfte ein weiterer ausschlaggebender Faktor sein. Frauen werden schon von klein auf dazu angeleitet, auf andere Rücksicht zu nehmen, speziell die Bedürfnisse und Erwartungen anderer zu erfüllen und sich selbst und ihre eigenen Wünsche zunächst einmal zurückzunehmen. Die meisten Frauen revoltieren auch nicht gegen hohe Belastungen in Familie, Haushalt und Beruf, äußern selten ihre Wut und unterdrücken häufig ihre Aggressionen. Sie spüren ihre Anspannungen in Form von Schmerzen und drücken sie in Form von Krankheitssymptomen aus, die dann mit Schmerzmitteln betäubt werden. Dies könnte die psychische Ausgangskonstellation sein, die sie in den Medikamentengebrauch und teilweise auch -mißbrauch hineintreibt. Von den – wie wir schätzen – fast eine Million Medikamentenmißbrauchenden in Deutschland, die dringend behandlungsbedürftig sind, sind wahrscheinlich zwei Drittel Frauen.

Traditionell werden Frauen in unserem Kulturkreis als schwächer, weniger durchsetzungsfähig, emotionaler, empfindlicher, verletzbarer und weniger belastbar definiert. Oft werden an sie „männliche“ Standards herangetragen: Sie sollen ihren „Mann“ im Beruf stehen und für den Lebensunterhalt sorgen, aber gleichzeitig sollen sie auch noch die Haus- und Erziehungsarbeit mit den Kindern leisten und vor allem für die „Beziehungsarbeit“ innerhalb der Familie zuständig sein und „stützen, schonen und aufbauen“ – vor allem ihren Ehemann. Diese kumulativen Belastungen von Berufs-, Familien- und Beziehungsarbeit sind Anforderungen der Gesellschaft, die heute wie selbstverständlich von den meisten Frauen erfüllt werden. Der Preis dafür ist bei vielen Frauen Erschöpfung, innere Leere, Enttäuschung über eigene unerfüllte Lebenspläne, Befindlichkeitsstörungen von psychosomatischen Beschwerden und Schmerzen bis hin zu schweren Depressionen (Füller 1994). Die Risiken des Medikamentenmißbrauchs dürften hier ihren Ausgangspunkt haben.

Erst seit wenigen Jahren werden in der Fachdiskussion frauenspezifischen Ausgangspunkte für Sucht und Abhängigkeit beachtet (Merfert-Diete 1995). Beim Medikamentenkonsum fällt auf, daß Frauen oft eine über Jahre mit nur geringen Substanzmengen erworbene Niedrig-Dosis-Abhängigkeit aufweisen, die jedoch bei Absetzen des Medikaments zu ähnlich starken Entzugssymptomen führt wie die Hoch-Dosis-Abhängigkeit. Fast alle Medikamentenabhängigkeiten gehen auf ärztliche Verordnungen zurück. 80% der niedergelassenen Ärzte sind männlichen Geschlechts. Nach Ernst (1995) ist es unbedingt erforderlich, die von Ärzten ausgesprochenen Diagnosen gegenüber Frauen auf den Prüfstand zu stellen. Die „Medikalisierung" von Frauenproblemen könnte auf die überwiegend männliche Verschreibungspraxis und das spezifische „Arzt-Patientin"-Verhältnis der Über- und Unterordnung zurückzuführen sein.

Außer bei Medikamenten ist der Frauenanteil auch beim Gebrauch von Tabakprodukten und bei den „Designerdrogen" vom Typ Ecstasy sehr hoch. Bei Designerdrogen könnte das am Erscheinungsbild liegen, das den Medikamenten nachempfunden ist, und an der ebenfalls den Medikamenten ähnlichen Anwendungsform. Auch könnte die Tatsache wichtig sein, daß mit diesen Substanzen kein Kontrollverlust verbunden ist, sondern eher eine zeitweise Leistungssteigerung. Bei Tabak ist der Anteil weiblicher Konsumenten in der jungen Generation schon etwa gleich hoch wie der der männlichen. Der Anteil der 18- bis 59jährigen Männer am Tabakkonsum beträgt etwa 40% gegenüber 30% der Frauen. Rauchen galt lange Zeit hindurch als reines Privileg des Mannes, doch in den letzten 50 Jahren haben die Frauen beträchtlich aufgeholt. Wahrscheinlich drückt sich hierin eine auf den Lebensstil bezogene Emanzipation der Frau aus.

Alkohol ist nach wie vor eine stark von Männern favorisierte Droge. Männer konsumieren mehr als doppelt soviel Alkohol pro Tag wie Frauen, und zwar in allen Schichten. Fast 55% aller Männer trinken täglich Alkohol, gegenüber nur 20% Frauen. Der Alkoholismus ist bei Männern weit verbreiteter als bei Frauen: Drei Viertel aller in Kliniken aufgenommenen Alkoholpatienten sind Männer. Der Konsum von Alkohol ist ein fester Bestandteil des Freizeitverhaltens von Männern. Trinkfestigkeit und Trinkfreudigkeit sind nicht nur in Vereinen und auf Festen gefragte „männliche Attribute", sondern im gesellschaftlichen und beruflichen Leben überhaupt. Vertragsabschlüsse, Verkaufs- und Gewinnsteigerungen werden gewöhnlich mit Alkohol gefeiert, und häufig ist es üblich, nach Dienstschluß noch gemeinsam „ein Glas“ zu trinken. Dabei werden Bier und Spirituosen bevorzugt. Der Alkoholrausch wird kulturell ebenfalls bei Männern akzeptiert.

Bei den illegalen Drogen Cannabis und – noch stärker – Kokain und Heroin stehen ebenfalls die Männer an der Spitze des Konsums. Bei den „harten“ Drogen mag das mit dem höheren Risikoverhalten von Männern und ihrem rücksichtslosen Umgang mit dem eigenen Körper zusammenhängen – schlüssig erklärbar aber ist dieser Sachverhalt bislang nicht.

Die insgesamt „härteren“ und gegenüber dem eigenen Körper „brutaleren“ Konsumarten treten also bei den Männern auf. Das läßt sich auch an der gegenüber Frauen deutlich höheren Selbsttötungsquote ablesen, die mit Drogen zusammenhängt. 10 bis 20% der männlichen Alkoholiker sterben durch Suizid, wobei das Durchschnittsalter etwa 44 Jahre beträgt. Alkoholabhängigkeit wird als vorweggenommener und in die Länge gezogener Suizid (Haenel 1989) angesehen. Die Zahl der Suizidversuche unter Alkoholabhängigen liegt sehr hoch. Vollzogener Suizid ist bei Alkoholikern die zweithäufigste Todesursache (die häufigste ist die Leberzirrhose). Auch bei Heroinabhängigen ist die Zahl der Selbsttötungen bei Männern deutlich höher als bei Frauen. Hier kann man allerdings nicht immer genau ausmachen, ob eine Überdosierung mit Absicht („goldener Schuß“) erfolgt ist oder aus Unwissenheit und Unbedachtheit. Das Durchschnittsalter der Abhängigen harter Drogen, die durch Überdosierung sterben, beträgt 27 Jahre.

Drogengebrauch im höheren Alter

Über das Suchtverhalten von Menschen im höheren Erwachsenenalter gibt es nur wenige Untersuchungen (Lechner 1991). Dies ist um so erstaunlicher, als der Anteil älterer Menschen an der Gesamtbevölkerung ständig steigt (Ende der 90er Jahre sind schon 20% der deutschen Bevölkerung über 65 Jahre alt) und damit auch die Wahrscheinlichkeit der Zunahme suchtgefährdeter Personen. Viele Menschen empfinden ihren Alterungsprozeß als schmerzlich, erleben sich als hilfsbedürftig und auf andere angewiesen. Sie befürchten ein Schwinden ihrer körperlichen und geistigen Kräfte und fühlen sich in ihrer Unabhängigkeit und Selbständigkeit bedroht. Der Griff zur psychoaktiven Substanz kann vielen aus diesem Grund als Flucht und Ausweg naheliegen. Durch die intensive ärztliche Betreuung in diesem Lebensabschnitt ist die Nutzung von Arzneimitteln außerdem ganz besonders hoch.

Tabak- und Alkoholgebrauch im höheren Alter

Untersuchungen zeigen, daß im mittleren Erwachsenenalter der Tabakkonsum, etwa bis zum Alter von 40 Jahren, und der Alkoholkonsum, etwa zwischen 30 und 50 Jahren, am höchsten sind und danach absinken (Hess 1989; Feuerlein 1996). Was die Raucherquoten anbetrifft, so rauchen aber immerhin noch etwa 30% der Männer im Alter zwischen 60 und 69 Jahren. Die Motive älterer Menschen weichen von denen jüngerer ab: Es dominieren nicht mehr so sehr die Motive der „Selbstdarstellung" oder des Suchens nach „sozialer Anerkennung", sondern es stehen eher die Faktoren Genuß, Lebensgewohnheiten und Bewältigungsverhalten bei Lebenskrisen im Vordergrund. Die Bereitschaft, im hohen Alter noch auf das Rauchen zu verzichten, ist gering (von Troschke/Kaufmann 1989).

Die Gründe für den im höheren Alter sinkenden und ab 80 Jahren stark nachlassenden Alkoholgebrauch liegen in der durch veränderten Stoffwechsel bedingten verminderten Alkoholverträglichkeit des älteren Menschen, in seinen allgemeinen Gesundheitsproblemen und teilweise auch in geringeren finanziellen Möglichkeiten (Tölle 1988).

Nach Hazzard/Andres/Biermann/Blass (1990) und Schnabel (1995) können aber dennoch 3% der 65jährigen und älteren als starke und bis zu 10% als mittelstarke Alkoholmißbraucher mit großer Abhängigkeitsgefährdung bezeichnet werden. Menschen, die im jüngeren Erwachsenenalter eher selten oder mäßig Alkohol getrunken haben, können im höheren Alter bei auftretenden Lebenskrisen wie Trennung und Scheidung, Tod eines Lebenspartners oder auch Verlust des Arbeitsplatzes zu trinken beginnen („Problemtrinker"). Sie werden als Späteinsteiger („late onsets") bezeichnet im Gegensatz zu den Früheinsteigern („early onsets"), die schon im frühen oder mittleren Erwachsenenalter viel Alkohol getrunken haben (Gewohnheitstrinker).

Bei älteren Menschen fällt die soziale Kontrolle eines festen Tagesrhythmus weitgehend weg, da sie ihrem Beruf nicht mehr nachgehen, häufiger allein leben und seltener Kontakte haben. Deswegen fällt auch eine Alkoholabhängigkeit weniger auf als bei jüngeren Menschen. Außenstehende können kaum unterscheiden, welche Veränderungen auf den biologischen Alterungsprozeß zurückzuführen sind und welche auf die Abhängigkeit: Reduziertes Schlafbedürfnis, nachlassende Gedächtnisleistungen, beeinträchtigte Feinmotorik, Zunahme der Unfälle und Suizidneigung sind Symptome, die sowohl auf den Vorgang des Alterns als auch auf Folgen der Alkoholabhängigkeit zurückgehen können.

Es gibt Untersuchungen, die auf den Zusammenhang zwischen Häufung von Problemen im Alter und Abhängigkeit hinweisen (Lal 1991; Lechner 1991). Die oft angestellten Vermutungen, daß besonders der mißbrauchende Alkoholkonsum eine Folge des sogenannten Pensionierungsschocks und von Einsamkeit und Depressionen speziell bei Hinterbliebenen sein könne (Vereinsamungshypothese), haben sich aber nicht bestätigen lassen. Allerdings ist nicht zu leugnen, daß ein Umzug in ein Alten- und Pflegeheim mit Ängsten vor Verlust der Eigenständigkeit, vor Bevormundung und vor Einbuße an Selbstvertrauen und mit Gefühlen der Resignation und Isolation verbunden ist. Er stellt ein oftmals nur schwer zu verkraftendes Lebensereignis dar. In den Befürchtungen alter Menschen steht das Heim stellvertretend für „die letzte Station" in ihrem Leben und ist daher gedanklich mit Vereinsamung, Sterben und Tod verbunden. Von einigen Autoren wird die Zahl der Alkoholabhängigen in Heimen auf 10 bis 15% geschätzt. Sie variiert mit der sozialen Zusammensetzung der Heimbewohner, ihren gerontopsychiatrischen Erkrankungen und auch ihrer sozialen Herkunft (Lal 1991). Es kommt bei alten Menschen vor, daß die Alkoholsucht schon vor der Heimeinweisung bestanden und geradezu mit zur Pflegebedürftigkeit geführt hat.

Insgesamt aber scheint Alkohol auch bei älteren Menschen an den Kontext des geselligen Beisammenseins gebunden zu sein (Lotze 1991), und es wird nicht so sehr alleine getrunken, sondern dann, wenn ein Trinkanlaß gegeben ist, zum Beispiel, wenn Besuch kommt (Schmitz-Moormann 1992). Allerdings gilt dies überwiegend für mäßige Trinker; starke Trinkerinnen und Trinker, die im mittleren Erwachsenenalter dem Alkohol stark zugesprochen haben, ändern ihr Trinkverhalten mit dem Alter häufig nicht. Liegt eine Alkoholabhängigkeit vor, dann äußert sie sich im wesentlichen in den gleichen körperlichen Beeinträchtigungen wie bei anderen Altersgruppen: erhöhte Leberwerte, Magenschleimhautentzündungen, Nervenleitungsstörungen. Außerdem kommen ernste Folgekrankheiten des vorherigen jahrelangen Alkoholabusus hinzu, nämlich Leberzirrhose, Demenz und Alkoholpsychosen sowie eine allgemein erhöhte Sterblichkeit, Unfallgefahr und Suizidneigung.

Medikamentengebrauch im höheren Alter

Häufig gehen im höheren Alter ärztliche Verordnungen von Medikamenten mit Abhängigkeitspotential schleichend in eine Dauermedikation über. Solche Langzeitverordnungen spielen besonders in der Phase nach 60–65 Jahren eine besondere Rolle (Schnabel 1995). Nach Glaeske (1994b) werden alte Menschen häufig überdiagnostiziert und übertherapiert. Pathologische Veränderungen und Funktionseinbußen sind bei ihnen unvermeidlich. Gerade bei älteren Menschen – und besonders bei Frauen – findet sich ein hoher Medikamentengebrauch, der meistens im mittleren Erwachsenenalter auf ärztliche Verordnung hin ganz allmählich begann und sich über die Jahre fortlaufend steigerte. Ältere Menschen über 65 Jahre machen etwa 16% der Versichertenpopulation aus, aber sie vereinigen rund 45% der gesamten Arzneikosten und fast 50% aller Arzneiverordnungen auf sich. Im Durchschnitt erhält jeder ältere Mensch ab 65 Jahren drei Arzneimittel in Dauertherapie.

Der Medikamentenkonsum alter Menschen ist in Krankenhäusern und Altenheimen besonders hoch. Nach Untersuchungen von Brass (1996) schlucken bis zu 75% der Heimbewohner Beruhigungsmittel, wobei weder den die Psychopharmaka verschreibenden Ärzten noch dem Pflegepersonal das Abgleiten in die Abhängigkeit oder die schon bestehende Abhängigkeit genügend bewußt ist (Blonski 1992). Auch die Kombination hoher Medikamentendosen mit Alkoholkonsum wird häufig übersehen.

Häufig werden viele verschiedene Medikamente gegen zahlreiche Beschwerden, Krankheiten und Störungen und zugleich Psychopharmaka gegen Schlafstörungen, Nervosität und Depression verordnet. Die Sucht stellt sich schleichend ein und wird als solche auch nur selten erkannt. Viele ältere Menschen sind toxikoman, das heißt, sie haben sich so an die Medikamente gewöhnt, daß sie glauben, ohne sie nicht mehr leben zu können. Entzugserscheinungen stellen sich meistens erst nach mehrjähriger Einnahme ein, wobei Tranquilizer ein besonders hohes Abhängigkeitspotential besitzen. Tranquilizer verschaffen das Gefühl, vor Ängsten und Schlafstörungen geschützt zu sein.

Im Vergleich zu jüngeren werden älteren Menschen überproportional häufig Schlafmittel verschrieben; bis zu 48% der Patientinnen und Patienten in Arztpraxen und bis zu 94% aller Krankenhauspatienten erhalten sie. Mit Beruhigungs- und Schlafmitteln werden damit viele alte Menschen im wahrsten Sinn des Wortes ruhiggestellt und damit „beiseitegeschoben", ihnen wird nichts mehr zugetraut. Häufig hat die Verschreibungspraxis Auswirkungen auf Gleichgewicht und motorische Koordination der alten Menschen, was wiederum zu Unfällen und Stürzen mit tödlichem Ausgang führen kann. Dazu kommen Wechselwirkungen der einzelnen Medikamente und Unverträglichkeiten zum Beispiel mit Alkohol, so daß ältere Menschen sogar häufig als polytoxikoman, als mehrfachabhängig, bezeichnet werden können (Hazzard/Andres/Bierman/Blass 1990).

Viele ältere Menschen haben das Gefühl, nutzlos zu sein und nicht mehr gebraucht zu werden. Ihre Einsamkeitsgefühle sollen mit antidepressiv wirkenden Mitteln verbannt werden. Schlaflosigkeit wird subjektiv oft als Krankheit oder Beeinträchtigung erlebt, das Bedürfnis nach Schlaf ist bei älteren Menschen hoch, aber ihre Fähigkeit zu schlafen wird physiologisch bedingt geringer. Eine vorrangige Therapie mit Schlaf- und Beruhigungsmitteln nimmt älteren Menschen ihre Aktivität und schwächt ihre Möglichkeit für selbstgesteuertes Gesundheitshandeln. Eine auf die individuelle Situation abstellende Aufklärung in Form von Gesprächen täte not (Glaeske 1994b).

Insgesamt ist die Bereitschaft zur therapeutischen Behandlung von Suchtkrankheiten im Alter gering, weil bei Angehörigen und Betreuern eine resignative Haltung vorherrscht. Diese Haltung ist unberechtigt: Die Prognose zur Heilung ist keinesfalls geringer als bei jüngeren Menschen, wenn ein alters- und problemspezifisches

Angebot vorhanden ist. Der alte Mensch muß sich mit seiner gesamten Lebensgeschichte verstanden und akzeptiert fühlen, und auch Themen wie Leiden, Einsamkeit, Sterben und Tod müssen in die Therapie einbezogen werden.

Zusammenfassung

Die Gebrauchs- und Nutzungsmuster legaler und illegaler Drogen entwickeln sich überwiegend schon im Jugendalter, und zwar in Zusammenhang mit der Bewältigung der jeweiligen Entwicklungsaufgaben, wobei die Übernahme von erwachsenenspezifischen Verhaltensweisen sowie die Entwicklung eigener Lebensstile angestrebt wird.

Der Konsum legaler Drogen setzt meistens mit Beginn des zweiten Lebensjahrzehnts als eine Art Neugier- und Probierverhalten ein. In seiner intensiven, an Mißbrauch grenzenden Form ist er mit mangelnder Anerkennung und Wertschätzung in der Familie, Meinungsunterschieden zu den Eltern, schulischen Versagenserlebnissen und Problemen in Zusammenhang mit der Stellung in der Gleichaltrigengruppe, verbunden, hat also überwiegend mit negativen Selbstwertgefühlen zu tun. Der Mißbrauch legaler Drogen erweist sich als Vorreiter und Wegbereiter für den Konsum von illegalen Drogen.

Der Erstkonsum illegaler Drogen vom Typus Haschisch oder Ecstasy ist meist durch die Suche nach grenzüberschreitenden und bewußtseinserweiternden Erfahrungen motiviert. Reiz- und Risikoorientierung spielen im Jugendalter beim illegalen Drogenkonsum eine große Rolle. Der Konsum ist oft an die Integration in eine feste „Clique“ mit eigenen Normen und Wertvorstellungen gebunden, die häufig von denen der Familie abweichen. Vielen jugendlichen Konsumenten legaler und illegaler Drogen ist gemeinsam, daß sie in ihrem gesundheitsbezogenen Verhalten Risiken eingehen, die sie als solche entweder nicht erkennen oder nicht erkennen wollen, weil sie den aktuellen und momentanen Genuß höher bewerten als seine Folgen, die sie oftmals unterschätzen.

Designerdrogen werden vor allem von älteren Jugendlichen und jungen Erwachsenen konsumiert. Im Vordergrund stehen Spaß und Erlebnissteigerung sowie Erweiterung des Bewußtseins und der

Wunsch, der Alltagsroutine zu entfliehen. Das Konsummuster der Designerdrogen unterscheidet sich von dem anderer illegaler Drogen. Es ist nicht an eine Aussteigermentalität gekoppelt, sondern geht mit Leistungsorientierung und dem Wunsch nach Leistungssteigerung einher.

Bei den Konsumenten der schweren illegalen Drogen wie Kokain und Heroin überwiegen die Männer in der Altersgruppe zwischen 20 und 30 Jahren. Sie sind meist in eine abweichende Subkultur (die „Szene") integriert und haben sich von der Leistungsgesellschaft abgewendet, besitzen keine oder nur niedrige Schulabschlüsse, haben auch keine Lehrstelle gefunden und sind von Arbeitslosigkeit bedroht. Krankheitshäufigkeit und Infektionsrisiko sind hoch und stellen große Gesundheitsgefährdungen dar. Die Beschaffungskriminalität erhöht das Ausmaß der gesellschaftlichen Desintegration.

Erwachsene, die legale Drogen konsumieren, haben meistens die entsprechenden Gebrauchsmuster schon in der Jugend erworben. Der Tabakkonsum scheint sich Mitte des dritten Lebensjahrzehnts zu stabilisieren, wobei Männer zu den stärkeren Konsumenten gehören. In der jungen Generation zeichnet sich eine Angleichung der Geschlechter bei der Häufigkeit des Gebrauchs ab. Der Alkoholkonsum dagegen steigert sich mit dem Alter – etwa bis zum 50. Lebensjahr – und ist durchgehend bei Männern höher als bei Frauen. Der Medikamentenkonsum zeigt bei Menschen im mittleren Erwachsenenalter erhöhte Verbreitungswerte, wobei Frauen zu den weitaus häufigeren Konsumenten zählen.

Die somatischen, psychischen und sozialen Folgen nicht nur des legalen, sondern vor allem auch des illegalen Drogenkonsums Erwachsener sind erheblich. Sie stellen das Ergebnis eines Suchtverhaltens dar, das häufig schon in der Kindheit vorgebahnt, in der Jugendzeit eingeleitet und im Erwachsenenalter gefestigt wurde.

Bei älteren Menschen zeigt sich bei allen Drogen – mit Ausnahme des Medikamentengebrauchs – zwar eine Abnahme der Drogennutzung, zugleich aber auch die Spätfolge eines jahrelangen Tabak- oder Alkoholmißbrauchs. Entsprechend kommt es zu verschiedenen Folgekrankheiten, vor allem Herzkranzgefäß- und Krebserkrankungen, Leberzirrhosen, Demenz und psychischen Störungen. Durch die spezifischen gesundheitlichen Belastungen im höheren Alter steigt die Gefahr des Medikamentenmißbrauchs.

Soziale Ursachen des Drogenmißbrauchs

Drogengebrauch und Drogenmißbrauch haben nicht nur persönlichkeitsbedingte, sondern auch gesellschaftliche Ursachen. Unsere Gesellschaft ist dadurch gekennzeichnet, daß sie zwar einen maximalen Freiheitsspielraum zur Verfügung stellt, es dem einzelnen Menschen jedoch meist allein überläßt, diesen auszufüllen. Dadurch entstehen viele Möglichkeiten der Selbstverwirklichung, zugleich wächst aber auch der Druck zur Eigenständigkeit und zur unverwechselbaren Originalität der Lebensführung.

Drogengebrauch nimmt hierbei einen zentralen Stellenwert ein. Der Gebrauch kann in einen Mißbrauch umschlagen, wenn kritische Lebensereignisse eintreten, die der einzelne kaum persönlich verantworten kann: Arbeitslosigkeit, Wohnungsnot, Obdachlosigkeit, Armut. Auch die immer schärfer werdende Konkurrenz im Ausbildungs- und Berufsbereich hinterläßt bei vielen Menschen tiefe Spuren der Belastung, die teilweise durch Drogenkonsum kompensiert und verdrängt werden.

Drogenkonsum erweist sich in solchen gesellschaftlichen Konstellationen, auf die wir in diesem Kapitel eingehen, als ein mehr oder weniger gelingender Versuch der Lebensbewältigung. Wir werden in diesem Kapitel auch die Werbung für Drogen diskutieren, die gezielt Menschen anspricht, die sich auf der Suche nach Orientierung, Lebensstil und Identität befinden.

Kritische Lebensereignisse

Bis in die 50er Jahre hinein galten Ehe und Familie als Fixpunkte der privaten Lebensführung. Seitdem haben sich nicht nur Familienformen und -strukturen verändert, sondern auch die Familienbeziehungen. Die traditionell strukturierte Form des Zusammenlebens in einer Familie mit Vater, Mutter und mindestens einem Kind weicht immer mehr einer Lebensform, in der die erwachsenen Partner ohne rechtliche und kirchliche Bindung zusammenleben (Nave-Herz 1994). Die Scheidungsrate war noch nie so hoch wie heute.

Die hohen Freiheitsgrade der privaten Lebensführung verlangen allen Beteiligten ein hohes Maß an Selbstorganisation und Selbststeuerung ab. Demgegenüber entfallen traditionelle Formen der Unterstützung und Hilfe. Wie alle sozialen Entwicklungen, so hat auch diese „Gewinner“ und „Verlierer“ hervorgebracht. Die Gewinner schöpfen die Freiheitsgrade souverän aus, die Verlierer leiden unter Bindungslosigkeit, sozialer Isolation und Einsamkeit.

Viele von ihnen „bezahlen“ diese Form der Lebensgestaltung mit einem hohen „Preis“: Unter Alleinlebenden findet man mehr Abhängige legaler und illegaler Drogen, darunter besonders Alkoholkranke, als unter Zusammenlebenden (Schmidt 1986). Auch bei den Opiatabhängigen ist der Anteil der sozial Isolierten sehr hoch (Ministerium für Kultur, Jugend, Familie und Frauen, Rheinland-Pfalz 1995, 33). In den Ein-Personen- oder auch Single-Haushalten befinden sich nicht nur jüngere Menschen, die diese Lebensform bewußt gewählt, sondern auch viele ältere Menschen, die die Entscheidung nicht bewußt gefällt, sondern ihren Partner verloren haben. Sie leben oft einsam und ohne Kontakte. Diese Ausgangskonstellation macht ganz offensichtlich viele anfällig für den Drogenmißbrauch.

Familien- und Beziehungskrisen

Die Gestaltung der Eltern-Kind-Beziehungen ist heute ebenfalls nur noch wenig an Traditionen und feste Vorgaben normativer Art gebunden. Die Beziehungen können hierdurch frei „ausgehandelt“ werden, wobei es aber unvermeidlich auch zu Unsicherheiten und Irritationen kommen kann. Einem sicheren und zuverlässigen, partnerschaftlich orientierten Erziehungsstil der Eltern kommt größte Bedeutung für die Persönlichkeitsentwicklung der Kinder zu.

Einige der Probleme, die hierbei auftreten können, wollen wir im folgenden ansprechen:

– Mit steigendem Alter orientieren sich Kinder und Jugendliche zwar verstärkt an Gleichaltrigen, aber die Eltern bleiben doch meistens ihre wichtigsten Ansprechpartner und Bezugspersonen. Die Beziehungen innerhalb von Familien mit Kindern haben sich mit dem Prozeß der Verkleinerung der Familien verändert. Sie sind zwar intensiver, aber auch instabiler geworden; „intensiver" vor allem, was die Erwartungen der Eltern an ihre Kinder anbetrifft, die häufig zu hoch sind und nicht dem Leistungsvermögen der Kinder entsprechen. „Instabiler", weil beide Eltern oft berufstätig sind und nicht genügend Zeit haben, sich ausreichend um ihre Kinder zu kümmern. Daher sind die Beziehungen oft mit gegenseitigen Enttäuschungen sowohl auf elterlicher als auch auf kindlicher Seite verbunden.

- Gerade weil die Familien heute klein sind, ist oft die Atmosphäre sehr emotionalisiert. Viele Eltern versuchen, ihre Kinder so eng und lange wie möglich an sich zu binden. Dies erschwert vielen Kindern und Jugendlichen die Ablösung von den Eltern, und sie erkaufen sich jeden Schritt aus der Familie heraus mit Schuldgefühlen. Unter psychoanalytischen Gesichtspunkten stellt Drogenkonsum den Versuch dar, diese Ablösungsprobleme zu bewältigen; Drogenabhängigkeit ist ein Symptom, das auf den mißglückten Lösungsversuch hinweist. Auch für die Eltern ist die Zeit der Ablösung der Kinder eine emotionale Spannungszeit, und nicht selten entsteht bei ihnen ein Gefühl der Ohnmacht und Unsicherheit, wenn ihre „Kinder" nach Unabhängigkeit streben.
- Eltern projizieren häufig ihre eigenen sozialen und beruflichen Lebenswünsche in ihre Kinder hinein, was zu psychischen Überforderungen der Kinder, aber auch zu Frustrationen auf seiten der Eltern führen kann. Viele Eltern betonen zwar, daß sie ihr Erziehungsziel in der Selbständigkeit der Kinder sehen, praktizieren aber oft einen Erziehungsstil, der ihre Kinder in Unselbständigkeit hält. Aus diesem Widerspruch versuchen sich viele Kinder und Jugendliche durch Abwendung von den Eltern und Hinwendung zu Gleichaltrigen zu lösen. Die Gefahr ist dabei, daß sie sich – in bewußter Absetzung von den Normen und Werten ihrer Eltern – einer Gruppe von Gleichaltrigen oder auch Älteren zuwenden und deren Verhaltensweisen, wie zum Beispiel Drogenkonsum, übernehmen. Je intakter die Familie und je besser die Beziehungen untereinander, desto geringer ist die Wahrscheinlichkeit, daß Jugendliche aus Protest zu verstärktem Drogenkonsum greifen.
- Spannungen, Streit, Auseinandersetzungen mit den Eltern

sowie Generationskonflikte können dazu führen, daß Kinder und Jugendliche – beeinflußt von Gleichaltrigen – eine Lebensweise praktizieren, die den Drogenkonsum nicht ausschließt. Jugendliche, die schon regelmäßig rauchen und/oder Alkohol trinken, haben nicht nur Probleme mit der Identitätsfindung, sondern vor allem in der Beziehung zu ihren Eltern. In ihren Familien gibt es häufig schon in den alltäglichsten Fragen Streit und Meinungsverschiedenheiten. Diese Jugendlichen wenden sich bei persönlichen Problemen nicht in erster Linie an ihre Eltern, sondern an ihre Freunde und Freundinnen. Konflikte mit den Eltern können die Hinwendung zu den Gleichaltrigen intensivieren und damit die Wahrscheinlichkeit für den Drogengebrauch erhöhen.

- Die jeweils gewählte Drogenform läßt sich teilweise auf unterschiedlich konflikthaft verlaufende Entwicklungsphasen in der Kindheit zurückführen, bei der die Beziehung zu den Eltern eine wichtige Rolle spielt (Seifert-Schröder 1989). Extreme familiale Interaktions- und Erziehungsmuster wie überfürsorgliche Verwöhnung und dominante Bevormundung tragen möglicherweise mit zur Aufnahme einer „Drogenkarriere“ und ihrer Stabilisierung bei, wenn Eltern die Identitätsentwicklung ihrer Kinder unbewußt verhindern und ihre Ablösungswünsche nicht berücksichtigen. Kinder und Jugendliche, die sich in einem emotionalen Dauerstreß mit den Eltern befinden, neigen dazu, ihren Frust durch Drogenkonsum betäuben und ihr psychisches Wohlgefühl wiederherstellen zu wollen. Alkohol und illegale Drogen stellen „Problemlöser“ dar und eröffnen die Möglichkeit „kleiner Freuden und Fluchten“ (Franzkowiak 1986b).
- Familienleben verschafft einerseits Sicherheit und Wohlbefinden, steht für Liebe und Geborgenheit, aber andererseits ist es durch den Widerspruch von Eigen- und Fremdbestimmung definiert, durch den Anspruch, sich in der Familie selbst verwirklichen zu können, sich aber gleichzeitig auch den Familienmitgliedern anpassen zu müssen. Ein gutes familiäres Familienklima herzustellen, setzt Beziehungsarbeit voraus und den Versuch, Spannungen auszugleichen. Eine Balance zwischen Einmischung und Nicht-Einmischung, Gewährenlassen und Grenzensetzen sowie Abhängigkeit und Unabhängigkeit muß gesichert werden (Dembach 1990, 61). Dies ist nicht immer

leicht zu verwirklichen; in vielen Familien sind Spannungen, Enttäuschungen und Streit an der Tagesordnung und die Probleme dermaßen groß, daß einzelne Familienmitglieder – und dies gilt für Kinder und Erwachsene gleichermaßen – als Entlastungs- und Ablenkungsreaktion einen verstärkten Drogenkonsum aufnehmen. Ein belastetes Verhältnis zwischen den Familienmitgliedern und spannungsreiche Beziehungen erhöhen das Risiko insbesondere auch des Drogenmißbrauchs.

- Kinder und Jugendliche erleben heute sehr häufig Trennungen und Scheidungen ihrer Eltern, die immer mit psychischen und sozialen Belastungen für alle Familienangehörigen einhergehen. Oft halten die Beziehungskämpfe der Partner auch nach der Trennung weiter an und belasten das Eingehen neuer Partnerbeziehungen. Sehr häufig ist mit der Trennung ein Wechsel der Wohnung und der sozialen Umgebung und damit auch der Verlust von Freundes- und Nachbarschaftskontakten für mindestens einen der Partner und die Kinder verbunden.
- Häufig rutschen nicht berufstätige oder halbtags arbeitende Frauen nach der Trennung oder Scheidung in die Sozialhilfe ab und leben mit ihren Kindern am Rande des Existenzminimums. In dieser Situation, wenn psychische und soziale sowie finanzielle Probleme überhandnehmen, ist nach vorliegenden Untersuchungen die Gefahr für alle Beteiligten besonders groß, vermehrt zur Droge Alkohol zu greifen. Veränderungen im sozialen Umfeld wie Trennung und Scheidung, Arbeitslosigkeit und Obdachlosigkeit, die das Erleben einer Person nachhaltig negativ beeinflussen, können Bedingungsfaktoren des Alkoholmißbrauchs sein. Andererseits scheinen Menschen auf belastende Geschehnisse dann mit einer Reduzierung des Drogenkonsums zu reagieren, wenn sie damit überwiegend Gefühle der Erleichterung empfinden und die Trennung zu einer Beendigung der für sie ungünstigen Situation führt. Ein radikaler Wechsel der Umwelt kann also auch aus dem Teufelskreis der extremen persönlichen Belastungen und dem Drogenkonsum herausführen (Silbereisen 1990).

Arbeitslosigkeit als Suchtrisiko

Die berufliche Erwerbstätigkeit gehört heute für Männer und Frauen immer selbstverständlicher zur persönlichen Selbstverwirklichung und zur eigenen Lebensgestaltung dazu. Die Bedeutung der Berufstätigkeit ist hoch und die Gewißheit, einen sicheren Arbeitsplatz zu haben, für den einzelnen geradezu lebenswichtig. Um so größer ist die Verzweiflung, wenn der Arbeitsplatz nicht mehr vorhanden ist. Immer mehr Menschen in Deutschland sind hiervon betroffen.

Arbeitslosigkeit hat weitreichende Auswirkungen für das materielle, finanzielle, physische und psychische Wohlbefinden aller Familienmitglieder. Verlust des Arbeitsplatzes und Verarmung können Auslöser für Suchtverhalten, jedoch auch Folgeerscheinungen des Suchtverhaltens sein:

- Die psychischen Folgen von Arbeitslosigkeit stimmen mit denen der Alkoholismusgenese überein: Machtlosigkeit, Gefühle von Ohnmacht und Sinnlosigkeit, Versagensängste und Selbstwertkrisen. Wurde schon vor der Arbeitslosigkeit Alkohol getrunken und gehörte es zur gängigen Praxis der Problembewältigung, so gewinnt ein solches Bewältigungsmuster nach Verlust des Arbeitsplatzes immer größere Bedeutung. Arbeitslosigkeit führt natürlich nicht zwangsläufig zur Sucht, aber sie birgt als ein besonders „kritisches" Lebensereignis Momente sozialer und psychischer Verunsicherungen in sich (Rummel 1995). Daher muß ihre Bedeutung für die Entstehung, Verstärkung und Aufrechterhaltung von Alkoholabhängigkeit höher eingeschätzt werden als die ebenfalls suchtgefährdende Dauerbelastung am Arbeitsplatz (Kastenbutt 1989).
- Es ist zunächst nicht der Verlust des Arbeitsplatzes an sich, der in die Alkoholabhängigkeit oder eine andere Drogensucht führen kann. Entscheidend sind die ständigen erfolglosen, enttäuschenden und zermürbenden Versuche, einen neuen Arbeitsplatz zu finden, sowie die finanziellen Sorgen und die Angst, als Arbeitsloser öffentlich diskriminiert zu werden (Henkel 1992).
- Arbeitslosigkeit hat eine psychisch destabilisierende Wirkung, denn sie führt zu Gefühlen des Kontrollverlustes über die Gestaltung der eigenen Zukunft, der Wertlosigkeit und der Selbstgeringschätzung. Sie kann das soziale Gefüge von Partnerschaft und Familie zerstören (Kastenbutt 1989). Durch Arbeitslosigkeit ausgelöste Schamgefühle treiben den Betroffenen in die Selbstisolation und den sozialen Rückzug. Die Lockerung der Beziehungen zu Freunden, Bekannten und Verwandten

kann eine wesentliche Voraussetzung für den Alkoholmißbrauch sein. Durch das Fehlen des Kontrastes von Freizeit und Arbeit sowie durch die Aufhebung von Zeitstruktur bedeutet Arbeitslosigkeit „sensorische Deprivation", und Drogenmißbrauch, vor allem Alkoholmißbrauch, stellt eine Möglichkeit dar, das eintönige Leben zu „dynamisieren" und damit der Öde und Langeweile zu entfliehen (Henkel 1992, 131).

– Arbeitslose Männer werden drei- bis viermal häufiger alkoholabhängig als arbeitslose Frauen, was sicherlich mit der immer noch in unserer Gesellschaft vorherrschenden geschlechtsspezifischen Rollenzuschreibung für Männer zusammenhängt. Differenzierte Analysen zeigen aber, daß auch arbeitslose Frauen mit ausgeprägter Berufsorientierung immer mehr Suchtprobleme aufweisen (Henkel 1992).
– Die Auswirkungen von Arbeitslosigkeit auf die Familien sind schwerwiegend. Entscheidend ist, wie gut die Beziehungsqualität der Familie und der Partnerbeziehung vor dem kritischen Ereignis „Arbeitslosigkeit" war. Arbeitslosigkeit bedeutet einen tiefgreifenden Bruch im Lebensrhythmus eines Menschen und seiner Familie. Arbeitslosigkeit wird heute von vielen Betroffenen als Bestrafung erlebt, gegen die sie sich innerlich auflehnen, oder auch als ungerechtes Schicksal, für das sie nichts können. Sie fühlen sich als Opfer der Gesellschaft und entwikkeln Gefühle des Grolls, aber auch der Resignation und Apathie, die oft gegen die übrigen Familienmitglieder gerichtet werden. Unter Drogeneinfluß kann es zu Gewalt und Nötigungshandlungen in der Familie kommen (Kürner/Nafroth 1994).
– Auch bei Jugendlichen und jungen Erwachsenen, die sozial noch nicht integriert sind, erweist sich der eingeschränkte materielle Spielraum, den die Arbeitslosen spüren, als sehr bedeutsam für ihr Lebensgefühl. Er verstärkt die Gefahr der Isolation gegenüber Freunden und Bekannten. Mangelnde Teilhabe der Arbeitslosen an sozialen Aktivitäten gehen oftmals mit Deprivationen einher, die Auswirkungen auf ihre weitere Lebensgestaltung haben. Soziale Auffälligkeiten, Angst vor Stigmatisierung, Verleugnung der Arbeitslosigkeit in Außenkontakten, Leistungsstörungen, Abbruch sozialer Kontakte und Delinquenz sind häufig die unausweichlichen Folgen. Viele Jugendliche

halten diesen Druck nicht aus, geraten ins Abseits und versuchen, sich auf illegale Weise Konsumgüter zu verschaffen, um damit Anerkennung und Aufmerksamkeit in der Gruppe ihrer Freunde und Bekannten zu erlangen. Hier können Ausgangspunkte für vermehrten Drogenkonsum liegen.

Armut und Verelendung als Suchtrisiko

Unter Armut wird eine Lebenssituation belastender Art verstanden, die die gesamte Lebenslage eines Menschen umfaßt. Armut kann als „Kumulation von Unterversorgungslagen" angesehen werden: schlechte finanzielle Situation, unzureichende Wohnungsversorgung, mangelnde soziale Integration und Ausgrenzung von gesellschaftlichen Dienstleistungen kommen zusammen. Vereinfacht läßt sich sagen, daß Menschen, die „Sozialhilfe" beziehen, in Deutschland an der Armutsgrenze leben (Kürner/Nafroth 1994). Armut und wirtschaftliche Not haben schon in früheren historischen Epochen zur Verstärkung des Drogenkonsums unter Vernachlässigung vieler anderer lebenswichtiger Bedürfnisse geführt. Die Gefühle von Ungerechtigkeit und Benachteiligung, verbunden mit einer mangelnden Lebensperspektive und dem Gefühl, die eigene Situation nicht mehr gestalten zu können, sind Einfallstore zur Aufnahme oder zur Verstärkung des Drogenmißbrauchs.

Heute sind es vor allem Familien mit Kindern, die am häufigsten von Armut bedroht sind (Klocke/Hurrelmann 1995). Die Zahl der Arbeitslosen nähert sich der Vier- bis Fünfmillionengrenze, die der Sozialhilfeempfänger wird für das Ende der 90er Jahre auf fast drei Millionen Menschen geschätzt. Eine weitere Million Menschen hätte einen Anspruch auf Sozialhilfe, löst ihn aber aus unterschiedlichen Gründen nicht ein. Zur Gruppe derjenigen, die Sozialhilfe beziehen, zählen insbesondere die Langzeitarbeitslosen und ihre Familienmitglieder. Familien mit drei und mehr Kindern und Alleinerziehende sind besonders betroffen: von ihnen leben jeweils fast 40% an der Armutsgrenze (Bundeszentrale für politische Bildung 1993). Die neuen Bundesländer haben überdurchschnittlich hohe Anteile von Sozialhilfeempfängern. Die Zurücknahme von Sozialleistungen sowie die Kürzung des Arbeitslosengeldes und der Arbeitslosenhilfe tragen mit zu dieser prekären Lage bei.

Die „Verarmungskette" in den Familien nimmt meist ihren Ausgang bei der Arbeitslosigkeit der Eltern. Die Lage verschärft sich in dem Moment, wo die ökonomisch schwierige Situation auch in Wohnungsnot mündet. Mangelnder zur Verfügung stehender Wohnraum, unverantwortliche Mieterhöhungen, Mietrückstand mit Schuldenproblematik führen dazu, daß Familien mit Sozialhilfe in Notunterkünfte abgegrenzt werden. Familien, die sich in ihrem Lebensunterhalt überwiegend auf Mittel des Bundessozialhilfegesetzes stützen, leisten sich oftmals keine angemessene Ernährung mehr, so daß ihr Gesundheitszustand leidet.

Auch die Wohnungsnot trifft vor allem kinderreiche Familien, die zugleich ein geringes Einkommen haben, und Alleinerziehende. Außerdem sind Menschen aller Altersgrenzen betroffen, die sich zu Hause nicht aufgehoben fühlen und ausgezogen sind, ohne einen eigenen Wohnplatz zu haben. Obdachlosigkeit wird mittlerweile in allen Städten und Gemeinden als ein Schlüsselproblem der Verarmung und der gesellschaftlichen Desintegration angesehen. Es wird geschätzt, daß Ende der 90er Jahre auf je 1000 Einwohner zweieinhalb obdachlose Menschen kommen (Kürner/Nafroth 1994), im ganzen Bundesgebiet möglicherweise eine Million Menschen. Obdachlosigkeit ist eine zugespitzte Form der Armut mit starker sozialer Ausgrenzung, die zu Verelendung und möglicherweise auch physischen und psychischen Krankheit führt und oftmals ihren Endpunkt in Alkohol und Drogen und häufig auch in Prostitution und Kriminalität findet.

Der Zusammenhang dieser sozialen Belastungen mit Sucht und Abhängigkeit ist in mehreren Studien nachgewiesen worden:

– Nach Zeltner (1994) sind 40% aller Wohnungslosen süchtig, wobei der Anteil der Alkoholkranken besonders hoch ist. Es ist nicht immer festzumachen, ob zuerst Wohnungsnot/Wohnungslosigkeit oder Abhängigkeit bestanden und welche der beiden Notlagen die jeweils andere bedingt hat. Die psychische Erkrankung der Abhängigkeit zieht oft die soziale Notlage nach sich, kann jedoch auch durch diese hervorgerufen oder verstärkt werden (Podschus/Dufeu 1995b). Obdachlosigkeit kann Anfang, aber auch Endpunkt einer Suchtkarriere sein. Obdachlose Süchtige sind materiell, sozial, psychisch und physisch am Ende, sie sind ohne Arbeit und ohne Wohnung, angewiesen auf Sozialhilfe und/oder aufs Betteln. Sie stellen eine soziale Randgruppe dar und fallen häufig durch das Netz aller staatlichen Hilfen (Deutsche Hauptstelle gegen die Suchtgefahren 1989; Henkel 1992; Kieselbach 1992). Sie weisen auch oft keine Motivation zur Veränderung ihrer Lebenssituation auf, so daß sich weder die Suchtkranken- noch die Wohnungslosenhilfe für sie zuständig fühlt.

- Obdachlose stellen eine Gruppe von Menschen dar, die alle Erlebnisse des Scheiterns, des Mißerfolgs und der Enttäuschung hinter sich haben: Unter ihnen finden sich ehemalige Scheidungs- und Heimkinder, Sonderschüler, Schulabbrecher und Menschen, die früh und aus unterschiedlichsten Gründen ins soziale Abseits geglitten sind. Alkohol hat für diese Menschen eine bestimmte Funktion: Er ist Nahrungs- und Schlafmittel zugleich, dient zur Betäubung von Kälte und Schmerzen, als Ersatz für fehlende Bindungen nach außen und als Bindeglied untereinander. Gelegentlich stellt Alkohol den Grund für Arbeits- und Wohnungslosigkeit dar, häufiger aber ist er eine Folge der sozialen Desintegration und Randständigkeit (Henkel 1992, 128).
- Perspektivlosigkeit, soziale Isolierung und mangelnde Erfolgserlebnisse werden von Menschen in allen Alters- und Lebenslagen mit legalen und illegalen Drogen „kompensiert". Vereinfacht lassen sich die Untersuchungsergebnisse so zusammenfassen, daß die Suchtgefährdung immer dann anwächst, wenn die sozial entstandenen Belastungen psychisch nicht mehr bewältigt werden können (Henkel 1992). Zunehmend finden sich auch unter Jugendlichen solche Ausgangslagen: 15- bis 18jährige Exzeß-, Rausch- und Problemtrinker und Alkoholabhängige, die kaum Aussicht haben, Arbeit zu finden, und häufig lange Zeit arbeitslos sind. Sie besitzen kaum Bewältigungsstrategien, mit Problemen umzugehen, und tragen daher ein hohes Risiko, eine Alkoholgefährdung zu entwickeln. Häufig ist der hohe Alkoholkonsum mit gewalttätigen und anderen kriminellen Verhaltensweisen verbunden.

Belastungen in Ausbildung, Arbeit und Freizeit

Neben kritischen Lebensereignissen, die einen Menschen meist unvorhergesehen aus der Bahn werfen, hängen auch die dauerhaften Belastungen in Ausbildung, Arbeit und Freizeit eng mit Drogengebrauch und Drogenmißbrauch zusammen. In einer Wettbewerbsgesellschaft mit hoher Arbeitslosigkeit ist die Bedeutung von Schule, Beruf und Arbeitswelt sehr groß. Ein Scheitern in diesen Bereichen geht häufig mit Gefühlen der Selbstentwertung und Kränkung einher.

Belastung in Ausbildung und Arbeit als Suchtrisiko

Verschiedene Studien zeigen, daß Drogengebrauch und Drogenmißbrauch eng mit Anspannungen im Schul-, Ausbildungs- und Arbeitsbereich zusammenhängen, die über einen sehr langen Zeitraum wirksam werden:

- Schule spielt unter dem Aspekt der zukünftigen beruflichen Laufbahn eine große Rolle. Kinder und Jugendliche haben das Ziel, anspruchsvolle Bildungszertifikate zu erwerben und einen von ihnen zu erwählenden Beruf auszuüben. Kinder und Jugendliche sind einem Leistungsdruck und einem Wettbewerbssystem unterworfen, dem sie sich nicht entziehen können und das mit hohen Belastungen einhergehen kann. Sie erleben Erfolg und Mißerfolg und alle daraus resultierenden psychosozialen Konsequenzen und gesundheitlichen Belastungen. Viele Kinder und Jugendliche nehmen, wie wir dargestellt haben, zur Steigerung ihres Leistungsvermögens Medikamente, um ihre physische und psychische Befindlichkeit zu verbessern, ihre Leistungsfähigkeit wiederherzustellen und damit den eigenen und auch den Erwartungen der Eltern zu entsprechen. Mit Hilfe der Medikamente möchten sie schulische Anforderungen, denen sie sich nicht gewachsen fühlen, erfüllen und körperliche oder seelische Mißempfindungen lindern. Hier kann der Einstieg in Suchtgefährdung liegen. Auch Mißbrauch von Zigaretten und Alkohol bei Schülerinnen und Schülern ist an negative schulische Leistungsbiographien, an Scheiternserlebnisse, Unzufriedenheit und Unsicherheit über die weitere Schullaufbahn gebunden (Engel/Hurrelmann 1993). Der Gebrauch der illegalen Droge Cannabis ist, wie ebenfalls schon dargestellt wurde, mit einem Abrücken von der schulischen Leistungskultur verbunden.
- Frauen und Männer erfahren gleichermaßen Streß am Arbeitsplatz. Dieser ist sehr häufig durch die Arbeitsorganisation bedingt (Schichtarbeit, Nachtarbeit, Akkord), aber auch durch die

Art der Arbeit (Fließbandarbeit, automatisierte Arbeit, Arbeit an gefährlichen Maschinen, Arbeit unter Lärmbelastung, monotone Arbeit). Viele dieser Tätigkeiten sind nur mit erhöhtem psychischen Kräfteaufwand zu leisten. Sehr häufig werden Medikamente, Kaffeekonsum oder auch Alkohol zur Unterstützung und Aufrechterhaltung der Leistungsfähigkeit und als Bewältigungsstrategie der objektiv gegebenen und subjektiv erlebten Belastungen herangezogen. Für Frauen unter starker Belastung am Arbeitsplatz läßt sich ein erhöhter Konsum an Schmerzmitteln beobachten, während bei Männern eher ein erhöhter Alkoholkonsum verzeichnet wird. Allerdings ist hierbei nicht allein die objektive Belastung ausschlaggebend, sondern die von den Arbeitnehmern subjektiv erlebte Belastung sowie ihre Bewältigungskompetenzen und auch ihre Einbindung in Familie und Freundeskreis. Auch psychische und soziale Dauerbelastungen am Arbeitsplatz, die durch mangelnde Entfaltungs- und Aufstiegschancen entstehen, sind ein Faktor unter vielen anderen, der zur Sucht führen oder diese verstärken kann (Renn 1989).

– Nicht nur die Arbeitsbedingungen können für unterschiedliches Suchtverhalten am Arbeitsplatz verantwortlich gemacht werden, sondern auch die berufsbedingten Verhaltenstraditionen. Traditionell gelten in bestimmten Arbeitsbereichen duldende Normen, was den Konsum von Tabak und Alkohol anbetrifft, so im Bau, Metall, Alkoholgewerbe, in den „Durstberufen" (Köche, Heizer, Gießer), im Gaststättengewerbe (Wirte, Kellner), in den Kontaktberufen (Vertreter) und bei den Unternehmern, Selbständigen und Freiberuflern (Renn 1989). Alkoholkonsum am Arbeitsplatz ist keine Seltenheit. Er ist offiziell verboten, aber das Verbot wird oft umgangen. In Betrieben, in großen und kleinen Unternehmen und im Öffentlichen Dienst bieten Mitarbeiterinnen und Mitarbeiter ihren Kolleginnen und Kollegen während oder nach der Arbeitszeit zu bestimmten Anlässen wie Beförderungen, Dienstjubiläen, Geburtstagen usw. Alkohol an. Nach Ergebnissen einer Studie der Bundeszentrale für gesundheitliche Aufklärung (1992 b) trinken etwa 52% aller Beschäftigten mehr oder weniger häufig Alkohol am Arbeitsplatz. Schätzungsweise 3 bis 5% aller Mitarbeiter und Mitarbeiterinnen eines Unternehmens sind ernsthaft alkoholkrank, weitere 10% stark gefährdet.

– Wenn man bedenkt, daß viele Unfälle in Betrieben (mindestens 5 bis 10%) und im Straßenverkehr (50%) auf den Mißbrauch von Alkohol zurückgehen, dann erscheint der weitverbreitete tolerante Umgang mit der Droge Alkohol als unverständlich. Oft wird Alkohol als betriebliche Unfallursache nicht erkannt oder auch verschwiegen. Mit zunehmender Blutalkoholkonzentration steigt aber die Unfallwahrscheinlichkeit, wie Studien eindeutig belegen. Alkoholkranke sind häufiger in Arbeitsunfälle verwickelt als ihre nichttrinkenden Kollegen (Rummel 1995). Unfallverhütungsvorschriften der Berufsgenossenschaften regeln den Umgang mit Alkohol in Betrieben. Innerbetriebliche Strategien zur Suchtbekämpfung, Anti-Alkoholprogramme, Aufklärungskampagnen über die Gefahren des Alkoholgenusses am Arbeitsplatz und konsequente Maßnahmen bei Zuwiderhandlungen (nämlich Androhung der Entlassung und bei wiederholtem Alkoholkonsum Entlassung) sind Verfahren zur Erhöhung der Arbeitssicherheit, aber auch zur Erhöhung der Eigenverantwortlichkeit der Mitarbeiterinnen und Mitarbeiter. Nach dem Motto „Helfen vor Kündigen“ bilden sich in vielen Betrieben Sucht-Arbeitskreise, bestehend aus Betroffenen, Betriebsräten, Betriebsärzten, Personalabteilungen und Betriebsozialdiensten.

Freizeitbelastungen und Werbung als Suchtrisiko

Aus dem Freizeitbereich heutiger Gesellschaften sind Alkohol und Tabak nicht mehr wegzudenken. Es gibt kaum eine gesellige Zusammenkunft von Menschen, bei der nicht Alkohol und Tabak angeboten werden. Rauchen und Alkoholtrinken vermitteln den Konsumenten Genuß, Entspannung, Anregung und Befriedigung, aber auch Sicherheit im sozialen Kontakt mit anderen. Das Angebot einer Zigarette oder eines Glases Wein überbrückt Anfangsschwierigkeiten im Gespräch und stellt Gemeinsamkeit her. Es gibt kaum eine Feier im Familien- oder Freundeskreis ohne Alkohol.

In geselliger Umgebung werden diejenigen, die alkoholfreie Getränke zu sich nehmen, allzuoft belächelt und von manchen sogar, zum Beispiel auf Betriebsfeiern, als „das Klima störend“ empfunden. Der „Verweigerer“ muß eine besondere Stärke besitzen, um dem gesellschaftlichen Druck widerstehen zu können. Seine soziale und berufliche Stellung lassen ihm oftmals keine andere Wahl, als Alkohol anzubieten und auch zu konsumieren.

Auch durch vielfältige öffentliche, teilweise gesetzliche Regelungen wird ein soziales Klima erzeugt, das den Drogengebrauch völlig verharmlost. Wir leben in einem Staat, der hohe Gewinne aus Tabak- und Alkoholsteuern zieht. Eine wirksame öffentliche Politik gegen die Verharmlosung und Duldung von Tabak und Alkohol in öffentlichen Gebäuden und in Gaststätten und Restaurants wurde bislang in Deutschland nicht betrieben. Die offizielle Politik macht nur allzu deutlich, daß ihr an einer Einschränkung des Konsums dieser „Volksdrogen" nicht gelegen ist.

Das gleiche gilt für die Werbestrategien der Tabak- und Alkoholindustrie, die zum Drogenkonsum ermutigen und suggerieren, daß er zum alltäglichen Leben dazugehört. Die Werbung für Tabak und Alkohol ist in Deutschland nur durch sehr wenige Vorgaben (z.B. Werbeverbot für Zigaretten im Fernsehen) eingeschränkt. Schon Kinder und Jugendliche sind alltäglich unterschwelligen Werbekampagnen ausgesetzt.

Folgende Aspekte der öffentlichen Vermarktung von legalen Drogen und von psychoaktiven Medikamenten halten wir für besonders problematisch:

- Durch Alkohol- und Tabaksteuer bedingt, die große Einnahmen bescheren, hat der Staat ein finanzielles Interesse daran, Produktion, Handel und Verbrauch zu fördern. Die staatliche Politik hat einen großen Einfluß auf „Produktion, Distribution, Konsumtion und Kontrolle von Drogen" (Fahrenkrug 1989, 78). Die Steuerpolitik des Staates beeinflußt das Preisniveau und damit wiederum den Absatz und den Verbrauch der legalen psychoaktiven Substanzen. Was den Alkoholkonsum anbetrifft, bestimmen und regeln staatliche Maßnahmen Öffnungszeiten und Standorte der öffentlichen Trinkorte, wobei nur wenige Restriktionen gelten. Das Jugendschutzgesetz wird in diesem Bereich kaum ernsthaft angewendet.
- Für Stil und Machart der Werbung in Tageszeitungen, Illustrierten, Werbebroschüren, in Radio und Fernsehen für den Konsum der legalen Drogen Tabak und Alkohol gibt es kaum wirksame gesetzliche Regeln. Es werden Wohlbefinden und Entspannung ebenso wie Abenteuer und Erfolg suggeriert und Befreiung von allen möglichen Beschwerden wie Überforde-

rung, Reizbarkeit und Stimmungslabilität. Der Werbeetat der deutschen Tabak- und Alkoholindustrie nähert sich jährlich der Milliardengrenze. Die Werbebranche verdient an den sozialen und psychologischen Ausgangslagen, den Sozialisationsdefiziten und den damit verbundenen Drogeninteressen breiter Bevölkerungsschichten. Die Zigaretten- und Alkoholindustrie als legale Branchen unseres Wirtschaftslebens zahlen immense Summen für die Propagierung ihrer Produkte. An den Werbestrategien kann man ablesen, welche Konzeption als die aussichtsreichste gilt. Angeknüpft wird an Anerkennungswünsche, Lebensgefühl, Abenteuerlust, dem Bedürfnis nach Zuwendung und Liebe, dem unterschwelligen Wunsch nach Erlebnis und Nervenkitzel. In millionenschweren Kampagnen wird ein sozialpsychologisch und tiefenpsychologisch ausgeklügeltes Szenario entworfen, das paßgenau auf die sozialisationstheoretische Ausgangssituation der potentiellen Drogenkonsumenten abstellt.

- Die Zigarettenwerbung setzt seit vielen Jahren auf neue Kundenkreise. Es handelt sich bei der Zigarette um eine Droge, von der die meisten Konsumenten sehr schnell abhängig werden. Es sind also kaum Strategien nötig, um die Konsumenten im Markt zu halten. Wer einmal an der Droge „hängt“, kommt von ihr nur mit allergrößten Schwierigkeiten wieder los. Interessant für die Zigarettenwerbung sind deshalb die potentiellen Neueinsteiger, vor allem Kinder und Jugendliche, und dabei vor allem Mädchen und junge Frauen, die anteilsmäßig im Konsum noch zurückliegen. In letzter Zeit richten sich die Werbekampagnen auf eine ganz besonders junge Klientel aus, nämlich die 10jährigen, die „erst“ zu 1 bis 3% zu den regelmäßigen Zigarettenkonsumenten gehören. Die Werbestrategien für Zigaretten sind eindeutig lebensstilorientiert. Es genügen einige attraktive Symbole, die alle um Anerkennung, Ausstrahlung und Bewunderung kreisen sowie Begriffe wie Abenteuer und „weite Welt“, und schon ist die Rezeptur fertig.
- Für die Alkoholwerbung gilt ähnliches. Mit denselben Strategien werden vor allem die jüngeren und weiblichen Konsumenten angesprochen. Im Unterschied zur Zigarettenwerbung kommt hier noch eine erotisierende Komponente dazu. Immer häufiger werden schöne, junge und attraktive Frauen gezeigt,

die gesellig und kommunikativ Alkohol in männlicher Gesellschaft konsumieren. Fast überall wird Alkohol zum Kauf und Konsum angeboten: in Vereinen, in Clubs, an Kiosken, in Kantinen, Tankstellen und Autobahnraststätten. Der gesetzlich eigentlich klar geregelte Jugendschutz wird nur am Rande beachtet.

- Legale Drogen begegnen uns nicht nur in gezielten Anzeigen und Kampagnen, sondern auch tagtäglich in der Modebranche und in Unterhaltungssendungen im Fernsehen, im Kino und in den Printmedien. Im Unterhaltungsbereich, der von Kindern, Jugendlichen und Erwachsenen gleichermaßen geliebt wird, spielen zigarettenrauchende und alkoholtrinkende Akteure eine sehr große Rolle. Es gibt kaum einen Film, in dem nicht geraucht oder Alkohol konsumiert wird. Es gilt in den Medien kein Negativimage für die legalen Drogen. Sie werden in allen Lebenslagen genommen, ohne daß Konsequenzen thematisiert werden. Nur gelegentlich werden in Schwarzweißmalerei Personen gezeigt, die der Trunksucht verfallen, die nervlich am Ende sind und deren Leben mit Niederlagen und Mißerfolg eng verbunden zu sein scheint. Entgegen der Realität werden Klischees des Alkoholikers aufgezeigt, mit denen der Zuschauer sich meistens nicht identifiziert, die fließende Grenze zwischen Konsum und Mißbrauch wird nicht dargestellt.
- Auch das Interesse der Pharmaindustrie an der Vermarktung der Arzneimittel ist hoch, seitdem die Selbstmedikation ansteigt. Vielfach sind die Indikationen, die die einzelnen Hersteller zum Beispiel für Tranquilizer angeben, so vage und so umfassend formuliert („vegetative Dystonie", „neuro-vegetative Dysregulationen" „Psychosomatosen"), daß sie auf einen möglichst großen Kreis von Abnehmern zutreffen. Damit werden einmal Ärzte, Apotheker und Patienten dazu verleitet, auch bei unklaren Diagnosestellungen diese Medikamente als therapeutische Hilfsmittel zu propagieren bzw. danach zu greifen. Sie gehen dabei häufig über mangelnde Kenntnisse der den Syndromen zugrundeliegenden Ursachen hinweg. Ähnlich wie die Arzneimittelfirmen haben die Apotheker ein direktes Interesse am Verkauf von Arzneimitteln. Ihr privater Gewinn steigt mit dem Umsatz, der nicht nur mit den ärztlich verordneten Medikamenten zustande kommt, sondern auch mit den frei in Apo-

theken erhältlichen. Zum zweiten wird das Interesse der Patienten angeheizt. Der Umsatzanteil der nichtärztlich verordneten Medikamente inklusive stimulierende Appetitzügler, coffeinhaltige Schmerzmittelkombinationen oder auch der millionenfach verwendete „Melissengeist" beträgt immerhin 20%, bei schnell wachsender Tendenz.

- Der Großteil des Medikamentengebrauchs geht auf ärztliche Verordnungen zurück. Wenn die Verordnung für Ärzte auch frei von finanziellen Interessen sind, so lassen sich doch viele häufig auch auf nichtmedizinische Gründe zurückführen: Praxisbindung, Druck der Patienten, Beendigung langer Gespräche, Fetischcharakter der Arzneimittel. Das Dilemma des hohen Medikamentenverbrauchs besteht darin, daß nur ein Teil davon einen hohen therapeutischen Wert hat, daß aber auch sehr viele nicht indikations- bzw. dosisgerecht gebraucht und damit mißbraucht werden (Glaeske 1994 a). Der „Fetischcharakter" der Medikamente fördert das Gebrauchsmuster „Hast Du ein Problem, dann greife zur chemischen Substanz". Für viele unkontrollierte Konsumenten kann hier der Einstieg in Suchtgefahren liegen.
- In der nachrichtenmäßigen Berichterstattung hat das Thema „Drogen" eine breite Resonanz. In diesem Sektor wird zwar auch über negative Konsequenzen des Konsums legaler Drogen berichtet, aber eines fällt auf: Die Berichterstattung konzentriert sich meist auf die Darstellung des Mißbrauchs von Tabak und Alkohol als ein Gesundheitsrisiko, bei dem der einzelne Konsument selbst für seinen Konsum verantwortlich ist. Die Medien stellen Mißbrauch und Abhängigkeit individuumszentriert dar und zeigen nur selten die sozialen und gesellschaftlichen Hintergründe wie Leistungsdruck, Konkurrenz, Anonymität, Armut und Arbeitslosigkeit auf. Das gilt verstärkt für den Mißbrauch illegaler Drogen, der eine große Aufmerksamkeit erfährt. Er wird als charakterlich bedingt dargestellt, Milieufaktoren, Arbeits- und Umweltbedingungen werden hingegen wenig beachtet. Über präventive Strategien und therapeutische Ansätze wird noch vergleichsweise wenig berichtet.

Zusammenfassung

Drogengebrauch und Drogenmißbrauch können Begleiterscheinungen der Verarbeitung von kritischen Lebensereignissen und sozialen Belastungen sein, die durch ganz unterschiedliche Faktoren hervorgerufen werden. Die Belastungen ergeben sich aus den strukturellen Herausforderungen und Anforderungen der heutigen Lebensweise in Familie, Schule, Arbeitswelt und Freizeitbereich.

Die Familie ist heute durch Verminderung der Familiengröße und abnehmende Geburten- und steigende Scheidungszahlen gekennzeichnet. Die Partnerbeziehungen und die Eltern-Kind-Beziehungen sind einerseits unsicherer geworden, andererseits aber auch durch erhöhte Erwartungen aneinander gekennzeichnet. Überforderungen und Frustrationen können deshalb schnell eintreten. Sie schaffen innerhalb der Familien ein Klima der Unzufriedenheit, das den Nährboden für Streit und Auseinandersetzungen und für Suchtgefahren bergen kann.

Immer mehr Menschen sind durch Armut und Arbeitslosigkeit belastet, wohnen in beengten Verhältnissen und leiden unter sozialer Isolierung. Gefühle von Kontrollverlust über Gestaltungsmöglichkeiten der eigenen Zukunft, der Wertlosigkeit und Selbstgeringschätzung wachsen hierdurch bei einer beträchtlichen Minderheit der Bevölkerung an. Hier liegt der Ausgangspunkt für erhebliche Suchtgefahren.

Die Belastungen durch Schule und Beruf, die sich in einer Wettbewerbswirtschaft mit hoher Arbeitslosigkeit einstellen, sind sowohl für Jugendliche als auch für Erwachsene empfindlich hoch. Schon im Kindesalter werden schulische Probleme wie Konzentrationsstörungen und Verhaltensauffälligkeiten mit Hilfe von Medikamenten „gelöst". Schulleistungsschwächen werden von vielen Jugendlichen mit erhöhtem Medikamentengebrauch und mit Zigaretten- und Alkoholkonsum kompensiert. Auch am Arbeitsplatz sind viele Anspannungen und Enttäuschungen mit erhöhtem Drogenkonsum verbunden. In diesen „Bewältigungs"-Mustern liegen Keime einer Suchtgefährdung. Aus dem privaten Bereich werden Suchtprobleme oft in den Arbeitsbereich hineingetragen und durch ungünstige Arbeitsbedingungen und mangelnde Arbeitszufriedenheit noch verstärkt.

Die Verführungstrategien in den Medien zum Konsum von

Drogen, insbesondere von legalen Drogen, die in unrealistischer Weise mit Hilfe von Drogen Befreiung von allen möglichen Beschwerden suggerieren, sind vielfältig. Viele Menschen mit ungesicherter Persönlichkeitsstruktur können sich diesen Überredungskünsten der Werbebranche kaum entziehen. In der Medienberichterstattung gibt es wenig überzeugende Ansätze zur Prävention. Dadurch wird ein öffentliches Klima der praktischen Verharmlosung von Drogen erzeugt.

Möglichkeiten und Grenzen der Suchtprävention

Wie die bisherigen Erörterungen gezeigt haben, sind Drogenprobleme Gesundheitsprobleme und dürfen deshalb nicht als isolierte Verhaltensprobleme, sondern als Ausdruck von Schwierigkeiten der Lebensbewältigung behandelt werden. Moderne Konzepte der Suchtprävention beruhen auf dieser Erkenntnis. Sie sind mehr als eine bloße Vorsorge gegen gesundheitsgefährdenden Drogenkonsum. Deshalb ist auch der Begriff „Drogenprävention" unzureichend. Sie werden vielmehr als Bestandteil einer umfassenden Gesundheitsförderung verstanden. Sie gehen von der Leitidee aus, möglichst vorbeugend zu wirken, um Störungen der Persönlichkeitsentwicklung und Beeinträchtigungen der Gesundheit so früh wie möglich zuvorzukommen. Sie sind so konzipiert, daß sie das Gleichgewicht zwischen Belastungen und Bewältigungen stabilisieren helfen, das jeder Mensch benötigt, um nicht in Sucht- und Abhängigkeitsgefahren zu geraten.

Im folgenden wollen wir zunächst auf die Leitideen und Schwerpunkte der präventiven Arbeit eingehen, um anschließend einige Anwendungsfelder zu besprechen.

Leitideen und Schwerpunkte der präventiven Arbeit

Die begrifflichen Abgrenzungen von primärer, sekundärer und tertiärer Prävention werden nicht immer ganz einheitlich gehandhabt. Als primäre Prävention werden in der Regel alle Maßnahmen bezeichnet, die geeignet sind, sich anbahnende Gesundheitsstörungen – und in diesem Sinne auch erste Indizien für einen gesundheitsgefährdenden Drogenkonsum – zurückzudrängen und abzubauen. Sekundäre Prävention richtet sich gegen erste manifeste Beeinträchtigungen durch Drogenkonsum. Alle Bemühungen, die eine Verfestigung dieser Beeinträchtigungen und gesundheitliche

Langzeitschäden vermeiden wollen, bezeichnet man als tertiäre Prävention. Sekundäre und tertiäre Suchtprävention sind demnach in erster Linie Aktivitäten der Drogenhilfe und Therapie.

Wenn wir im folgenden von Drogen- oder (besser) Suchtprävention sprechen, dann orientieren wir uns am Konzept der primären Prävention. Primärprävention ist dann besonders erfolgreich, wenn sie in eine – über die reine Orientierung an der Substanzgefährdung hinausgehende – umfassende Strategie der Gesundheitsförderung einbezogen ist, von der positive Einflüsse auf die Gesundheit und die Lebensbedingungen ausgehen, die das gesundheitsrelevante Verhalten beeinflussen.

Als Maximalziele der Präventionsstrategie werden in der Fachdiskussion meist genannt:

- Abstinenz von allen suchtgefährdenden Substanzen bis zum Alter von 14–16 Jahren, also dem vorläufigen Abschluß der körperlichen und seelischen Entwicklung nach der Pubertät;
- selbstkontrollierter Umgang mit legalen Suchtmitteln nach diesem Alter, mit der Option, zumindest über längere Zeiträume auf den Konsum ganz zu verzichten;
- bestimmungsgemäßer Gebrauch von Medikamenten in allen Alters- und Lebensphasen;
- lebenslange Abstinenz im Hinblick auf illegale Drogen.

In der Ausrichtung präventiver Aktivitäten hat in den letzten Jahren ein Umdenken stattgefunden. Heute werden nicht mehr die illegalen Drogen als die „Hauptverführer“ der Jugendlichen zum Drogenkonsum angesehen, sondern vielmehr die legalen Drogen, deren Gefährlichkeit immer mehr erkannt wird. Die legalen Drogen Tabak und Alkohol und solche Medikamente, die das Zentralnervensystem beeinflussen, treten in den Vordergrund der Betrachtung. Es herrscht Übereinstimmung, die präventiven Bemühungen in erster Linie auf diese Drogen zu verlagern, denn von ihnen geht meist der Anstoß für die Suchtgefährdung aus.

Suchtprävention als Bestandteil der Gesundheitsförderung

Suchtprävention als Bestandteil der Gesundheitsförderung verfolgt drei Zielrichtungen, die jeweils auf die Person, die Umwelt und die Droge weisen. Zum einen stehen das Verhalten der Person und besonders ihr Gesundheitsverhalten und ihre Strategien der Lebensbewältigung im Blickpunkt der präventiven Aufmerksamkeit,

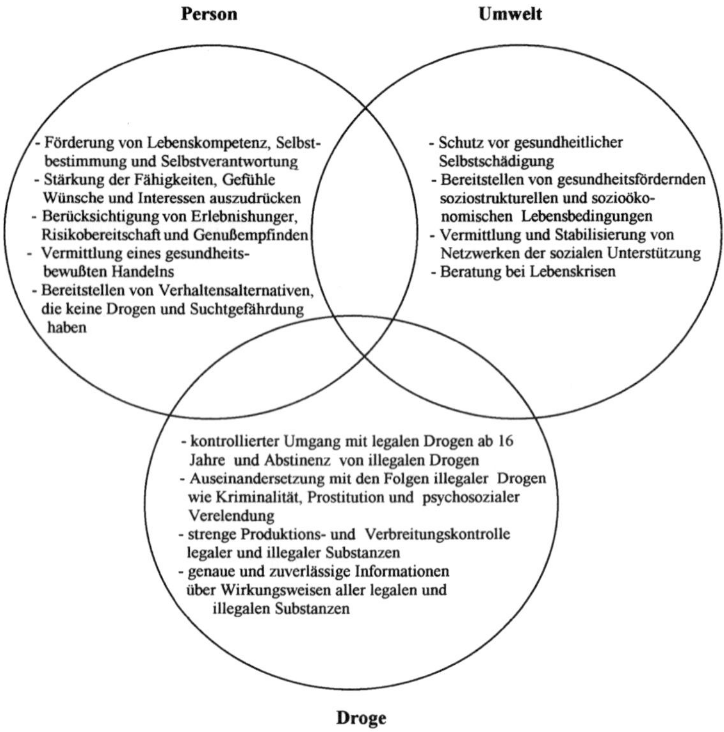

Abbildung 19: Die drei Zielrichtungen der Suchtprävention im „Person-Umwelt-Droge-Ansatz“.

zum anderen die Umweltbedingungen einschließlich der Droge und der Gefährdung, die von ihr ausgeht. In Abbildung 19 sind diese drei Zielrichtungen veranschaulicht.

Die in Abbildung 19 aufgeführten Stichworte lassen sich wie folgt erläutern:

1. Personenbezogene Prävention setzt beim gesunden Menschen an und fördert Lebenskompetenz, Selbstbestimmung und Selbstverantwortung. Sie geht von der Erkenntnis aus, daß Menschen mit flexiblen Fähigkeiten der Selbststeuerung und des Selbstmanagements selten in Gefahr geraten, Drogenmißbrauch zu betreiben, sondern zum kontrollierten, genußvollen Ge-

brauch oder zur Abstinenz in der Lage sind. Im Bemühen, Jugendliche vor Drogenmißbrauch zu bewahren, stößt man auf die besondere Schwierigkeit, daß sie sich in einer Lebensphase voller Körperkraft und Vitalität, aber auch der Selbstüberschätzung und Risikobereitschaft befinden. Ihr Gesundheitsverständnis ist vom Erlebnis der eigenen Kraft gekennzeichnet und läßt Hinweise auf mögliche Gefährdungen häufig abprallen (Priebe/Israel/Bäuerle/Knapp/Gampe 1994). Gesundheit ist für sie ein selbstverständlicher Wert, der keinen Anlaß zur Vorsorge bietet. Suchtprävention muß dies berücksichtigen und Jugendlichen Verhaltensalternativen bieten, damit sie ein abwechslungsreiches und durchaus risikoreiches Leben auch ohne Drogen führen können.

2. Umweltbezogene Prävention zielt auf gesundheitsfördernde soziostrukturelle und sozioökonomische Umweltbedingungen. Als hilfreiche und sinnvolle Verhaltensweisen der Beziehungspersonen, die einen Teil der Umwelt für die Person darstellen, haben sich ein rücksichtsvoller Umgang miteinander und eine partnerschaftliche, auf Selbständigkeit abstellende Erziehung erwiesen, die die Kinder und Jugendlichen befähigt, ihre Probleme selbstverantwortlich zu lösen. Um dies zu ermöglichen, ist eine soziale Atmosphäre nötig, in der Konflikte ausgetragen werden können. Weiterhin sind Hilfen und Unterstützung bei der Gestaltung des eigenen Lebens und der Bewältigung von Krisen wichtig, auch das Zulassen von Mißerfolgen und Enttäuschungen und Hilfe bei ihrer Verarbeitung. Von großer Bedeutung ist auch der Schutz vor gesundheitlicher Selbstschädigung, besonders im Kindes- und Jugendalter.
3. Substanzbezogene Prävention zielt auf sachliche und differenzierte Informationen über Drogen. Dazu gehört eine altersangemessene Wissensvermittlung über Drogenformen, ihre unterschiedlichen Wirkstoffe und ihre Wirksamkeit, über Motive und Wirkungen des Drogenkonsums sowie über Ursachen von Sucht und Abhängigkeit. Weiterhin geht es um die Auseinandersetzung mit den Folgen des Mißbrauchs legaler und illegaler Substanzen, inklusive Kriminalität, Prostitution und psychosozialer Verelendung. Wichtig ist es dabei, zu betonen, daß legale Drogen weitaus am verbreitetsten sind und die Gefahren der illegalen Drogen zum Teil nicht in ihrer physiologischen Wir-

kung, sondern in ihren sozialen Begleiterscheinungen (Kriminalisierung der Konsumenten) liegen. Die Wissensvermittlung und das Aufzeigen von Gefahren des legalen und illegalen Drogenkonsums müssen möglichst ohne Moralisierungen und Dramatisierungen geschehen, um wirksam zu sein. Schließlich gehört zur Flankierung des Schutzes vor Selbstschädigung auch die staatliche Produktions- und Vertriebskontrolle von psychoaktiven Substanzen.

Vereinfacht können wir als die wesentlichen Prinzipien der Suchtprävention Kompetenzerwerb – im Umgang mit Problemen und Konflikten, aber auch mit der Droge – und Gefährdungsvorbeugung – vor den unmittelbaren Folgen und den psychosozialen Nebenfolgen des Drogengebrauchs – bezeichnen (Bäuerle 1996):

– Kompetenzerwerb bezieht sich sowohl auf soziale Unterstützung, auf Vermittlung und Befähigung, Gefühle, Wünsche und Interessen auszudrücken und auf den sachgerechten Umgang mit Erfahrungen und Informationen. Der Konsum legaler Drogen gehört, wie Kinder und Jugendliche alltäglich wahrnehmen können, zum normalen Verhalten der meisten Menschen im Erwachsenenalter. Aufklärungsstrategien, die allein auf Abstinenz drängen, wirken entsprechend unglaubwürdig. Als realistisches Ziel sollte der kompetente Umgang mit der legalen Droge proklamiert werden, der entweder kontrollierten Konsum mit dem Ziel von Genuß und Entspannung oder – als Alternative – die Abstinenz anbietet. Eine Reduzierung des Alkohol- und Tabakkonsums bei Jugendlichen kann nicht gegen die vorherrschenden Muster und Gewohnheiten in der Erwachsenenwelt erreicht werden. Es ist widersprüchlich und unglaubwürdig, Kindern und Jugendlichen Drogenkonsumgewohnheiten als problematisch und gefährlich vorzuwerfen, die täglich von Erwachsenen praktiziert werden. Besser ist es, den kontrollierten und selbstbestimmten Umgang mit der legalen Droge einzuüben und – falls machbar und realistisch – die Belastungspotentiale in der Lebenswelt von Kindern und Jugendlichen zu verringern, so daß auch die Wahrscheinlichkeit sinkt, daß sie zur Kompensation von Verhaltensproblemen in den Drogenmißbrauch abrutschen.
– Gefährdungsvorbeugung besteht in erster Linie in drogenspezifischer Information, die auf die jeweilige Lebenslage abge-

stimmt ist. Im Jugendalter gelten hier andere Kriterien als im Erwachsenenalter. So wirken etwa emotional vorgetragene, abschreckende Beschreibungen von Gesundheitsrisiken im Jugendalter meist kontraproduktiv, weil im Vordergrund des alltäglichen Erlebens eher die Funktionalität des Tabak- und Alkoholkonsums im eigenen Prozeß der Persönlichkeitsentwicklung und der täglichen Lebensbewältigung steht. Allzu drastische Bilder (das amputierte Raucherbein, die krebsbefallene Lunge) und angsterzeugende Szenarien führen oft zur Verdrängung der negativen Eindrücke, zu Trotzreaktionen und nicht zur erwünschten sachlichen Auseinandersetzung mit den möglichen Folgen des Drogenkonsums. Abschreckung kann neugierig machen auf bisher unbekannte Erlebnisse und sogar zur Nachahmung reizen. Auch die Androhung von Strafen bewirkt oftmals nur das Gegenteil des Erwünschten, weil sie Trotz und Ungehorsam herausfordert und zum Versuch führt, Strafen zu umgehen. Im Erwachsenenalter hingegen, vor allem dann, wenn gesundheitliche Beeinträchtigungen schon direkt schmerzlich erfahren wurden, können plastische und emotionalisierte Informationen oft zur Verhaltensänderung beitragen. Bei bereits manifest Drogenabhängigen gehört zur Gefährdungsvorbeugung auch das Angebot von medizinischer und psychosozialer Beratung.

Schwerpunkte der Präventionsarbeit

Der Akzent der Ansätze der Suchtprävention in den 90er Jahren liegt nicht mehr nur auf den Risikofaktoren und Drogengefährdungen von Kindern und Jugendlichen, sondern gleichgewichtig auf den Schutzfaktoren und der Stärkung des gesundheitsförderlichen Verhaltens. Zu den personalen Schutzfaktoren, die in der vorschulischen, schulischen und jugendarbeitsbezogenen Suchtprävention angezielt werden, gehören eine gute Belastungsverarbeitung, Vertrauen in die eigenen Kompetenzen, Fähigkeiten der Kontaktaufnahme und -pflege sowie der selbstgesteuerte, sensible Umgang mit allen psychoaktiven Substanzen, einschließlich der Fähigkeit, Angebote von Dritten ablehnen zu können (Künzel-Böhmer/Bühringer/Janik-Konecny 1993).

Die Suchtprävention in dieser modernen Gestaltung hat damit sowohl drogenunspezifische als auch drogenspezifische Komponenten, die beide einmal den Pol „gesunde Lebensgestaltung" als positiven und lebensbejahenden Schwerpunkt und zum anderen den Pol „Gefahrenabwehr" als den vermeidenden Schwerpunkt ansprechen. Da sowohl Schutzfaktoren als auch Risikofaktoren das tägliche Leben bestimmen, gehen beide in das Präventionsmodell ein. Gesundheitserziehung ist nicht ausschließlich an der Vermeidung von Risikofaktoren ausgerichtet, sondern auch an dem Bewußtsein, gesundheitsbewußt handeln zu lernen und gleichzeitig lustvolle emotionale Erlebnisse zu haben, ohne dabei gesundheitsgefährdende Risiken einzugehen (Schneider 1993; von Troschke 1993).

Diese Prinzipien sind im Bereich der legalen Drogen mit viel Engagement gut umsetzbar. Schwierig ist die Präventionsarbeit im Bereich der illegalen Drogen. Viele Jugendliche stufen vor allem Cannabis und Ecstasy als im Vergleich zu Tabak und Alkohol relativ ungefährliche Substanzen ein. Eine realistische Information über diese heute sehr weit verbreiteten Substanzen ist dringend notwendig, wobei weder dramatisiert noch bagatellisiert werden darf.

Die bisherigen Erfahrungen zeigen, daß in der Präventionsarbeit der illegale Status der Substanzen nicht zu stark betont werden darf, um bei Jugendlichen nicht unnötige Neugier zu wecken. Am wirkungsvollsten ist eine realistische Vermittlung der Gefahren von Gebrauch und Mißbrauch dieser Substanzen mit der glaubwürdigen Empfehlung, den Konsum dringend zu unterlassen. Die Präventionsarbeit in diesem Bereich muß von der realistischen Annahme ausgehen, daß eine Minderheit – wie oben dargestellt – von etwa 10–20% der Jugendlichen Cannabis- und Designersubstanzen konsumiert. Deswegen sind realistische Empfehlungen zur Gefährdungsminimierung (z. B. Kontrolle der Zusammensetzung der Substanzen) und zur Vermeidung des Abrutschens in die Zone der schweren illegalen Substanzen Kokain und Heroin wichtig. Die Präsentationsarbeit wäre erfolgreicher, wenn die Vertriebswege der leichten und der schweren illegalen Substanzen deutlich voneinander getrennt wären. Genau das ist heute aber wegen des illegalen Status dieser Substanzen nicht der Fall.

Da der Konsum legaler Drogen schon vor dem Eintritt in das Jugendalter, oft bereits mit 9 oder 10 Jahren, einsetzt, müssen vorbeugende Aktivitäten früh ansetzen, möglichst vor dem ersten Kontakt mit den legalen Drogen. Zu diesem Zeitpunkt sind die Kinder noch unbefangen und unvoreingenommen. Meist berichten jugendliche Drogenkonsumenten von negativen Anfangserfahrungen. Sie erlernen den Umgang mit Alkohol und Tabak entgegen ihren ursprünglichen Geschmackspräferenzen, weil sie sich Verhaltensvorteile im sozialen Raum versprechen oder der Konsum von ihrer Umwelt erwartet wird. Es besteht deshalb die Chance, in der Kindheitsphase über verhaltensorientierte Anregungen und Informationen die Wirkungsweisen der jeweiligen Substanzen zu thematisieren und den persönlichen, sozialen und kulturellen Kontext ihrer Nutzung dabei herauszuarbeiten (Silbereisen/Kastner 1985). Entscheidend ist, daß persönliche Betroffenheit ausgelöst wird und früh ein Bewußtsein vor allem vom potentiellen Mißbrauch der Alltagsdrogen Tabak und Alkohol entsteht (Franzkowiak 1986 a).

Suchtprävention in der Familie

Der Bereich, der am besten für die Suchtprävention geeignet ist, ist der familiäre Bereich. Suchtprävention sollte früh in der Familie beginnen und Bestandteil einer Erziehung sein, in der Selbstbestimmung und Eigenverantwortung des Kindes gefördert werden. In Abbildung 20 wird der Person-Umwelt-Droge-Ansatz aufgenommen und auf die konzeptionellen Schwerpunkte der familienbezogenen Suchtprävention übertragen.

Aus Abbildung 20 geht deutlich hervor, wie stark sich auch in der familienbezogenen Suchtprävention die drogenspezifischen mit den drogenunspezifischen Komponenten verbinden, also die allgemein-gesundheitsfördernden mit den speziell-substanzorientierten Schwerpunkten gemeinsam in die Präventionsansätze eingehen. Bei den substanzorientierten Komponenten spielen im familialen Kontext alle die Bedürfnisse befriedigenden Genuß- und Nahrungsmittel eine Rolle.

Viele Eltern denken beim Drogenproblem nur an illegale Drogen. Ihnen kommen nicht so sehr das Glas Wein, die Zigarette oder das psychoaktive Medikament als mögliche Gefährdung in den Sinn, sondern vielmehr Haschisch, Kokain, Heroin und Ecstasy. Sie machen sich auch eher Sorgen um einen eventuellen negativen und schädlichen Einfluß von Gleichaltrigen auf ihre Kinder,

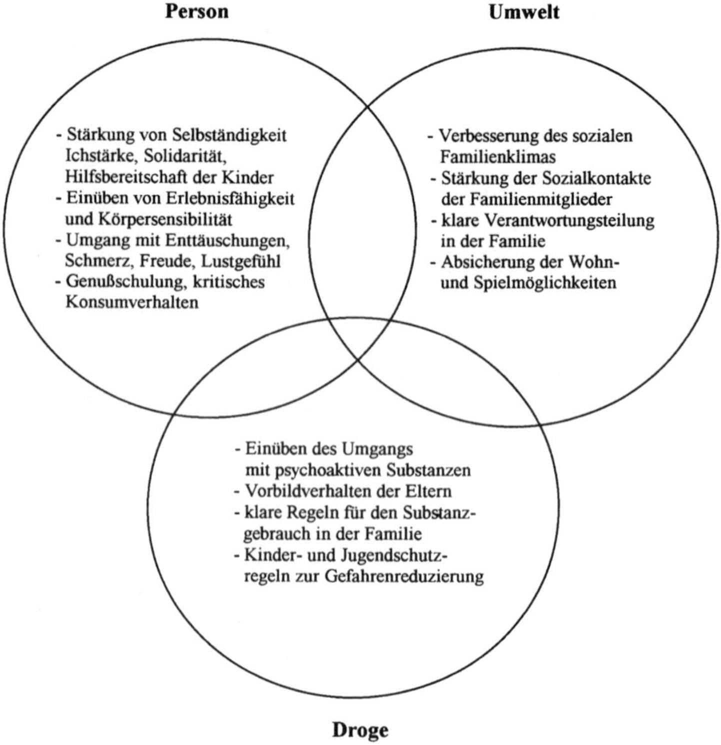

Abbildung 20: Schwerpunkte der familienbezogenen Suchtprävention.

als daß sie ihr eigenes Vorbildverhalten bezüglich ihres Tabak-, Alkohol- oder Medikamentengebrauchs überdenken. Sie vergessen häufig, daß Suchtgefährdung im frühen Kindesalter stark von ihrem eigenen Vorbildverhalten und ihrem Erziehungsstil abhängt (Reichert/Chelius 1996).

Eltern sind für ihre Kinder viele Jahre lang soziale Modelle in allen Verhaltensweisen, auch in ihren (Drogen-) Konsumgewohnheiten. Den Eltern kommt daher eine besonders verantwortungsvolle Aufgabe in der Suchtprävention zu, wenn es auch keine zwangsläufigen Ursache-Wirkungs-Mechanismen gibt. Eine gut funktionierende Familie mit einem angenehmen Umgangsklima ist eine gute Voraussetzung für die erfolgreiche Suchtprävention – eine Garantie für die Suchtvermeidung stellt sie nicht dar.

Wichtig ist die eigene Lebensführung und das Vorbild der Eltern, was den kontrollierten Konsum von legalen Drogen anbetrifft. Die Kinder beobachten genau, wie die Eltern selbst mit Spannungen und Konflikten umgehen. Überbehütende Eltern, die ihr Kind vor allen Schwierigkeiten bewahren wollen, sind ebenso schlechte Helfer wie vernachlässigende und gleichgültige Eltern, die sich zu wenig um ihre Kinder kümmern und ihnen kaum Unterstützung geben. Ein gute Balance zwischen Fürsorge und Kontrolle, zwischen Anforderung und Überforderung sowie zwischen Ge- und Verboten, Freiräumen und Grenzziehungen ist eine gute Voraussetzung für eine stabile Persönlichkeitsentwicklung der Kinder. Kinder sollten von ihren Eltern möglichst früh ermuntert werden, ihre alltäglichen Probleme selbst zu lösen. Nur wenn Kinder immer wieder die Erfahrung machen, daß ihnen das gelingt, wird sich ihr Selbstbewußtsein stärken.

Es ist heute, in einer nicht gerade kinderfreundlichen Lebenswelt, nicht leicht, die Elternrolle kompetent und gut auszufüllen. Eltern müssen ihre eigenen berechtigten Ansprüche mit den Ansprüchen ihrer Kinder in Einklang bringen. Das erfordert Rücksichtnahme und manchmal Verzicht auf beiden Seiten. Es gibt keine Patentrezepte, aber es gibt eine Reihe von Maßnahmen, die sich bewährt haben und die alle eine Stärkung der Persönlichkeit der Kinder zum Ziel haben (Bäuerle 1991, 85 ff.).

Es handelt sich dabei um die folgenden Grundsätze der Erziehung:

- Vertrauen und Achtung der Eltern dem Kind gegenüber: Es ist wichtig, daß Eltern auf die Bedürfnisse ihres Kindes eingehen, es ernst nehmen, zärtlich mit ihm umgehen, es darin unterstützen, Probleme zu lösen und ihnen nicht auszuweichen. Aber ebenso wichtig ist es auch, daß Eltern auf ihre eigenen Bedürfnisse achten und gegenüber ihren Kindern eigene Wünsche und Gefühle aussprechen können.
- Stärkung des Selbstbewußtseins des Kindes: Dies kann dadurch geschehen, daß Eltern ihren Kindern „Bewegungsfreiheit“ lassen und ihnen ermöglichen, gute und schlechte Erfahrungen gleichermaßen zu machen, ihnen nichts abnehmen, was

sie nicht auch selbst tun könnten, und sie darin unterstützen, eigene Wege zu gehen.

- Förderung von Eigeninitiative und sozialer Verantwortung: Eltern sollten ihre Kinder ermutigen, Beziehungen und Kontakte zu knüpfen, Freundschaften zu schließen und gemeinsame Unternehmungen mit anderen Kindern fördern. Sie können ihnen Hilfestellung darin geben, eigene Interessen herauszufinden und Hobbys zu pflegen. Sie können Angebote machen und durch ihr eigenes Vorbild Maßstäbe setzen im Hinblick auf Übernahme von Verantwortung und Engagement für andere.
- Förderung vielfältiger Kontakte zu Freunden: Wenn Eltern selbst offen sind für neue Beziehungen, Freundschaftskontakte unterhalten, Initiativen und Perspektiven im gemeinsamen Handeln entwickeln, in ihrer Freizeit etwas unternehmen, können sie am besten ihre Kinder dazu ermuntern, es ihnen gleichzutun und sich auf diese Weise ein soziales Netzwerk aufzubauen, das ihnen auch in Krisenzeiten hilft und sie unterstützt.

Das für die Suchtprävention wichtige Erzieherverhalten der Eltern beginnt nicht erst in einem bestimmten Alter, sondern am ersten Lebenstag mit dem elterlichen Bemühen, die Bedürfnisse ihres Kindes zu erkennen und zu befriedigen.

Gesundheitsbewußte Bedürfnisbefriedigung

Auch die Art und Weise der Befriedigung oraler Bedürfnisse und der Wünsche nach Aufmerksamkeit und Zuwendung in der Familie spielt eine Rolle für die kindliche Persönlichkeitsentwicklung. Eltern können von Anfang an darauf achten, daß sie sich und ihre Kinder gesundheitsbewußt ernähren und sich selbst gesundheitsbewußt verhalten. In der Familie werden grundlegende Verhaltensgewohnheiten gelegt. Manche Eltern haben nicht die Zeit oder die nötige Geduld, sich mit ihren Kindern zu beschäftigen. Um ihr schlechtes Gewissen zu beruhigen, bieten sie ihnen Getränke, Süßwaren und Spielzeug an, oder lassen sie zu ihrer eigenen Entlastung fast unbeschränkt fernsehen. Auf diese Weise wird das seelische Bedürfnis der Kinder nach Liebe nicht befriedigt. Sie geben sich zwar mit den „Ersatzhandlungen" der Eltern vordergründig zufrieden, die darin liegen, daß anstelle von Zuwendung Süßigkeiten verabreicht werden, aber es bleibt ein emotionaler Hunger nach Zuwendung bestehen, der ständig befriedigt werden will. Auf diese Weise wird eine Suchthaltung geradezu anerzogen, und die grundlegende Fähigkeit, selbst zu erkennen, was man haben möchte, sich mit seinen eigenen Bedürfnissen auseinanderzusetzen, geht verloren.

Die Verbindung von Wohlverhalten und Süßigkeiten zur Belohnung oder auch die Neigung, bei Frustrationen Nahrungsmittel zu sich zu nehmen, „sich etwas Gutes zu tun“, ist problematisch, da sie ein gestörtes Verhältnis zum Essen zur Folge haben und erste Abhängigkeiten, zum Beispiel nach Zuckerzufuhr, nach sich ziehen kann. Das gewohnheitsmäßige Essen von Süßigkeiten in Problemsituationen kann einen Lernprozeß in Gang setzen, der häufig auch dem Rauch- und Trinkkonsum Erwachsener zugrunde liegt, nämlich sich mit Hilfe einer Substanz angenehme Gefühle bereiten und etwas Unangenehmes dadurch verdecken zu wollen.

Wenn Eltern beobachten, daß Kinder ständig in Situationen, in denen sie traurig, enttäuscht oder auch frustriert sind, nach Süßigkeiten verlangen, sollten sie den Mut haben, mit „Nein“ zu reagieren, damit der Keim zu späteren Abhängigkeiten gar nicht erst gelegt wird. Kinder brauchen Anerkennung und Bestätigung, aber nicht in Form von Schokolade, Spielzeug oder Fernsehen, sondern in Form von Aufmerksamkeit.

Eltern sollten im täglichen Umgang soviel Mitbeteiligung der Kinder wie irgend möglich gestatten. Dies kann eigentlich nur dann geschehen, wenn Eltern auch im Verhältnis zu ihren Kindern Konflikte zulassen und diese nicht gleich als Beziehungsstörungen empfinden. Kinder müssen lernen, Konflikte angemessen zu lösen. Eltern können auch hierin eine Vorbildwirkung haben, indem sie miteinander und mit ihren Kindern rücksichtsvoll und verständnisvoll umgehen, Auseinandersetzungen nicht scheuen und vermeiden, sondern angemessene Lösungsstrategien aushandeln und umsetzen.

Viele Eltern haben heute Schwierigkeiten, ihre Kinder angemessen in ihrer Selbständigkeit anzuregen und ihren Leistungswillen zu stärken. Angesichts der stark gestiegenen schulischen Abschlußerwartungen sind Eltern oft ungeduldig, wenn die Schulleistungen der Kinder hinter ihren Wunschvorstellungen zurückbleiben. Viele Kinder und Jugendliche haben es deshalb nicht gelernt, Mißerfolge und Rückschläge zu verkraften, weil das Elternhaus sie hierbei nicht ausreichend unterstützt hat. So wird ihr

Selbstvertrauen durch eine schlechte Zensur erschüttert, weil sie die Nervosität und die unerfüllte Erwartungshaltung ihrer Eltern spüren. Hier kann ein Einfallstor für die spätere Suchtgefährdung liegen.

In seinem Buch „Warum Huckleberry Finn nicht süchtig wurde" hat Schiffer (1993) diese Zusammenhänge anschaulich dargestellt. Huckleberry Finn hatte „Glück, daß er keine Eltern hatte, die aus Sorge um die Zukunft ihrer Kinder diese zu Sklaven machen, diesen – in unserer Zeit, die Leistung vergötzt – Wettbewerb und Leistung aufnötigen, wo Raum für spontanes Spielen, Ausprobieren, Sinnenlust und Spaß erforderlich wäre" (Schiffer 1993, 16). Die Antwort auf die Frage, warum ein Kind wie Huckleberry Finn nicht süchtig wurde, obwohl er doch mit allen nur erdenklichen Risikofaktoren konfrontiert war, liegt darin, daß er viele gute Freunde hatte, sich ständig aktiv zu beschäftigen wußte und in seinem Leben trotz aller äußeren Not einen Sinn sehen konnte, daß er eine lebendige Phantasie besaß, spielen, träumen und Geschichten erzählen konnte.

Vorbildverhalten der Eltern im Umgang mit Drogen

Auch die eigenen Konsummuster der Eltern bei Medikamenten, Tabak und Alkohol sind für die Suchtprävention ausschlaggebend. Wenn Kinder miterleben, wie ihre Eltern kontrolliert und genußorientiert mit Drogen umgehen, prägt sich dieses positive Verhalten schnell ein. Ziel der Eltern sollte es sein, ihren eigenen Drogenkonsum vor den Kindern nicht zu verheimlichen, sondern selbstbewußt und – im Falle von Mißbrauch – auch selbstkritisch hierzu Stellung zu nehmen, sobald die Kinder das verstehen können. Ziel von Eltern sollte es weiter sein, einen Frühstart der eigenen Kinder in den Medikamenten-, Alkohol- und Nikotingenuß zu vermeiden und den Erstkonsum so lange wie möglich hinauszuschieben. Dazu sind klare und verbindliche Umgangsregeln nötig, die für alle Beteiligten auch den Gebrauch von Genuß- und Suchtmitteln einbeziehen.

Bei Jugendlichen gilt eine klare und offene Übereinkunft über den Konsum legaler Drogen in der Familie und ein entsprechendes elterliches Verhalten. Jugendliche greifen um so eher zu Drogen, je mehr sie beobachten, daß ihre Eltern und Familienangehörigen Alkohol trinken und Tabak rauchen. Sie wollen nicht mit belehrenden Argumenten der Drogengefährdung vom Eigenkonsum abgehalten werden. Hier steht die Glaubwürdigkeit der Eltern zur Debatte, und es ist notwendig, daß gleiche Maßstäbe für Eltern und Jugendliche ab etwa 16 Jahren gelten.

Der kontrollierte Umgang mit den „Alltagsdrogen" Kaffee, Tee, Tabak, Alkohol und psychoaktiven Medikamenten wird in der Eltern-Kind-Beziehung eingeübt. Dabei werden auch geschlechtsspezifische Verhaltensmuster erlernt, die sich an Bildern von „Weiblichkeit" und „Männlichkeit" orientieren. Der Gebrauch der Drogen unterscheidet sich bei den Geschlechtern: Während Männer eher zu öffentlich sichtbaren Substanzen wie Alkohol greifen und den Konsum auch demonstrativ zur Schau stellen, herrscht bei Frauen der stille, weniger öffentliche Konsum von Arzneimitteln vor. Entsprechend ihrem gesellschaftlichen Status verlaufen auch die Süchte von Frauen meistens „leise, unauffällig und unspektakulär (Köhn/Hepprich 1995, 296). Zu den Sozialisationserfahrungen von suchtkranken Frauen gehören häufig Zwang, Unterdrückung, körperliche und sexuelle Gewalt sowie Gefühle der Unsicherheit, Angst, Abhängigkeit und Unselbständigkeit. Hierin spiegelt sich die untergeordnete Rolle von Frauen unfreiwillig wider.

In der suchtpräventiven Arbeit mit Mädchen und Frauen gilt es daher,

- sie vor Gewalterfahrungen zu schützen und ihre Widerstandskräfte zu mobilisieren,
- ihnen Erfahrungen von Wertschätzung und weiblicher Stärke zu ermöglichen,
- ihre Bedürfnisse und Wünsche zu erkennen und zu berücksichtigen,
- ihr Durchsetzungsvermögen zu stärken und
- sie darin zu trainieren, ihre eigenen Lebenspläne zu verwirklichen.

Im Gegensatz dazu geht es in der suchtpräventiven Arbeit mit Jungen und Männern, deren Sozialisationserfahrungen eher von Machtdurchsetzung, Konkurrenz, Stärke und Unterdrückung von Gefühlen gekennzeichnet ist, darum,

- sie vor überhöhten Ansprüchen an sich selbst zu schützen,
- sie davon zu überzeugen, daß man auch ohne Drogen stark sein kann,
- ihnen klarzumachen, daß Gefühle nicht ein Ausdruck von Schwäche sind,

- ihnen konkurrenzfreie Erfahrungsräume zu schaffen, in denen Kooperation und Einfühlung in andere möglich sind, und
- ihnen vorzuleben, daß Probleme und Mißerfolge nicht um jeden Preis „cool" weggesteckt werden müssen, sondern bearbeitet und damit überwunden werden können.

In der Familie können diese Impulse am überzeugendsten vermittelt werden, aber natürlich nur, wenn sie Bestandteil einer praktizierten Erziehung sind, in der Selbstbestimmung, Eigenverantwortung, Rücksichtnahme und Wertschätzung des anderen bei Mädchen und Jungen gleichermaßen gefordert und gefördert werden.

Eine wirkungsvolle Suchtprävention sollte die Kinder und Jugendlichen in der Familie darin unterstützen, sich bei Problemen nicht nur gefühlsmäßig abzureagieren, sondern mit Eltern und anderen Personen zu sprechen und einen Problemlösestil zu praktizieren, der Problemen nicht ausweicht, sondern sie aktiv durch Kommunikation löst (Lachnit/Kampe 1996). Diese Ziele können nur ansatzweise durch die Vermittlung von Wissen und den Aufbau von kritischen Einstellungen erreicht werden. Entscheidend ist, welches Verhalten tatsächlich tagtäglich praktiziert wird, um mit schwierigen und belastenden Situationen und Ereignissen umgehen zu können, die als „anfällig", für die Aufnahme des Drogenkonsums bekannt sind (Lachnit/Kampe 1996). So sollten die Kinder am „Modellverhalten" ihrer Eltern lernen können, mit Mißerfolgen fertigzuwerden und Hilfe in Anspruch zu nehmen. Auch sollten sie daran ablesen können, wie sie Gruppendruck aushalten und „Nein" sagen können, wenn ihnen jemand eine ungewollte Handlung aufdrängen oder Drogen zum Konsum anbieten will.

Suchtprävention in der Familie ist notwendig, aber – wie schon erwähnt – auch die beste Familienerziehung bietet keine Garantie gegen Sucht- und Drogengefährdung. Es kann immer wieder passieren, daß Kinder und Jugendliche anderen Einflüssen als den familiären unterliegen oder sich – vor allem in der Ablösungsphase von den Eltern – in bewußter Opposition zu ihnen verhalten.

Suchtprävention in Kindergarten und Schule

Kindertageseinrichtungen und Schulen sind gesellschaftliche Einrichtungen, die die Aufgabe haben, Kinder und Jugendliche zu kompetenten, produktiven und gesunden Gesellschaftsmitgliedern zu erziehen, wobei nicht nur die Förderung kognitiver Fähigkeiten, sondern auch die Steigerung personaler, emotionaler und sozialer Fähigkeiten im Vordergrund stehen sollte. Als zentralen Erziehungs- und Bildungseinrichtungen und wichtigem Erfahrungsraum im Kindes- und Jugendalter kommt ihnen eine Schlüsselrolle in der Suchtprävention zu. In Abbildung 21 sind die Schwerpunkte der Suchtprävention in Erziehungs- und Bildungseinrichtungen aufgeführt.

Altersgerechte Programme der Suchtprävention
Suchtprävention darf nicht auf weiterführende Schulen beschränkt sein, sondern sollte schon Thema in Kindergärten, Kindertageseinrichtungen und Grundschulen sein. Suchtprävention kann nicht früh genug beginnen. Wir haben darauf hingewiesen, daß schon jüngere Kinder im Elternhaus Zugang zu Medikamenten haben und sie zur Förderung des Einschlafens, der Konzentration oder bei geringsten Anzeichen des Unwohlseins von den Eltern erhalten und daß es bei älteren Grundschulkindern zu erstem Probierverhalten von Nikotin und Alkohol kommen kann. Deshalb ist es notwendig, schon im Rahmen der institutionalisierten Erziehung in Kindertageseinrichtungen in einer altersspezifischen Weise Themen wie Genuß, Bedürfnisbefriedigung und Sucht anzusprechen und die Persönlichkeit der Kinder zu stärken.

Wichtig in der Suchtprävention im Vorschulalter ist eine gesunde und ausgewogene Ernährung, die Süßigkeiten als Ersatz für Aufmerksamkeit und Zuwendung oder als Belohnung für angepaßtes Verhalten ausschließt. Schon bei kleinen Kindern ab zwei bis sechs Jahren ist ein Verständnis für Körperhygiene, für Krankheit und Gesundheit zu erreichen, das bei ihnen mit Hilfe von Gesellschaftsspielen, Rollen- und Theaterspielen, Liedern und Bilderbüchern geweckt werden kann. In diesem Alter ist die elementare Sinnesschulung von großer Bedeutung, außerdem der Umgang mit eigenen Gefühlen, ein gewisses Maß an Selbständigkeit und Rücksichtnahme auf andere.

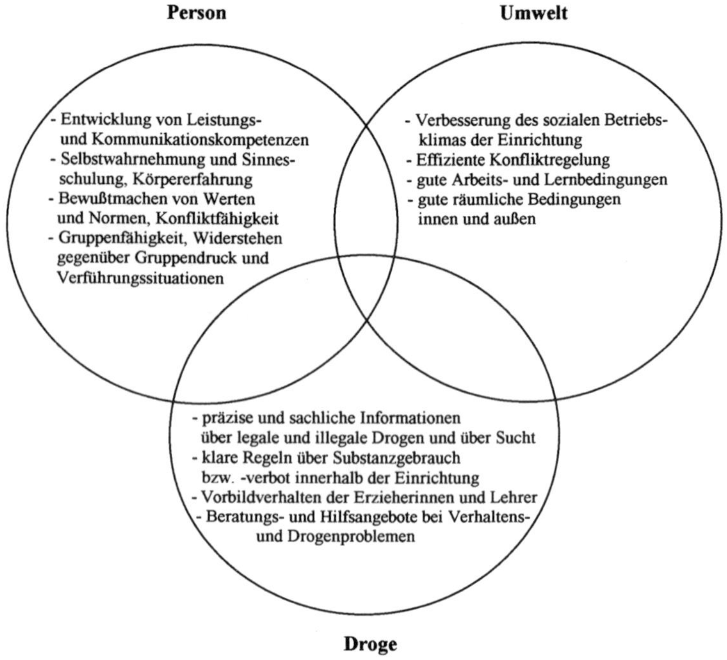

Abbildung 21: Schwerpunkte der Suchtprävention in Bildungseinrichtungen.

Die Schwerpunkte der Suchtprävention müssen dem Alter und Entwicklungsstand der Kinder und Schülerinnen und Schüler angepaßt sein, das heißt, daß es in Kindergarten und Grundschule in erster Linie um die Entwicklung von Verhaltensdispositionen durch Einübung von rücksichtsvollem Verhalten und von Konfliktlösungsstrategien geht. Dabei ist es wichtig, auf die Interessen und Bedürfnisse der Kinder einzugehen. In den weiterführenden Schulen tritt dann in dem Maße, wie die Schülerinnen und Schüler mit immer mehr Drogen direkt in Kontakt kommen, das Gespräch über die psychoaktiven Substanzen und ihre Wirkungen stärker in den Vordergrund.

Natürlich können Erzieherinnen und Erzieher ebenso wie Lehrerinnen und Lehrer nicht die Ursachen von Suchthaltungen in Familie und Gesellschaft beseitigen. Sie können sich aber darüber klarwerden, welche Ursachen und Verstärker in ihrem Einflußbereich liegen, um so mit gutem Beispiel voranzugehen, eine bewußte Gesundheitserziehung zu praktizieren und gute Beziehungen zu den Kindern zu pflegen (Priebe/Israel/Bäuerle/Knapp/Gampe 1994; Bäuerle 1996).

Die Schule, speziell die weiterführende Schule, ist oftmals „Tatort und Umschlagplatz für Drogen" (Bäuerle 1996, 86): In Schulen wird geraucht, Alkohol getrunken und sehr häufig mit illegalen Drogen gehandelt, in Schulen wird auch gefeiert. Viele Lehrerinnen und Lehrer rauchen in den Pausen, nicht selten wird zu besonderen Anlässen auch Alkohol getrunken, was den Schülerinnen und Schülern nicht verborgen bleibt. Jede Schule hat in der Regel auch eine Lehrperson, die offensichtlich alkoholkrank ist. Schule ist das Wirkfeld von Identifikationen zwischen Jugendlichen und Erwachsenen und von Gleichaltrigen untereinander. Für die Suchtprävention spielen diese Hintergründe eine große Rolle. Glaubwürdigkeit ist gefragt und nur derjenige überzeugend, bei dem Verhalten und Äußerungen über Drogenkonsum übereinstimmen.

Neue Ansätze der schulischen Suchtprävention

Über viele Jahre hinweg war die schulische Gesundheitsförderung ein Stiefkind im Präventionsbereich. Die konzeptionelle Diskussion hatte sich bei mehr oder weniger dirigistischen Ansätzen der Gesundheitserziehung festgefahren. Individuumbezogene Abschreckungsansätze herrschten bis in die 70er Jahr hinein vor, indem Jugendlichen über Filme und Bilder die gefährlichen gesundheitlichen Folgen von Tabak, Alkohol und illegalen Drogen auf plakative Weise deutlich gemacht wurden.

Auf der Grundlage der Europarat-Empfehlungen zur Gesundheitserziehung von 1988 wurde in Deutschland von der Kultusministerkonferenz 1992 der Bericht „Zur Gesundheitserziehung in Schulen einschließlich der Aus- und Fortbildung der Lehrer auf diesem Gebiet" vorgelegt. Gesundheitserziehung wird hier als „wesentlicher Bestandteil des Bildungs- und Erziehungsauftrages der Schule" definiert. Das Risikofaktorenkonzept wird für überholt erklärt, an dessen Stelle soll ein ganzheitliches „Lebensweisenkonzept" treten, indem Gesundheitsverhalten in einen sozialen Zusammenhang eingebettet wird und ein „Gleichgewicht zwischen individueller und gesellschaftlicher Verantwortung gefunden werden muß". Schulische Gesundheitsförderung soll Schülerinnen und Schüler demnach

- befähigen, gesundheitsförderliche Entscheidungen zu treffen und so für sich und ihre Umwelt Verantwortung zu übernehmen;
- in die Lage versetzen, sich eigener Verhaltensweisen und Werte und der anderer bewußt zu werden;
- in Kenntnisse und Fähigkeiten einweisen, die die Entwicklung einer gesundheitsfördernden Lebensweise unterstützen;
- darin unterstützen, ihr Selbstwertgefühl zu entwickeln.

Die Ansätze der Suchtprävention werden in diese Konzeption einbezogen. Allerdings ist die schulische Praxis in der Bundesrepublik von der Umsetzung dieses ganzheitlichen Konzepts noch weit entfernt. Zwar gibt es inzwischen eine Vielzahl von lokalen Initiativen. Einzelne Schulen und viele engagierte Lehrer und Lehrerinnen versuchen im Rahmen von Projekten – oft in Kooperation mit Gesundheits- und Jugendämtern oder örtlichen Beratungsstellen – Gesundheitsförderung in den Schulalltag zu integrieren. Auf der Grundlage einer Expertenbefragung von 1994 kam die Bundesvereinigung für Gesundheit aber zu dem Fazit, daß die gängige Schulpraxis mit dem Konzept einer umfassenden schulischen Gesundheitsförderung noch wenig übereinstimmt, wobei Defizite auf allen Ebenen beobachtet wurden: von einer mangelnden finanziellen und räumlichen Ausstattung über personelle Überbelastung weniger engagierter Lehrerinnen und Lehrer, die für ihre Anstrengungen nicht entlastet oder honoriert werden, bis zu fehlender (interdisziplinärer) Zusammenarbeit in den Kollegien und mit der Schulleitung.

Konzeptionell sind die Weichen für eine moderne schulische Suchtprävention aber durchaus gestellt, es fehlt jetzt an der flächendeckenden Umsetzung. Ein Grund für die Ineffizienz des traditionellen, über die Vermittlung rationaler Wissensbestände und Schadenswarnungen (Abschreckungen) arbeitenden, Ansatzes der Gesundheitserziehung ist die Ausblendung des jugendspezifischen Lebenskontextes und vor allem der psychosozialen und funktionalen Aspekte des Drogengebrauchs. Aussicht auf Erfolg kann schulische Gesundheitsförderung nur haben, wenn es ihr gelingt, das Lebensgefühl von Heranwachsenden, das weniger an gesundheitlichem

Vorsorgeverhalten als vielmehr an der Befriedigung expressiver und sozialer Bedürfnisse orientiert ist, anzusprechen.

Eine Gesundheitsförderungsstrategie, die ausschließlich auf individuelles Verhalten ausgerichtet ist, läuft Gefahr, alle Anpassungsleistungen dem jugendlichen Individuum aufzubürden, dieses dabei zu überfordern und damit den Erfolg auf Spiel zu setzen. Die schulische Gesundheitsförderung kann sich nicht auf die Vermittlung bestimmter inhaltlicher Themen oder Fertigkeiten an die Schüler und Schülerinnen beschränken, sondern muß sich auf das gesamte soziale Muster beziehen, auf dem Unterricht und Schularbeit aufgebaut ist („Gesundheitsförderung als Unterrichtsprinzip" nach Schneider, 1993).

Wenn Gesundheitsförderung auf wenige Stunden im Rahmen eines ansonsten gesundheitsneutralen oder eher gesundheitsschädigenden Systems beschränkt bleibt, werden kaum tiefgreifende und anhaltende Effekte zu erzielen sein. Nur wenn es eine Kongruenz gibt zwischen der inhaltlichen Gestaltung des Unterrichts einerseits und den Umgangsprinzipien und Kommunikations- und Entscheidungsregeln sowie dem Schulklima andererseits, kann Gesundheitsförderung tatsächlich langfristig wirksam werden. Erste empirische Befunde bestätigen dies (Kumpfer/Turner 1990, Leppin/Hurrelmann/Freitag 1994).

Die bisherigen Studien belegen, daß schulische Suchtprävention als Bestandteil der Gesundheitsförderung nur dann erfolgreich sein kann,

- wenn sie sich nicht auf Aspekte physischer Gesundheit beschränkt, sondern Wohlbefinden und alltägliche Lebensbewältigung in den Vordergrund stellt,
- wenn sie sich nicht in sporadischen curricularen Aktionen erschöpft, sondern langfristig und fächerübergreifend angelegt ist,
- wenn sie nicht auf den Unterricht selbst beschränkt bleibt, sondern in den Gesamtkontext einer „gesunden Schule" eingebettet ist, die es den Schülerinnen und Schülern erlaubt, die im Unterricht erworbenen sozialen und persönlichen Kompetenzen im Schulalltag umzusetzen und zu integrieren.

Eine solche umfassende Gesundheitsförderung bezieht nicht nur Schülerinnen und Schüler, sondern auch Lehrerinnen und Lehrer und die Schuladministration ein. Beginnen müßte dies bei einer

Lehrerausbildung, die sich nicht mehr ausschließlich auf die Vermittlung von Fachkompetenz, sondern auch die sozialer Fähigkeiten erstreckt. Gleichermaßen müßten Aktivitäten und Engagement außerhalb des „normalen" Curriculums stärker berücksichtigt und anerkannt werden, als dies bisher der Fall ist, Supervision und kontinuierliche Fortbildung die Regel und nicht die Ausnahme sein. Teamarbeit und Kooperation zwischen den Lehrerinnen und Lehrern sollten ebenso wie systematische Elternarbeit ein integraler Bestandteil der Kultur einer „gesunden Schule" sein. Von entscheidender Bedeutung ist auch eine verstärkte Autonomie der einzelnen Schulen in Hinblick auf die Entwicklung eines spezifischen pädagogischen Profils.

Praktische Erfahrungen mit neuen Präventionsprogrammen

In Forschungsprojekten an der Universität Bielefeld, vor allem im Forschungsverbund Public Health und im Sonderforschungsbereich „Prävention und Intervention im Kindes- und Jugendalter", wurden in den letzten Jahren eigene Entwicklungen von Konzepten der Gesundheitsförderung in der Schule und zugleich systematisch angelegte Evaluationsstudien über laufende Programme der schulischen Gesundheitsförderung durchgeführt. Bei den Projekten geht es auch darum, von ausländischen Erfahrungen zu profitieren und im Unterricht und im gesamten Schulleben verankerte Ansätze der schulischen Gesundheitsförderung in Unterrichtsmaterialien umzusetzen. Diese Materialien – zum Beispiel das Suchtpräventions- und Gesundheitsförderungsprogramm des nordrhein-westfälischen Landesinstituts für Schule und Weiterbildung und das ins Deutsche übertragene Programm „Erwachsen werden – Persönlichkeitsentfaltung von Jugendlichen" der amerikanischen Gesellschaft QUEST – konzentrieren sich auf die Förderung von sozialen Kompetenzen bei der Alltagsbewältigung und die Stabilisierung des Selbstwertgefühls.

Neben einer realistischen Informationsvermittlung über die Wirkungen von Tabak und Alkohol geht es in diesen Programmen vor allem darum, die psychische und soziale Funktionalität des Konsums von Substanzen in den Vordergrund zu stellen und über die Einübung von „life skills" – von ganz allgemeinen Fähigkeiten und Fertigkeiten, mit Alltagsproblemen umzugehen – diesen Konsum überflüssig zu machen. Der Schwerpunkt des Programms liegt auf praktischen, spielerischen Übungen – Rollenspielen, Experimenten, Phantasiereisen – zum Umgang mit Gruppendruck, zur Wahrnehmung eigener Wünsche und Lebensvorstellungen, zur allgemeinen Entspannung, zum Umgang mit Konflikten und zur Förderung sozialer Kompetenzen. Um die Wirkung des Programms beurteilen zu können, wurde für jede am Programm teilnehmende Klasse eine Vergleichsklasse desselben Jahrgangs an einer Schule des gleichen Typs und aus einem vergleichbaren sozioökonomischen Einzugsgebiet ausgewählt (Leppin/Hurrelmann/Freitag 1994).

Diese Untersuchungen zeigen, daß mit den eingesetzten Untersuchungsmaterialien nur begrenzt Effekte erzielt werden können. Zwar gibt es Wissenszuwächse und auch deutliche Verstärkungen von kritischen Einstellungen gegenüber dem Drogenkonsum und anderen gesundheitsgefährdenden Verhaltensweisen. Aber diese Wissens- und Einstellungseffekte schlagen kaum auf das Verhalten durch. Auch sind sie nicht von langer Dauer, sondern verpuffen nach wenigen Wochen und Monaten. Hieraus wurden bereits erste Konsequenzen gezogen: Das Unterrichtsprogramm soll in regelmäßigen Abständen wiederholt und dabei konzeptionell und didaktisch fortentwickelt werden. Weiterhin muß das Unterrichtsprogramm auf die unterschiedliche entwicklungspsychologische und motivationale Ausgangssituation der Schülerinnen und Schüler abgestellt werden. Schüler, die Raucher und Alkoholtrinker sind, müssen anders angesprochen werden als solche, die noch drogenabstinent sind und in ihrem gesundheitsrelevanten Verhalten beeinflußt werden können. Hierbei handelt es sich vor allem um jüngere Schülergruppen. Deswegen konzentrieren sich die Präventionsbemühungen auch zunehmend auf die Fünf- und Sechstkläßler, bei denen sich das gesundheitsrelevante Verhalten noch nicht negativ verfestigt hat.

Die Ergebnisse der Evaluation der Unterrichtsmaterialien zeigen, wie wichtig eine Begleitung der wissens-, einstellungs- und verhaltensbezogenen Strategien der schulischen Gesundheitsförderung durch kontextbezogene Aktivitäten ist. Die Unterrichtsmaßnahmen der Gesundheitsförderung erhalten erst dann einen Echoeffekt, wenn sie im gesamten Schulleben aufgenommen werden. Gestaltung der Arbeitsbedingungen, die Luft-, Hygiene- und Heizungssituation, der Abfall- und Reinigungsaktivitäten, des Ernährungs- und Pausenangebotes an der Schule – solche Maßnahmen ergänzen die unterrichtlichen Aktivitäten und strahlen positiv auf sie zurück (Priebe/Israel/Hurrelmann 1994).

Das gilt auch für die Aufnahme von Gesundheitsberatung in der Schule. Durch medizinische Fachleute aus dem Gesundheitsamt und Arztpraxen werden Informationsangebote und ärztliche Sprechstunden in die Schule verlegt. Von diesen Angeboten können außer den Schülern auch ihre Eltern und die Lehrer profitieren. Die Schule wird zu einem Zentrum in einem Netzwerk der Gesundheitsversorgung. Diese Neuakzentuierung der schulischen Gesundheitsförderung, die sich als Konsequenz aus den Untersuchungsergebnissen ergibt, hat sich bereits an mehreren Schulstandorten bewährt. Ebenso wie in anderen Bereichen der Gesundheitsförderung zahlt sich hier die Kombination von Strategien der personalen und ökologischen Gesundheitsförderung voll aus.

Zusammenarbeit zwischen Lehrern, Eltern und Schülern

Schulische Suchtprävention kann nur in direkter Zusammenarbeit zwischen Schülern, Eltern und Lehrern erfolgen. Wie Bäuerle (1996,100) betont, ist dazu die „ausgewogene Balance" zwischen „Kenntnis voneinander und zugleich notwendiger sozialer Distanz zur Wahrung der persönlichen Intimität" vonnöten, was in der Praxis nicht immer leicht ist. Es besteht die Gefahr, daß Elternhaus und Schule ein Bündnis eingehen und die Kinder „im Kampf gegen die Drogensucht" (Bäuerle 1991) disziplinieren möchten, was häufig dazu führt, daß sich die Schülerinnen und Schüler aus der elterlichen und schulischen Umklammerung zu lösen versuchen. Andererseits kommt es aber auch vor, daß Elternhaus und Schule weit voneinander entfernt sind und Drogenprävention nicht als gemeinsame Aufgabe ansehen, sondern jeweils als Einmischung oder als Zumutung.

Eine Ebene der Zusammenarbeit zwischen Lehrern und Eltern sind die Elternabende, auf denen Themen wie Rauchen, Trinken und Medikamentenverbrauch angesprochen werden. Vorbildverhalten von Erwachsenen und Vorbeugemaßnahmen könnten auf Elternabenden thematisiert werden. Wenn beide Eltern rauchen, schaffen sie auch bei ihrem Kind eine Verhaltensbereitschaft zum Rauchen. Eltern sollten von den Lehrern auf diese Zusammenhänge hingewiesen werden. Dies gilt ebenfalls für viele derjenigen

Lehrerinnen und Lehrer, für die Rauchen innerhalb und außerhalb der Schule selbstverständlich ist. Auch hierin zeigt sich, daß das Erzielen von Verhaltensveränderungen, ob bei sich selbst oder bei den Kindern, ein gemeinsames Anliegen von Elternhaus und Schule sein kann.

Eltern setzen Drogenkonsum häufig nur mit illegalen Drogen gleich, so daß hier Aufklärung und Sachinformation von seiten der Schule über den gefährlichen Charakter der legalen Drogen dringend notwendig ist. Eine andere Ebene ist die gemeinsame Gestaltung von „drogenfreien" Schulfesten, auf denen Schüler, Eltern und Lehrer gemeinsam viel Spaß haben können.

Suchtprävention in der Schule ist für Lehrerinnen und Lehrer immer zugleich auch mit eigener Fortbildung verbunden. Sie benötigen Sachkompetenz, aber auch methodische Hilfen, um diese im Unterricht umzusetzen. Grundsätzlich sollten Lehrerinnen und Lehrer weder den Drogenfahnder noch den Therapeuten spielen, sondern im Rahmen ihrer unterrichtlichen und pädagogischen Möglichkeiten das Thema behandeln. Sie können sich auch Hilfe und Unterstützung in Beratungsstellen holen.

Eine oft gestellte Frage von Lehrerinnen und Lehrern ist, ob man erkennen könne, wenn Schülerinnen und Schüler Drogenmißbrauch betreiben. Dies ist selbst für einen Experten von Drogenberatungsstellen nicht leicht und für Lehrerinnen und Lehrer ganz besonders schwierig, da sich häufig Anzeichen, die für einen Drogenmißbrauch sprechen, mit „normalen" und alterstypischen Schüler-Verhaltensweisen wie Müdigkeit, Unpäßlichkeit, Niedergeschlagenheit und Lustlosigkeit mischen. Auch nachlassende Schulleistungen und Veränderung der sozialen Beziehungen können, müssen aber kein Anzeichen für Drogenmißbrauch sein. Diese Schwierigkeit spricht auch dafür, nicht gleich aus jedem Schülerproblem ein Drogenproblem zu machen, sondern zunächst einmal den Schüler anzusprechen und im Gespräch mit ihm zu bleiben. Es ist oftmals wichtiger und hilfreicher, der Schülerin und dem Schüler ein verläßlicher mitmenschlicher Partner zu sein, der zuhören und Vertrauen entgegenbringen kann, als gleich gute Ratschläge parat zu haben. Auch bei solchen Gesprächen ist „Authentizität" gefragt, das heißt Echtheit und Übereinstimmung von Person und Verhalten (Bäuerle 1996).

Verdichtet sich jedoch der Verdacht auf Drogenmißbrauch, dann sollten Lehrerinnen und Lehrer auf die gemeindenahen Beratungsstellen verweisen und versuchen, den Schüler oder die Schülerin zu motivieren, diese aufzusuchen. Sie sollten nicht in die Rolle des „Abstinenzpredigers“ schlüpfen und Aufgaben übernehmen, mit denen sie überfordert sind. Ob ein Schüler sein Drogenkonsumverhalten ändert, hängt nicht von den Beratungsqualitäten der Lehrerinnen und Lehrer ab, sondern vor allem von der Beziehung zu Eltern, Freunden, Gleichaltrigen und von deren Konsumverhalten sowie auch dem nicht zu unterschätzenden Einfluß der Medien (Bäuerle 1996).

Suchtprävention in der Jugendarbeit

Außerhalb der Schule geht es darum, für Jugendliche Räume bereitzustellen, in denen sie wichtige Lebens- und Lernerfahrungen außerhalb von Familie, Schule und Betrieb machen können. Die Suchtprävention in der offenen Jugendarbeit konzentriert sich überwiegend auf die Jugendfreizeitheime und die Jugendzentren. Hier müssen Jugendliche, die diese Einrichtungen oft deshalb aufsuchen, weil sie Probleme mit ihren Eltern und in der Schule haben, einen Ausgleich für Spannungen und Probleme aus dem Elternhaus, der Schule und der Arbeitsstelle finden können.

Deshalb geht es in der freizeitorientierten Suchtprävention darum, das Angebot an den Bedürfnissen und Problemen der Jugendlichen auszurichten und ihnen zugleich Perspektiven für eine selbstbestimmte Lebensgestaltung zu zeigen. Stärker als im schulischen Bereich steht hier die Erlebnisfähigkeit und das Vermitteln von produktiven Grenzerfahrungen im Vordergrund. Das Experimentieren mit psychoaktiven Substanzen, auch mit illegalen, muß dabei oft akzeptierend in Kauf genommen werden, wenn der Kontakt zu sozial randständigen Jugendlichen nicht verlorengehen soll. Das Ziel der Prävention verschiebt sich auf die Vermeidung der Entstehung einer Drogenkarriere mit Abhängigkeit, es geht also überwiegend um „sekundäre“ Prävention, das Ausklammern von weiteren Risiken und den Ausgleich von Erfahrungs- und Sozialisationsdefiziten. Das kann durch Förderung von Erlebnissen, Genußfähigkeit, Solidarität, Problembewältigung, Konfliktfähigkeit und Beziehungsfähigkeit in der Jugendfreizeitarbeit erreicht werden.

Bei der Klientel der Jugendfreizeitarbeit ist die Grenze zwischen Drogengebrauch und Drogenmißbrauch oft fließend. Den Mißbrauchgefährdeten sollte innerhalb und außerhalb der Einrichtungen eine effiziente Beratung und Hilfe angeboten werden. Das Netz der Beratungsstellen für Kinder und Jugendliche muß hierfür aktiviert werden. Die Eingangsschwellen bei Hilfeangeboten, auch für Drogengefährdete und Drogenabhängige, sollten so niedrig wie möglich sein. Die Einrichtungen müssen so strukturiert werden, daß ihre Akzeptanz bei den potentiellen Klienten verbessert wird und auch bei einer nur geringen Motivation die Chance besteht, sie in Anspruch zu nehmen.

Jugendliche Drogenmißbraucher benötigen Beratungsstellen in der Nachbarschaft und Kontaktläden mit der Möglichkeit zur unkomplizierten Ansprache. Sie brauchen auch mehr aufsuchende Drogenhilfe, kurzfristige Übernachtungsmöglichkeiten bei Problemen mit Eltern oder Freunden, um dem ganz spontanen Wunsch nach Ausstieg aus dem Drogenmilieu – auch ohne eine Therapiemotivation – gerecht werden zu können. Auch die Verbesserung der unmittelbaren medizinischen Hilfe für bereits Drogenabhängige sowie eine Erweiterung verschiedenartiger Entzugsmöglichkeiten – ohne bürokratische und finanzielle Hürden – und eine erweiterte Förderung der Selbsthilfe jugendlicher Drogenmißbraucher ist dringend. Diese Angebote sollten stärker als bisher an die Angebote der Jugendhilfe gekoppelt werden.

Zusammenfassung

Die Eckpfeiler einer Suchtprävention als Teil einer allgemeinen Gesundheitsförderung sind Person, Umwelt und Droge. Suchtprävention besteht aus Unterstützung und Stärkung der Person, bemüht sich um günstige Umweltbedingungen, liefert drogenspezifische Information und plädiert für einen adäquaten Umgang mit der Droge. Sie sollte im frühen Kindesalter, in Familie und Kindergarten, beginnen und in Schule und Jugendfreizeiteinrichtungen fortgeführt werden.

Alle an der Suchtprävention Beteiligten müssen darin unterstützt werden, Kindern Vertrauen und Achtung entgegenzubringen, sie in ihrer Persönlichkeitsentwicklung zu stärken und ihnen ein bewußtes Gesundheitsverhalten vorzuleben, das auch Genußfähigkeit umfaßt. Suchtgefährdet sind besonders die Kinder, die dauerhaft einen extrem verwöhnenden oder extrem ablehnenden Erziehungs- und Beziehungsstil erfahren und bereits im Kindergarten als aggressiv, impulsiv oder aber auch als besonders zurückhaltend auffallen. Wenn sich diese Auffälligkeiten in der Schulzeit verfestigen, nimmt das Suchtrisiko deutlich zu.

Eltern kommt in der Drogenprävention eine besondere Verantwortung zu. Es sind häufig sozial isolierte und abgelehnte Kinder, die später in gruppendynamische Zwänge hineingeraten und Drogen nehmen, um sich so Aufmerksamkeit zumindest in der Gruppe der Gleichaltrigen zu sichern. Wenn Eltern sich liebevoll ihren Kindern zuwenden, ihnen offen begegnen und Anteil nehmen an dem, was sie bewegt, dann haben sie schon einen wichtigen Schritt in der Suchtprävention vollzogen.

Oft greifen Kinder, Jugendliche und junge Erwachsene nach einer Welle von Mißerfolgen und Frustrationen zu Drogen. Sie glauben, ihre Eltern enttäuscht zu haben, wenden sich von ihnen ab und immer mehr den Gleichaltrigen oder einer subkulturellen Szene zu, um hier die Anerkennung zu finden, die sie sonst nicht bekommen. Eltern sollten in ihrer Erziehung bedenken, daß Kinder auch ein Recht auf Mißerfolge haben, daß sie ihre eigenen Erfahrungen machen müssen, auch wenn sie dabei kurzfristig Erlebnisse des Scheiterns haben. Es kommt darauf an, ihnen den Rücken zu stärken, sie zu unterstützen und ihr angeschlagenes Selbstwertgefühl wiederaufzubauen.

Eltern haben oft selbst Drogenprobleme. Sie führen ihren Kindern ein Leben vor, in dem Suchtverhalten eine große Rolle spielt, und denken nicht daran, daß sie sie damit zur Nachahmung reizen und bei ihnen schon früh Verhaltensmuster und -bereitschaften aufbauen, die später in dasselbe Konsumverhalten wie das elterliche münden. Das gilt ganz besonders auch für geschlechtsspezifische Verhaltensgewohnheiten.

Familiäre Bemühungen der Suchtprävention sollten durch institutionelle, zum Beispiel in Kindergärten, Schulen und Freizeiteinrichtungen, fortgeführt und ergänzt werden. Hierbei kommt es besonders darauf an, daß Kinder und Jugendliche ihre soziale Kompetenz erhöhen und lernen, sich in Gruppensituationen zu bewähren und die eigenen Bedürfnisse und Interessen angemessen zu artikulieren. Es ist auch von Bedeutung, sie über Drogen, Konsum und

Gefährdungen zu informieren, allerdings darf dies nicht in einer abschreckenden Art und Weise erfolgen.

Wenn Suchtprävention effektiv sein soll, müssen möglichst alle genannten Ansätze und Aktivitäten miteinander vernetzt werden und Mediatoren und Multiplikatoren gebildet werden (Hüllinghorst 1995). So sollten insbesondere die Schulen darauf achten, einen Kreis von Kontakteinrichtungen zur Verfügung zu haben, an den sie sich für Beratungen wenden können:

- Sucht- und Drogenberatungsstellen,
- Ehe-, Familien- und Lebensberatungsstellen,
- Jugendämter,
- Gesundheitsämter,
- Jugend- und Freizeiteinrichtungen,
- Kirchengemeinden,
- Vereine,
- Selbsthilfegruppen,
- Wohlfahrtsverbände,
- Krankenkassen.

Drogen- und Suchtpolitik im demokratischen Staat

Ziele und Ansatzpunkte der Drogen- und Suchtpolitik

Wie die Darstellung in diesem Buch gezeigt hat, ist Drogengebrauch als ein nicht wegzudenkender, wenn auch äußerst problematischer Bestandteil der Lebensbewältigung in jeder Lebensphase zu verstehen. Drogenpolitik in einem demokratischen Staat muß dieser Tatsache Rechnung tragen. Sie muß so konzipiert sein, daß sie Bestandteil einer allgemeinen Gesundheitspolitik ist, in deren Mittelpunkt die Förderung, Stabilisierung oder Wiederherstellung der Gesundheit der Bürgerinnen und Bürger steht.

Falsch wäre es, wenn sich die Drogenpolitik ausschließlich auf die Substanzen und die Regulierung von mehr oder weniger gefährlichen Stoffen konzentrieren würde, ohne die Tatsache zu berücksichtigen, wie diese Stoffe genutzt werden, welche Wirkung sie bei unterschiedlichen Menschen auslösen und welchen Nutzen, aber auch welche Schäden durch das Wechselspiel von Person, Umwelt und Droge entstehen. Es ist deswegen auch besser, statt von einer Drogenpolitik von „Drogen- und Suchtpolitik" zu sprechen.

Nach den Ergebnissen der Forschung, die wir vorgestellt haben, führen mehrere, sehr unterschiedliche Wege zum Drogengebrauch, zum Drogenmißbrauch und zur Drogenabhängigkeit. Die Drogen- und Suchtpolitik muß auf diese vielfältigen Entwicklungspfade Rücksicht nehmen. Sie muß multidisziplinär und multiprofessionell ausgerichtet sein, wenn sie den vielfältigen Formen von Entstehung, Entwicklung und Heilung bzw. Zurückdrängung der Drogenabhängigkeit gerecht werden will. Jede Verengung drogenpolitischer Aktivitäten auf eine einzelne Konzeption der Prävention, Therapie oder Rehabilitation greift zu kurz.

Ziele der Drogen- und Suchtpolitik

Eine rationale, nach klaren und transparenten Kriterien aufgebaute Drogen- und Suchtpolitik in einem demokratischen Staat muß von Zielvorstellungen ausgehen, die möglichst auf einen breiten Konsens stoßen. In den nächsten Jahren wird es eines der wichtigsten Bemühungen in diesem Feld der Gesundheitspolitik sein, die Zielvorstellungen möglichst konsensuell herauszuarbeiten.

Wir halten die folgenden fünf Ziele einer demokratischen Drogen- und Suchtpolitik für konsensfähig:

1. Drogen- und Suchtpolitik sollte von der Maxime ausgehen, daß der Gebrauch von Drogen in die freie Entscheidung der Bürgerinnen und Bürger gestellt ist. Sie sollte aber alle einer demokratischen Verfassung angemessenen Schritte einleiten, um Drogenmißbrauch und Drogenabhängigkeit zu vermeiden. Dazu sollte sie glaubwürdige Empfehlungen und Richtlinien für einen gesundheitsverträglichen Gebrauch formulieren und alle Konsumenten vor der Gefahr der Selbstschädigung warnen. Sie sollte sich vor allem auch darauf konzentrieren, Kinder und Jugendliche von einem frühzeitigen Gebrauch psychoaktiver Substanzen abzuhalten.
2. Drogen- und Suchtpolitik sollte von dem Ziel ausgehen, nicht den Gebrauch, sondern den Mißbrauch von psychoaktiven Substanzen zurückzudrängen. Dazu darf sie sich nicht ausschließlich auf die Kontrolle der suchtgefährdenden, psychoaktiven Substanzen beschränken, sondern muß die Gebrauchs- und Nutzungsmuster der Konsumenten mit berücksichtigen. Sie muß von einem multifaktoriellen Bedingungsgefüge für die Entstehung von Drogenmißbrauch und Drogenabhängigkeit ausgehen und ebenso verschiedenartige therapeutische und präventive Vorgehensweisen für das Vermeiden oder das Zurückdrängen von Drogenmißbrauch und Drogenabhängigkeit ermöglichen. Ziel der Drogen- und Suchtpolitik muß ein „lebbares", menschenwürdiges Leben nicht nur für Drogenabstinente und kontrolliert Drogengebrauchende, sondern auch für Drogenmißbrauchende und für Drogenabhängige (Suchtkranke) sein. Dazu sollte sie Vorkehrungen treffen, jeden Menschen darin zu unterstützen, persönliche Ressourcen zu entwikkeln, um die eigene Lebensgestaltung entweder ohne Drogen

oder mit selbstkontrolliertem Gebrauch von Drogen zu führen. Hierzu muß die Drogen- und Suchtpolitik mit anderen politischen Feldern verzahnt werden, die wichtige Bedingungen für die Lebensgestaltung festlegen, besonders der Familien-, Sozial-, Arbeits- und Wohnungspolitik.

3. Drogen- und Suchtpolitik in einem demokratischen Staat sollte Vorkehrungen dafür treffen, daß Probier- und Neugierkonsum von legalen und illegalen Substanzen möglichst spät im Jugendalter einsetzt, unter Selbstkontrolle bleibt und keine bleibenden gesundheitlichen Schäden zur Folge hat. Experimenteller Gebrauch von psychoaktiven Substanzen soll als Ausprägung eines alters- und lebenslagenspezifischen Risikoverhaltens geduldet werden, auch wenn ungewöhnliche Konsummuster und neuartige, illegale Substanzen gewählt werden. Ziel ist es, Erstkonsumenten nicht leichtfertig in Abhängigkeitsverhältnisse hineingeraten zu lassen und sie vor Selbstschädigung zu schützen. Das gilt insbesondere für Kinder und Jugendliche, für die gezielte vorbeugende Aktivitäten unternommen werden sollen. Dabei soll an die jeweilige Motivations- und Bedürfnislage von Kindern und Jugendlichen angeknüpft werden. Die Aktivitäten sollen so ausgerichtet sein, daß sie auch Schädigungen anderer Bürgerinnen und Bürger vermeiden, die von Drogenabhängigen ausgehen können.
4. Drogen- und Suchtpolitik sollte eine Drogenhilfe ermöglichen, um den Risiken und Folgen des unkontrollierten Gebrauchs, also des Mißbrauchs und der Abhängigkeit, möglichst frühzeitig begegnen zu können. Drogenabhängigen Menschen sollten dabei zwei Optionen eröffnet werden, zwischen denen sie selbstbestimmt wählen können: zum einen der völlige Ausstieg aus dem Konsum, zum anderen – falls von der Lebenssituation und der Beschaffenheit der Droge her möglich – der Umstieg auf einen kontrollierten Konsum, vom Mißbrauch auf den Gebrauch. Die erste Option zielt auf Nichtkonsum, auf Abstinenz. Die zweite zielt darauf, in einer kontrollierten und selbstbestimmten Form mit der Droge umzugehen. Für beide Optionen sollten verschiedenartige Therapie- und Rehabilitationsformen bereitgestellt werden. Ziel ist es, Lernprozesse zur Wiedergewinnung und Stärkung von Fähigkeiten des Selbststeuerung und des Selbstmanagements nach Überwinden der Abhängigkeit zu

ermöglichen. Das Therapieangebot sollte sich an Abhängige von legalen ebenso wie illegalen Substanzen richten.

5. Drogen- und Suchtpolitik in einem demokratischen Staat sollte auch auf die Produktionsbedingungen für psychoaktive Substanzen und ihre Distribution und Verfügbarkeit einwirken. Hierzu ist insbesondere eine wirkungsvolle Kontrolle der Produktion von suchtfördernden abhängigmachenden Substanzen notwendig. Sie ist gegenwärtig nur für die legalen Substanzen realisiert, nicht aber für die illegalen. Diejenigen der heute illegalen Substanzen, die sich mittelfristig nicht vom Schwarzmarkt verdrängen lassen, sollten deshalb unter staatliche Produktionskontrolle gestellt werden und von dafür autorisierten Einrichtungen nach bestimmten Auflagen verteilt werden. Auf diese Weise sollten die substanzspezifischen und die sozialen sowie gesundheitlichen Schädigungen durch den Mißbrauch dieser Substanzen unter Kontrolle gebracht werden können.

Ansatzpunkte der Drogen- und Suchtpolitik

Diese allgemeinen Ziele der Drogen- und Suchtpolitik sollen im folgenden weiter erörtert werden, indem wir sie zunächst auf das in Kapitel 1 vorgestellte konzeptionelle Modell beziehen, das den Drogengebrauch in die individuelle Gesundheitsbalance einbezogen hat. Wir waren dort von der Annahme ausgegangen, daß die potentielle Abhängigkeit von psychoaktiven Substanzen sich aus einem Wechselspiel zwischen personbezogenen (Körper und Psyche) und umweltbezogenen Merkmalen (soziale und ökologische Umwelt) sowie der Art und Weise der Drogennutzung (Gebrauch, Mißbrauch) erklären läßt. Zusätzlich hatten wir die Beschaffenheit der Droge selbst, die Struktur ihres körperlich und seelisch abhängig machenden Potentials, und die Verfügbarkeit in dieses Modell einbezogen.

Aus den fünf Zielen für eine demokratische Drogen- und Suchtpolitik geht hervor, daß sie sich auf alle Felder der Entwicklung und Entstehung von Drogengebrauch, Drogenmißbrauch und Drogenabhängigkeit bezieht. In Abbildung 22 wird das konzeptionelle Schema aus dem ersten Kapitel wiederaufgenommen, indem in jedes der Felder die wesentliche Ausrichtung der Drogen- und Suchtpolitik eingetragen ist. Hierdurch soll verdeutlicht werden, daß eine wirkungsvolle Drogen- und Suchtpolitik sich nicht auf ein

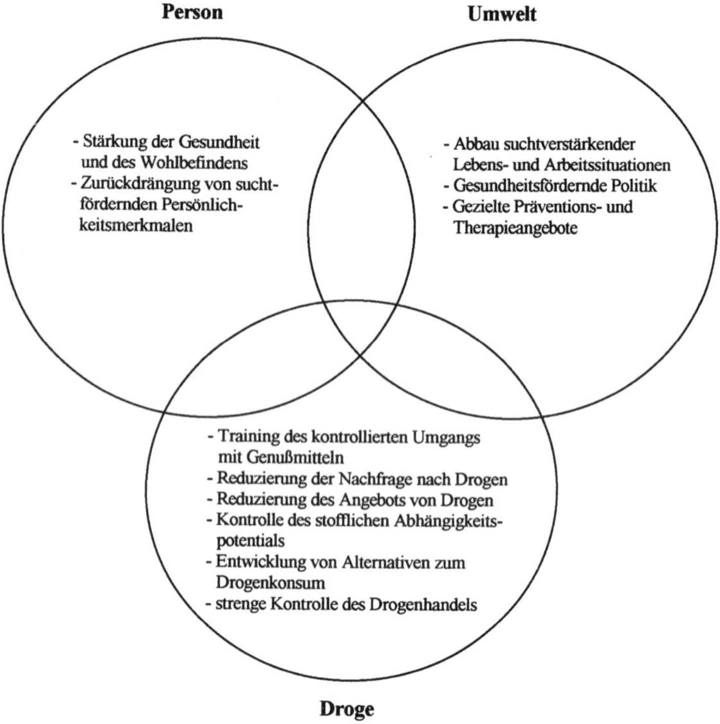

Abbildung 22: Ansatzpunkte einer wirksamen Drogen- und Suchtpolitik.

einzelnes der Felder beziehen darf, sondern alle drei Entstehungsfelder umfassen muß (Abbildung 22).

Wie aus Abbildung 22 hervorgeht, sollte – unter Berücksichtigung der oben formulierten fünf Zielvorstellungen – der Ansatzpunkt der Drogen- und Suchtpolitik im Entstehungsfeld „Körper und Psyche“ in der Stärkung der Persönlichkeit und der Zurückdrängung suchtfördernder Persönlichkeitsstrukturen liegen, um Drogenmißbrauch und Drogenabhängigkeit möglichst zu vermeiden. Die entsprechenden politischen Aktivitäten in diesem Bereich unterscheiden sich danach, in welcher Entwicklungsphase des Drogenkonsums sich ein Mensch befindet. Vereinfachend können wir zwischen Noch-Nicht-Konsum, Probierkonsum, regelmäßigem Konsum und Mißbrauchskonsum mit Abhängigkeit unterscheiden. Für alle vier Phasen sind unterschiedliche Ansätze der Politik „Stärkung der Persönlichkeit zur Vermeidung von Drogenabhängigkeit“ denkbar:

- Für die Phase des Noch-Nicht-Konsums geht es darum, durch geeignete vorbeugende Unterstützung die Fähigkeit der Selbststeuerung und des Selbstmanagements so zu entwickeln, daß Drogen nicht zur Bewältigung von belastenden und kritischen Lebensereignissen eingesetzt werden. Je länger im Lebenslauf der Einstieg in den Drogenkonsum aufgeschoben werden kann, desto größer ist erfahrungsgemäß die Chance für einen kontrollierten Umgang.
- In der Probierphase, die besonders für das Jugendalter und das junge Erwachsenenalter charakteristisch ist, geht es darum, eine Fixierung auf die Substanzen zu vermeiden, um nicht in einen Dauerkonsum mit Abhängigkeitsgefahr abzurutschen.
- Das gilt auch für die Dauernutzungsphase von Drogen. Hier geht es zusätzlich noch gezielt darum, körperliche und seelische Defizite auszugleichen, um die Kompensationswirkung von Drogen nicht zur Regel werden zu lassen.
- In der Abhängigkeitsphase geht es darum, neue Verhaltensweisen der außer Kontrolle geratenen Selbststeuerung aufzubauen und Persönlichkeitsstrukturen durch Therapie und Rückfallvorbeugung so zu stabilisieren, daß wieder eine eigene Lebensführung möglich wird.

Wenden wir die gleichen Überlegungen, nach Phasen des Drogenkonsums differenziert, auf das Bedingungsfeld „Soziale und ökologische Umwelt“ an, dann ergeben sich folgende Notwendigkeiten:

- Bei den Noch-Nicht-Konsumenten ist es wichtig, eine möglichst stabile Eltern-Kind-Beziehung zu unterstützen. Gerade die sichere und flexible Bindung zwischen Mutter, Vater und Kind ist heute in Gefahr, weil Familien unter sehr schwierigen Lebensbedingungen zu leiden haben. In diesem Bereich wird deutlich, wie stark die Drogen- und Suchtpolitik mit Familien- und Sozialpolitik und anderen gesellschaftspolitischen Politikfeldern verzahnt sein muß.
- In der Phase des Probierkonsums im Jugendalter ist es wichtig, genügend Anregungs- und Bewährungsfelder für die sich entfal-

tende Persönlichkeit bereitzustellen, um Körpererfahrung und Neugierverhalten ausleben zu können. In einer hochreglementierten Umwelt, die zugleich durch große Offenheit und starke Konsumorientierung gekennzeichnet ist, verlieren viele Jugendliche die Orientierung und werden bei unsicheren Persönlichkeitsstrukturen in den Drogenkonsum hineingetrieben.

- In der Phase des regelmäßigen Dauerkonsums ist es wichtig, Sinnperspektiven in Arbeit und Leben politisch zu ermöglichen, um das Abrutschen in den Drogenmißbrauch zu vermeiden. Auch müssen gezielte, auf die jeweilige Lebenssituation abstellende, Beratungs- und Hilfeangebote vorgesehen werden.
- In der Phase der Drogenabhängigkeit muß versucht werden, die Bereitschaft zur Aufnahme einer Therapie mit vorangehender Entgiftung zu wecken und verschiedenartige Therapieformen anzubieten. Auch im Falle einer erfolgreichen Therapie ist eine Stabilisierung des drogenabstinenten oder Drogenkonsum kontrollierenden Verhaltens nur möglich, wenn soziale Integration in Nachbarschaft, Freundeskreis, Wohnung und Arbeit gesichert ist. Auch wird hier die Verzahnung der Drogen- und Suchtpolitik mit der allgemeinen Sozialpolitik notwendig.

Übertragen wir in einem nächsten Schritt diese Überlegungen auf das Bedingungsfeld „Droge/Drogenkonsum“, dann ergeben sich folgende Konsequenzen:

- In der Phase des Noch-Nicht-Konsums kommt es darauf an, möglichst vielfältige und reizvolle Alternativen zum Drogenkonsum anzubieten und lebbar zu machen. Kinder und Jugendliche, die über reichhaltige Aktivitätsfelder im täglichen Leben verfügen, sind auf psychoaktive Substanzen nicht angewiesen, wenn sie Lebenslust und Wohlbefinden empfinden wollen. Je anregender die Lebenswelt ist, desto geringer ist die Rolle, die psychoaktive Substanzen hierin spielen.
- In der Probierphase ist es wichtig, alles zu vermeiden, was Jugendliche auf den Drogengebrauch fixieren könnte. Eine rigide und einfallslose Anwendung von Strafrechtsbestimmungen des Betäubungsmittelgesetzes im Falle des Gebrauchs illegaler Substanzen kann möglicherweise genau das Gegenteil dessen erreichen, was gewünscht ist. Präzise und sachliche Informationen über psychoaktive Substanzen, verbunden mit einer Mischung

aus Duldung und Ächtung, führt wahrscheinlich weiter als eine mechanische strafrechtliche Reaktion gegenüber den Probierern. Bei den legalen Drogen gilt ähnliches im Blick auf die informelle Kontrolle durch Eltern und Pädagogen.

- In der Phase des Dauerkonsums kommt es noch stärker auf sachliche und differenzierte Information über die Gesundheitsgefährdung durch psychoaktive Substanzen an. Auch in dieser Phase ist es wichtig, im Alltag umsetzbare Handlungsalternativen anzubieten und einzuüben, um den Drogenkonsum nicht zu stark in das Zentrum der täglichen Lebensgestaltung rücken zu lassen.
- In der Phase der Abhängigkeit kommt es darauf an, die Selbsterkenntnis der Süchtigkeit und der Krankhaftigkeit des Drogenmißbrauchs zu fördern. Hierzu sind einfühlsame und vertrauensvolle Kontakte notwendig. Nur bei entsprechender Eigenmotivation können der Eintritt in eine Therapie und der Erfolg einer Therapie gesichert werden.

Diese Überlegungen lassen sich auch auf die „Substanzpolitik" im engeren Sinne übertragen, also auf die politischen Schritte, die sich auf die Regulierung des Angebotes und der Verfügbarkeit von Drogen beziehen:

- In der Phase des Noch-Nicht-Konsums ist es wichtig, alle Möglichkeiten auszuschöpfen, um die Erreichbarkeit und die Verfügbarkeit der legalen und illegalen Drogen niedrig zu halten. Die heutige Drogenpolitik ist in diesem Bereich unglaubwürdig, denn sie gestattet Zigarettenautomaten an jeder Straßenecke und Alkoholverkauf an jeder Tankstelle, verbietet aber die nach ihrem Suchtpotential wahrscheinlich relativ schwächere Substanz Cannabis. Auch fehlt es an wirksamen Schritten des Kinder- und Jugendschutzes in diesem Bereich. Die bestehenden Vorschriften werden jedenfalls in der Praxis kaum eingehalten.
- In der Phase des Probierkonsums ist es entscheidend, welche Beschaffenheit die psychoaktiven Substanzen haben und wie groß ihr Abhängigkeitspotential ist. So ist bei Zigaretten eine Diskussion darüber entstanden, ob der besonders stark abhängig machende Nikotingehalt durch Produktionskontrollen reduziert werden könnte. Im Bereich der illegalen Drogen, die durch mafiaähnliche Netze vertrieben werden, ist die Reinheit

des Stoffes nicht gesichert, wie auch nicht zu vermeiden ist, daß gefährliche Kombinationen von suchtfördernden Bestandteilen angeboten werden. In diesem Bereich ist die Drogenpolitik gegenwärtig gelähmt, weil sie in ungeeigneter Form auf die illegalen Produktions- und Vertriebssysteme der entsprechenden Substanzen einwirkt.

- In der Phase des Dauerkonsums gelten diese Überlegungen entsprechend. Zusätzlich ist darauf hinzuweisen, daß auch eine detailliertere Deklarationspflicht der Hersteller von psychoaktiven Substanzen einschließlich der Arzneimittel von Hilfe wäre, um das Abhängigkeitspotential der verschiedenen Drogen realistisch einzuschätzen. Im Prinzip muß das auch für die heute illegalen Substanzen gelten.
- In der Phase der Drogenabhängigkeit kommt bei illegalen Substanzen das Problem hinzu, daß sich Konsum und Handel miteinander verschränken und auf diese Weise der therapeutische Zugang zu Drogenabhängigen erschwert wird. Durch die sich selbst blockierende Drogenpolitik im illegalen Bereich haben die Großhändler mit illegalen Drogen fachlich alle Handlungsmöglichkeiten, um Abhängigkeitsstrukturen ihrer Abnehmer über einen langen Zeitraum aufrechtzuerhalten. Dadurch erreicht die Drogenpolitik ihr oberstes Ziel, nämlich Vermeidung und Abbau von Abhängigkeit, nicht.

Drogen- und Suchtpolitik als Bestandteil der Gesundheitspolitik
Wie diese Überlegungen zeigen, ist die Drogen- und Suchtpolitik in einer demokratischen Gesellschaft Bestandteil der Gesamtpolitik. Sie muß möglichst stark mit anderen Politikfeldern verzahnt sein. Eine zu große Spezialisierung des Politikbereiches „Sucht/Drogen" ist nicht hilfreich, weil sie unfreiwillig zu einer sozialen Isolierung und institutionsmäßigen Gettoisierung der Drogenabhängigen führen kann. Auch auf der Seite der professionellen Helfer ist eine solche Spezialisierung problematisch, weil sie zu einer Fixierung auf die „Substanzpolitik" führen kann. Dadurch werden die alltäglichen Lebensfelder der Abhängigen zu wenig beachtet. Sie können nur durch Kontakte zu den angrenzenden Bereichen der Jugendhilfe, Familienhilfe, Wohnungshilfe und Arbeitspolitik einbezogen werden.

Unsere Darstellung zeigt auch, wie wichtig es ist, nicht in den

Fehler zu verfallen, alleine auf das Bedingungsfeld „Körper und Psyche“ und damit auf verhaltensbezogene Politikschritte abzustellen. Diese Gefahr besteht heute, weil in der breiten Öffentlichkeit der Eindruck vorherrscht, es handele sich bei Abhängigkeitskrankheiten um eine ausschließlich aus Persönlichkeitsstrukturen, Willensschwäche und Verführbarkeit heraus entstehende Krankheit. Diese Sichtweise wird der Person-Umwelt-Droge Verschränkung nicht gerecht, die die Realität der Abhängigkeitsdynamik am besten beschreibt.

So wichtig im präventiven, therapeutischen und rehabilitativen Bereich die personenbezogene Arbeit auch ist, so sehr ist sie doch zum Mißerfolg verurteilt, wenn sie nicht durch kontext- und umweltbezogene, politische Schritte begleitet wird. Wir haben schon darauf hingewiesen, daß die Verfügbarkeit der legalen Drogen Tabak, Alkohol und psychoaktive Medikamente heute so groß ist, daß sie einer Drogenpolitik objektiv entgegensteht, die sich an den oben formulierten Zielen orientiert. Wenn die legalen Drogen praktisch ohne jede Barriere von jedem Bürger jeder Altersgruppe an jedem Ort zu erschwinglichen Preisen erworben werden können, dann ist das eine sträfliche Vernachlässigung eines wichtigen politischen Parameters, der für die Art und Weise des Drogenkonsums von Bedeutung ist. Ähnliches gilt für die weitergehende Freigabe der Werbung für die legalen Substanzen. Nur wenige Industrieländer mit einer demokratischen Verfassung haben es bisher geschafft, in diesen Bereichen eine konsequente Drogenpolitik zu betreiben.

In Deutschland umfaßt die staatliche Drogenkontrolle alle Versuche, durch Androhung von Strafen regulierend Einfluß auf Produktion, Handel und Konsum zu nehmen (Kemmesies 1995, 9). Die rechtlichen Kontrollen richten sich auf Prohibition, also auf Verbot bestimmter Drogen wie zunächst Opiaten, dann auch Kokain und Cannabis. Sie unterscheiden damit zwischen legalen und illegalen Drogen. Die Einstellung zum Konsumenten illegaler Drogen ist negativ, man sieht in ihnen vorrangig Suchtpersönlichkeiten, die mit kriminellen Energien ausgestattet sind: „amoralisch, psychopathisch, faul, minderwertig und kriminell“ (Gerlach/Engemann 1994, 12). Diese Ansicht prägt eine verbotsorientierte Drogenkontrollpolitik bis heute und zieht eine abstinenzorientierte Behandlungskonzeption nach sich.

Der strafrechtliche Ansatz macht Polizei und Strafjustiz zum

Hauptträger der Drogenpolitik und stellt die Hersteller und Händler unter Strafandrohung. Bei den Konsumenten gilt der Grundsatz von der Straflosigkeit bei Selbstnutzung, aber derjenige wird strafverfolgt, der Verbraucherinformationen über Preis und Qualität weitergibt, den Erwerb vorbereitet oder durchführt, oder entsprechende Substanzen wie Cannabis, Opiate, Kokain, LSD oder Designerdrogen besitzt (Vogt/Scheerer 1989). Bei der legalen Droge Alkohol und bei psychoaktiven Medikamenten wird Mißbrauch nur dann bestraft, wenn unter ihrem Einfluß Delikte wie Sachbeschädigung, Körperverletzung, Fahrerflucht, fahrlässige oder vorsätzliche Tötung erfolgen.

Die aktive Kontrolle des Staates über Handel mit und Konsum von Drogen wird mit unterschiedlichen Gesetzen, dem Lebensmittel-, Arzneimittel- und dem Betäubungsmittelgesetz, ausgeführt. Das Lebensmittelgesetz regelt alle gesetzlichen Bestimmungen in bezug auf die Substanzen Kaffee, Tee, Tabak und Alkohol, das Arzneimittelgesetz sichert die Versorgung der Bevölkerung mit Medikamenten und verhindert den medizinisch nicht indizierten Gebrauch. Als oberster Behörde fällt dem Bundesamt für Arzneimittel die Funktion der Regulierung aller Drogen zu, die als Arzneimittel deklariert werden können, das heißt die Globalaufsicht über Herstellung, Produktkontrolle, Zulassung und Widerruf der Zulassung. Dazu gehören auch die Substanzen des Betäubungsmittelgesetzes (BtMG), das den Besitz, Umgang und Handel mit den einzelnen Rauschmitteln regelt (Vogt/Scheerer 1989, 31).

Gegenüber illegalen Drogen, wie zum Beispiel Opiaten, verfügt das Bundesamt über ein differenziertes System von Erlaubnissen, Beschränkungen, Regeln, Ausnahmen und abgestuften Kontrollen. Bei Medikamenten entscheidet es über Freiverkäuflichkeit, Apothekenpflicht, Verschreibungspflicht, Sonderrezeptpflicht und Verschreibungsverbot. Ziel solcher Maßnahmen ist es, Inlandsproduktion und Auslandseinfuhren von Drogen, zum Beispiel auch von Cannabis, Kokain und Heroin, zu kontrollieren, Drogenfunde zu beschlagnahmen und zu vernichten sowie Produzenten und Händler strafrechtlich zu verfolgen (Vogt/Scheerer 1989).

Die Inkonsequenz der staatlichen Drogenpolitik

Die Geschichte der staatlichen Drogenpolitik – nicht nur in Deutschland – hat gezeigt, daß jegliche Art von Prohibitionspolitik zum Scheitern verurteilt ist. Es haben sich weder Kaffee-, Tee-, Tabak- noch Alkoholverbote, die früher einmal ausgesprochen wurden, durchsetzen lassen. Der Staat sieht mittlerweile diese Drogen als legal an. Durch Besteuerung des Verkaufs ist der Staat sogar stiller Teilhaber und hat ein finanzielles Interesse an ihrem Vertrieb.

Dies führt zu einer Doppelgesichtigkeit in der Drogenpolitik: Die Gefährdung durch legale Drogen wird in offiziellen Dokumenten oft herunter- und die Gefährdung durch illegale hochgespielt. Es wird geflissentlich übersehen, daß die überwiegende Anzahl Drogenabhängiger auf legale und nicht auf illegale Drogen zurückzuführen ist: Mindestens 6 Millionen Tabakabhängigen, 2,5 Millionen Alkoholabhängigen und einer Million Arzneimittelabhängigen stehen etwa 150000 Abhängige von illegalen Drogen gegenüber. Auch wird verschwiegen, daß nicht nur die legalen Drogen, sondern auch die illegalen kontrolliert konsumiert werden können. Bei den Konsumenten der „Szene“ handelt es sich nur um einen kleinen, auffälligen Teil der Gesamtanzahl an Konsumenten illegaler Drogen. Die meisten anderen Konsumenten illegaler Drogen (Heroin: 50–80%; Cannabis und Kokain: über 90%) gebrauchen diese Substanzen nur gelegentlich und wahrscheinlich, ohne davon abhängig zu werden. Auch die häufig beschworene Beschaffungskriminalität ist keineswegs zwangsläufig, sondern hängt mit dem illegalen Charakter der Substanzen und der Strafandrohung unmittelbar zusammen.

Staat und Gesellschaft in Deutschland sind, was die legalen Drogen Tabak, Kaffee, Tee, Alkohol und Medikamente anbetrifft, erschreckend drogentolerant: Sie beschwören die Freiheit des Konsumenten, billigen den Konsum und animieren sogar durch Werbung dazu. Die legalen Drogen fallen unter die Lebensmittel- und Arzneimittelgesetzgebung. Selbst die Tatsache, daß unter Alkoholeinfluß sehr viele Delikte ausgeführt und Verkehrsunfälle begangen werden, hält den Gesetzgeber nicht davon ab, die Droge Alkohol im Prinzip zu tolerieren und noch nicht einmal strenge Vorschriften für den Gebrauch im Straßenverkehr zu erlassen. Dem einzelnen wird zugetraut, mit der Droge Alkohol kontrolliert umgehen zu können.

Ganz anders verfährt unsere Gesellschaft mit den illegalen Drogen. Sie werden als Rausch- und Betäubungsmittel gesehen und im Betäubungsmittelgesetz (BtMG) erfaßt. Mit der Wirkung der Substanzen und ihren gesundheitlichen und sozialen Folgen läßt sich diese Politik nicht begründen. Allenfalls lassen sich pragmatische Gesichtspunkte anführen, die darauf verweisen, daß historisch und kulturell noch unvertraute Substanzen nur restriktiv zugelassen werden sollten. Aber dieses Ziel wird in der Praxis heute nicht erreicht. Deshalb stellt sich ganz grundsätzlich die Frage, ob der Versuch, Drogenpolitik über die Definition rechtlicher Standards von Substanzen als „legal" oder „illegal" nicht völlig verfehlt ist. Wir sind der Auffassung, daß dieses rechtliche Steuerungsinstrument wenig taugt, um die oben definierten fünf Ziele einer demokratischen Drogen- und Suchtpolitik umzusetzen.

Am Beispiel der politischen Einstufung der Substanzen Tabak, Alkohol und Cannabis läßt sich das illustrieren. Es stellt sich die Frage, warum Cannabis nicht wie Tabak und Alkohol als Genußmittel anerkannt und sein Konsum der Verantwortung des einzelnen überlassen wird. Genußmittel sind Stoffe, die – so die traditionelle Definition – nicht in erster Linie zum Zwecke der Ernährung, sondern aus Gründen des Genusses verzehrt werden, da von ihnen anregende Wirkungen auf körperliche Funktionen (Magen- und Darmtätigkeit, Gehirn, Kreislauf und Herz) ausgehen. Die meisten Cannabis-Konsumenten betreiben ihren Konsum zum Zwecke des Genusses wie Tabakraucher oder Alkoholtrinker auch (Schmidt-Semisch 1992).

Cannabis scheint eine Droge zu sein, die in etwa das gleiche gesundheitliche Gefährdungspotential hat wie Tabak oder Alkohol. Das oft als Auswirkung von Cannabiskonsum erwähnte Amotivationale Syndrom (AMS), unter dem Teilnahmslosigkeit, Passivität und Antriebsverlust gemeinsam mit grenzenlosem Wohlgefühl verstanden werden, wird in der Fachliteratur als die gravierendste Folge dieser Substanz beschrieben. Der Nachweis ist allerdings umstritten (Täschner 1994).

Cannabis ist – wie Tabak und Alkohol – keine harmlose Droge, aber ihre Toxizität ist mit der von Alkohol und Tabak vergleichbar: Alle drei Drogen können gebraucht, aber auch mißbraucht werden. Es kann zu unerwünschten Nebenwirkungen kommen, wobei bisher bei Cannabis keine tödliche Dosis bekannt geworden ist und selbst bei exzessiven Konsummustern bisher keine Behandlungsbedürftigkeit – anders als bei Alkohol – dokumentiert wurde. Die Gefährlichkeit von Cannabis wird häufig mit dem Argument begründet, daß es sich dabei um eine „Einstiegsdroge“ handele und daß sie „Schrittmacherfunktion“ für andere, insbesondere „harte“ illegale Drogen habe. Das trifft bei einem Teil der Cannabiskonsumenten zu, ist aber meist nicht auf die Substanz als solche, sondern auf den illegalen Status der Droge zurückzuführen (Schneider 1995).

Bei der Unterscheidung „legale“ und „illegale“ Drogen handelt es sich nicht um eine Differenzierung, die auf objektivierbare, unterschiedliche Gefährdungspotentiale der Substanzen zurückzuführen ist, sondern um historisch gewachsene Setzungen und gesellschaftlich geprägte Einstellungen, denen unterschiedliche Interessen zugrunde liegen (Kemmesies 1995). Der Gesetzgeber unterscheidet nicht zwischen den Gefährdungslagen der einzelnen illegalen Drogen und macht in der Strafverfolgung zwischen Konsumenten von illegalen Drogen Cannabis einerseits und Heroin und Kokain andererseits kaum einen Unterschied, obwohl Wirkung und Gefährdungsgrad äußerst verschieden voneinander sind. Er sieht bei den Konsumenten illegaler Drogen pauschal vorrangig das subkulturelle Drogenmilieu, die Szene und den an Händler und Großdealer gebundenen illegalen Drogenmarkt, obwohl in den letzten Jahren deutlich geworden ist, daß es „die Szene“ zum Beispiel bei Cannabis kaum noch gibt.

Die Ungleichbehandlung von Tabak und Alkohol auf der einen und von Cannabis auf der anderen Seite ist nicht schlüssig und führt zu großer Unglaubwürdigkeit der Drogenpolitik, vor allem bei Jugendlichen und jungen Erwachsenen. Eine umstandslose Legalisierung von Cannabis wäre jedoch nicht hilfreich, weil damit die gleichen problematischen Begleiterscheinungen im sozialen und gesundheitlichen Bereich entstehen könnten wie heute bei Tabak und Alkohol. Überzeugender wäre es dagegen, für alle drei Drogen ein striktes Konsumverbot im Kindes- und Jugendalter bis 16 Jahre einzuhalten und auch ernsthaft durchzusetzen und danach eine restriktive Vertriebspolitik für diese Drogen zu gestalten. Alle drei Drogen sollten zum Eigenkonsum zugelassen sein, aber nur in speziellen Fachgeschäften erworben werden können. Alle drei Drogen wären damit formal legal, aber nur in einer streng kontrollierten Vertriebsstruktur zugänglich. Es würde sich im Effekt um eine

„De-facto-Legalisierung" handeln, deren Ziel es wäre, den Zugang zu den Substanzen restriktiv zu gestalten, ohne ihn zu unterbinden. Für alle drei Substanzen sollte ein absolutes Werbeverbot ausgesprochen werden.

Eine solche Drogenpolitik würde der Tatsache Rechnung tragen, daß auch Cannabis inzwischen in unserem Kulturkreis weit verbreitet ist. Die Gleichbehandlung mit Tabak und Alkohol sollte sich selbstverständlich auch in allen alltagsrechtlichen und gesundheitspolitischen Bereichen niederschlagen. Das gilt auch für den Straßenverkehr. Ähnlich wie der Alkohol- kann auch der Cannabiskonsum zu einer Beeinträchtigung von kognitiven Funktionen, des Reaktionsvermögens, der Entfernungseinschätzung, der Wahrnehmungsgenauigkeit und damit generell zu einer Einschränkung der Fahrtüchtigkeit im Straßenverkehr führen. Auch unter Drogenkonsum werden viele Verkehrsunfälle verursacht. Das Bundesverfassungsgericht hat deshalb eine Gleichbehandlung von Fahrern unter Alkohol- und Cannabiseinfluß gefordert (Schneider 1995, 52).

Angesichts alarmierender Zahlen strebt die Bundesregierung gegenwärtig eine Erweiterung des Paragraphen 24a des Straßenverkehrsgesetzes an und will neben dem Fahren unter Alkohol auch das Fahren unter anderer Drogeneinwirkung unter Strafe stellen. Der Nachweis von Amphetaminen, Tetrahydrocannabinol (THC, Cannabis), Morphinen (Heroin) und Kokain im Blut soll als Ordnungswidrigkeit geahndet werden. Das Bundesverkehrsministerium schätzt, daß pro Jahr die Hälfte aller Todesfälle durch Verkehrsunfälle auf Alkoholrausch zurückzuführen sind. Neben Alkohol spielen Beruhigungsmittel, Haschisch und Marihuana, Opiate, Kokain und Ecstasy eine große Rolle bei der Verursachung von Verkehrsdelikten. Durch den Drogenkonsum wird die Fahrtüchtigkeit erheblich beeinträchtigt. Der Konsum von Cannabis schließt eine Verkehrstauglichkeit für bis zu 24 Stunden aus, das Rauchen einer Marihuana-Zigarette bewirkt eine Beeinträchtigung der Leistungen wie bei einer Alkoholkonzentration von 0,6 Promille im Blut, die die Verkehrstüchtigkeit beeinträchtigen können (Meyer-Lüerßen 1996). Wenn sich die Drogen- und Suchtpolitik endlich von der Fixierung auf die Klassifikation nach „legalen" und „illegalen" Substanzen löst, können sinnvolle Folgeregelungen wie diese viel besser als bisher getroffen werden.

Können wir von der Drogenpolitik in den Niederlanden lernen?

Möglicherweise können wir in einem ersten Schritt der Angleichung von der Tabak-, Alkohol- und Cannabispolitik von den Niederlanden lernen. Dort wird – anders als bei uns – nach dem „Prioritätensystem“ verfahren: Der Gesetzgeber unterscheidet zwischen dem Handel mit weichen (Cannabis) und mit harten Drogen (Opiaten, Heroin, Kokain), wobei der Besitz von 30 g Cannabis keine strafrechtliche Verfolgung nach sich zieht, sondern nur eine Ordnungswidrigkeit darstellt. In den Niederlanden gilt das „Opportunitätsprinzip“, während bei uns das „Legalitätsprinzip“ Gültigkeit besitzt, das heißt, daß dort bei den „weichen“ Drogen anders verfahren wird als bei den „harten“, während hier gleiches Recht für alle illegalen Drogen gilt.

In den Niederlanden wird zwischen Drogenkonsum und Drogenhandel getrennt, wobei ersterer der Privatsphäre des einzelnen zuzurechnen ist und der freien Entscheidung überlassen bleibt. Damit wird eine De-facto-Legalisierung der weichen illegalen Droge Cannabis praktiziert.

Die Drogenpolitik der Niederlande kann als „Normalisierungspolitik“ bezeichnet werden, das heißt, sie ist bestrebt, das Drogenproblem als normales gesellschaftliches Problem zu betrachten und es nicht auf ein subkulturelles Milieu abzuwälzen. Sie betreibt „Risikomanagement“ und möchte die Interessen zwischen dem drogengebrauchenden Individuum und der schutzwürdigen Gesellschaft ausgleichen. Sie verfährt zweidimensional, indem sie einerseits dem Individuum auch in Drogenfragen ein Selbstbestimmungsrecht zugesteht, aber gleichzeitig auch gegenüber der Gesellschaft Verantwortung übernimmt. Die „selbstbestimmmte Wahl des Lebensstils“ ist Leitmotiv der niederländischen Drogenpolitik (Kemmesies 1995, 16). Damit werden viele der oben genannten Ziele einer Drogen- und Suchtpolitik im demokratischen Staat besser als bei uns umgesetzt.

Die Drogenpolitik der Bundesregierung basiert eher auf der historisch begründeten und auf die 70er Jahre zurückgehende Sorge, daß der Konsum illegaler Drogen Ausdruck einer staatsverneinenden Haltung ist. Sie setzt daher auf Prohibition, auf Stärkung der Strafverfolgungsbehörden und auf Bekämpfung der Drogenkriminalität. Ihr Leitbild ist nicht Schadensminderung, sondern Abstinenz. Zwischen Cannabis und den anderen illegalen Substanzen wird dabei nicht unterschieden (Bericht des Bundesministeriums für Gesundheit und des Bundesministeriums des Innern zur Rauschgiftsituation und zur Weiterentwicklung der Drogenpolitik 1994).

In vielen Bundesländern wurden in den letzten Jahren aber bereits Elemente der niederländischen Drogenpolitik übernommen: In einem ersten Schritt wurden Bemühungen unternommen, den Erwerb und Besitz von Eigenverbrauchsmengen von Cannabis aus der Strafverfolgung herauszunehmen („Entkriminalisierung"). Als nächster Schritt wären weitere Veränderungen der bestehenden strafgesetzlichen Regelungen und der Bestimmungen im Betäubungsmittelgesetz denkbar, ohne daß vom Legalitätsprinzip in der Strafverfolgung und im Strafrecht abgewichen werden müßte. Viele Bundesländer haben bereits unterhalb dieser Schwelle einen Ermessens- und Entscheidungsspielraum bei der strafrechtlichen Verfolgung von Cannabiskonsumenten eingeleitet.

Für eine Angleichung der Politik bei Tabak, Alkohol und Cannabis sprechen auch die sozialen Kontexte des Drogengebrauchs im Jugendalter:

- Für die Konsumenten von Drogen spielt es keine erhebliche Rolle, ob es sich um legale oder illegale Substanzen handelt, wenn sie sich zwischen Aufnahme des Konsums, Steigerung der Konsummuster oder Abbau des Konsums entscheiden. Ihre wichtigsten Entscheidungskriterien liegen nicht in der Einschätzung der Wahrscheinlichkeit, strafrechtlich verfolgt zu werden, sondern in Erwägungen, die mit ihrer augenblicklichen emotionalen und sozialen Situation zu tun haben. Rechtliche Regelungen greifen in diesen Entscheidungsprozeß erfahrungsgemäß nicht ein.
- Die Ursachen des Konsums, ob legaler oder illegaler Drogen, liegen in alltäglichen Lebensverhältnissen, die sich durch strafrechtliche Androhungen nicht verändern lassen. Viele Menschen versuchen, sich durch Drogenkonsum der Verantwortung für ihre weitere Lebensgestaltung zu entziehen. Im Sinne einer Schadensabwehr darf der Staat dieser Entwicklung nicht tatenlos zusehen. Aber mit dem Strafgesetz ist diesen Menschen nicht zu helfen, sondern nur mit wirksamer Unterstützung bei der Bewältigung von Lebensaufgaben.
- Für viele Menschen ist die künstliche Trennung in der Bekämp-

fung der legalen und illegalen Drogen und die offizielle Begründung hierfür unglaubwürdig. Daraus ergibt sich ein Vertrauensverlust, der negativ auf die Bereitschaft ausstrahlt, sich von öffentlichen Stellen Beratung und Hilfe bei Drogenproblemen zu holen.

Entkriminalisierung auch bei Kokain und Heroin?

Welche politischen Handlungsmöglichkeiten zeichnen sich im Blick auf Kokain und Heroin ab? Die soziale und gesundheitliche Verelendung vieler Konsumenten dieser Drogen ist nicht allein auf die pharmakologische Wirkung der Drogen selbst zurückzuführen, sondern auch eine Folge ihrer kriminalisierten Lebensbedingungen. Die bundesdeutsche Vorgehensweise kann als „Prohibitionspolitik" gekennzeichnet werden (Hartwig/Pies 1995): Sie soll sowohl den Markt illegaler Drogen als auch ihren Konsum verhindern oder einschränken. Sie schafft damit sowohl für Anbieter als auch für Konsumenten ein Kriminalitätsrisiko, das die Kosten illegaler Drogen erhöht. Faktisch hat diese Prohibitionspolitik aber weder den Anbau, die Herstellung, den Handel noch die Einfuhr illegaler Drogen aus dem Ausland verhindert, noch vermag sie, auf Angebot und Nachfrage im Inland selbst entscheidend einzuwirken. Sie kriminalisiert Konsumenten und belastet – unbeabsichtigt – Nicht-Konsumenten, die Opfer der Beschaffungskriminalität sind.

Auch für Heroin und Kokain sollten angesichts dieser unbefriedigenden Situation Alternativen der Drogenpolitik erörtert werden. Der Deutsche Caritasverband hat drei in ihrer Auswirkung unterschiedliche Leitlinien erörtert, nämlich Legalisierung, Entkriminalisierung und Entpönalisierung (Deutscher Caritasverband 1993, 10ff.).

- Legalisierung: Hierunter versteht man die Freigabe von Heroin und Kokain, das heißt, kein strafrechtliches Eingreifen und keine Strafverfolgung beim Eigenkonsum von illegalen Drogen.
- Entkriminalisierung: Sie läßt den strafrechtlichen Tatbestand des Verbots bestehen, läßt jedoch den Strafanspruch des Staates fallen.
- Entpönalisierung: Es werden sowohl der strafrechtliche Tatbestand des Verbots, des Konsums und Handels von Heroin und Kokain als auch der Strafanspruch des Staates grundsätzlich un-

angetastet gelassen, jedoch wird unter bestimmten Voraussetzungen und bei bestimmten Tatbeständen auf die Verhängung der Strafe verzichtet.

Der Caritasverband plädiert in überzeugender Weise für eine sofortige Entpönalisierung, zunächst in den Fällen, wo es um geringe Mengen Heroin und Kokain zum Eigengebrauch geht. Damit soll erreicht werden, einen größeren Teil abhängiger Heroin- und Kokainkonsumenten von Strafverfolgung und Bestrafung freizustellen, da die Beschaffung von Drogen zum Eigengebrauch Ausdruck einer Abhängigkeit und damit einer Krankheit ist.

Hartwig/Pies (1995, 180) treten für eine Entkriminalisierung und kontrollierte Teilliberalisierung von Heroin ein, die es „Konsumenten ermöglicht, den Gebrauch von Heroin in ihren Lebensstil zu integrieren". Für Erstkonsumenten sollten dann allerdings Hürden errichtet werden, „die Jugendliche gar nicht und Erwachsene nur mittels einer Beratung überwinden können". Damit soll der heute illegale Heroinkonsum kontrolliert und normalisiert werden, bei unkontrolliertem Drogengebrauch, der nicht ausgeschlossen werden kann, eine Schadensbegrenzung vorgenommen, der illegale Drogenhandel bekämpft und eine akzeptierende Drogenhilfe gewährt werden.

Diesen Vorschlägen ist gemeinsam, daß sie die heutige Fixierung der Drogenpolitik auf die Strafverfolgung von Gebrauchern und Mißbrauchern illegaler Substanzen lockern wollen, um endlich bessere Möglichkeiten einer Beratung, Hilfe und Therapie der Abhängigen und der von Abhängigkeit Bedrohten einzuleiten. Beratung und Information von Heroin- und Kokainabhängigen wird heute bestenfalls geduldet, ist jedoch rechtlich nicht abgesichert. Das ist ein unhaltbarer Zustand – gerade auch, wenn man bedenkt, wie dringlich Hilfen bei solchen Substanzen sind, für die noch keine langjährigen Regeln für den alltäglichen Umgang bestehen.

Drogenhilfe und Suchttherapie

Da es eine Vielzahl von Wegen gibt, die in den Drogenkonsum, in den Mißbrauch und in die Sucht und Abhängigkeit hineinführen, sollte es auch vielfältige Ansatzpunkte und Formen der Drogenhilfe und Suchttherapie geben. Sie richten sich überwiegend an Personen, die drogenabhängig sind oder unmittelbar von der Abhängigkeit bedroht sind (Leune 1994; Schneider 1995). Drogenhilfe besteht aus einem Verbundsystem unterschiedlicher Angebote, die überwiegend aus freiwilligem Antrieb aufgesucht werden. In der Bundesrepublik Deutschland gibt es über 1000 ambulant und stationär arbeitende Einrichtungen mit über 5000 Mitarbeitern, die in der Drogenhilfe und Suchtprävention tätig sind. Nur ein kleiner Teil hiervon ist ausschließlich auf Drogenabhängige spezialisiert, die anderen behandeln diese Patientengruppe neben anderen.

Nach Bühringer (1990) soll das therapeutische Versorgungssystem folgende Ziele verwirklichen:

1. Frühzeitige Behandlung von „Probierern", die im Zusammenhang mit dem Probierkonsum ernsthafte Probleme entwickeln (Sekundärprävention, zur Vermeidung einer langandauernden „Drogenkarriere");
2. kurze Zeitspanne zwischen der Entwicklung einer ausgeprägten Abhängigkeitsproblematik und der ersten Behandlung (Vorlaufzeit verkürzen, um die Spätfolgen einer schweren Abhängigkeit zu reduzieren);
3. hoher Anteil von Personen mit Abhängigkeitsproblemen, die zu einem gegebenen Zeitpunkt in Behandlung sind (Erreichungsquote verbessern);
4. hoher Anteil von Behandelten mit einer planmäßigen Beendigung (Abbruchquote reduzieren);
5. geringer Anteil von Personen mit einem Rückfall nach Ende der Behandlung (Rückfallquote reduzieren und drogenfreie Intervalle verlängern);
6. kurze Zeitspanne zwischen erneuten mißbrauchbedingten Problemen und einer erneuten Behandlung (Intervalle mit Drogenkonsum verkürzen);
7. Minimierung des mißbrauchbedingten Schadens bei aktuellen Konsumenten, die gegenwärtig zu einer Aufgabe ihres Konsums nicht bereit sind (harm reduction).

Ein Dreh- und Angelpunkt der therapeutischen Arbeit ist die Sicherung des Selbstbestimmungsrechts sowohl der Konsumenten legaler als auch illegaler Drogen. Drogenhilfe sollte davon ausgehen, denjenigen Hilfe und Unterstützung anzubieten, die sie wünschen und haben wollen, aber ihr Hilfsangebot nicht aufzuzwingen oder an Bedingungen zu knüpfen. Ihre Angebote müssen auf Freiwilligkeit basieren und bedürfnisorientiert ausgerichtet sein. Im Bereich der illegalen Substanzen ist die Umsetzung dieser Prinzipien erschwert und teilweise unmöglich, da die strafrechtlichen Rahmenbedingungen eine vertrauensvolle therapeutische Beziehung oft verhindern.

Auch das Drogenhilfesystem basiert auf dem Zusammenwirken von Individuum, Umwelt und Droge, dem wir nicht nur bei der Entstehung von Drogenabhängigkeit, sondern auch bei allen helfenden Maßnahmen zum Abbau der Abhängigkeit große Bedeutung beimessen (Scheiblich 1993). Abbildung 23 verdeutlicht die unterschiedlichen Schwerpunkte.

Wie die Abbildung zeigt, zielen die psycho- und soziotherapeutischen Einrichtungen auf die Veränderung des Verhaltens und der Einstellungen von Abhängigen. Diese Therapien haben Angebotscharakter und sind für die Betroffenen nicht verpflichtend. Das zweite Teilsystem, die psychosoziale und psychiatrische Basisversorgung, umfaßt alle Hilfen, die auf die soziale Situation und das Umfeld der Abhängigen abheben. In diesem Teilsystem werden auch diejenigen Abhängigen, zum Beispiel in psychiatrischen Krankenhäusern, versorgt, die sozial beeinträchtigt sind. Das dritte Teilsystem, die medizinische Basisversorgung aller akuten und chronischen Begleit- und Folgeerkrankungen der Abhängigkeit, wird durch niedergelassene Ärzte, Allgemeinkrankenhäuser und die Notfall- und Intensivmedizin getragen. Hier stehen die körperlichen Aspekte der Abhängigkeit und die Auswirkungen auf den Organismus im Vordergrund.

Das Hilfespektrum umfaßt sowohl Prävention und Frühintervention (in den Beratungsstellen) als auch soziale und berufliche Rehabilitation und Krankenbehandlung (in psychiatrischen Fachkrankenhäusern) und Langzeitbetreuung (Familienfürsorge, Betreutes Wohnen, Treffpunkte, Kontaktstellen). Die einzelnen Angebote sollten nicht nebeneinander stehen, sondern miteinander vernetzt sein und einander im Idealfall gemeindenah ergänzen (Scheiblich 1993). An einer guten Zusammenarbeit von Suchtkrankenhilfe, Drogenberatungsstellen, Jugendhilfe, Medizin, Straffälligenhilfe, Polizei und Selbsthilfe mangelt es aber gegenwärtig sehr. Es gibt zu wenig Kooperation und Vernetzung und zuviel Konkurrenz und Abgrenzung. Bei Suchtproblemen im Jugendalter (unter 18 Jahren)

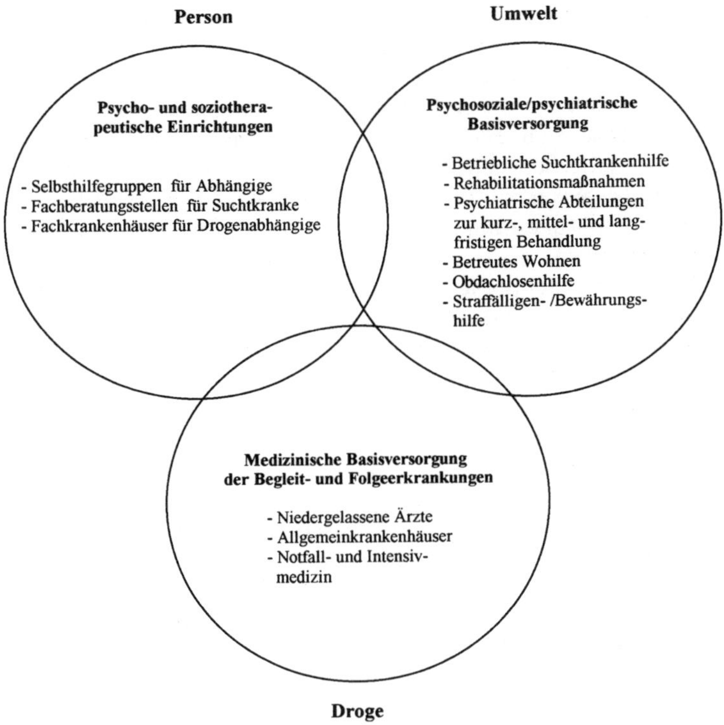

Abbildung 23: Das System der Drogenhilfe und seine Bezüge zum Person-Umwelt-Droge-Modell.

fehlt es ganz an angemessener Hilfe. Beratungsstellen und Therapieeinrichtungen sind auf diese Klientel nicht eingestellt.

Kritik am herkömmlichen Hilfesystem und Ziele eines künftigen Hilfemodells

Das heutige Versorgungssystem erreicht im wesentlichen nur diejenigen unter den Abhängigen, die Krankheitseinsicht und Therapiemotivation haben. Es bleiben diejenigen außen vor, die entweder noch nicht krank genug sind oder bereits zu krank, um sich aus eigener Kraft Hilfe zu holen. Hierzu zählen vor allem chronisch Kranke, die auf psychosoziale und psychiatrische Basisversorgung angewiesen sind. Auch werden diejenigen nicht oder kaum erreicht, die zwar manifest abhängig sind, sich jedoch noch in einem Frühstadium der Abhängigkeit befinden und deshalb keine Motivation zur Behandlung und kein Problembewußtsein haben. Das Hilfesystem sollte so weiterentwickelt werden, daß mehr Betroffene früher erreicht werden können. Allgemeinkrankenhäuser und niedergelassene Ärzte spielen dabei eine große Rolle. Sie können auf Patienten einwirken, die ursprünglich wegen anderer als ihrer Suchtkrankheit Hilfe aufsuchen.

Für die therapeutische Arbeit mit Drogenabhängigen hat es sich bewährt, eine klare Priorität von Therapiezielen zu bilden. So sollte etwa bei der Aufnahme der Alkoholismusbehandlung mit der Sicherung des Überlebens als erstes anzustrebendes Ziel begonnen werden (Scheiblich 1993, 21):

1. Sicherung des Überlebens;
2. Verhinderung von schweren körperlichen Folgeschäden;
3. Sicherung der sozialen Umgebung gegen Beeinträchtigungen;
4. Verhinderung sozialer Desintegration;
5. Ermöglichung längerer Abstinenzphasen;
6. Einsicht in die Grunderkrankung;
7. Akzeptanz des eigenen Behandlungs- und Hilfsbedarfs;
8. Akzeptanz des Abstinenzzieles;
9. Konstruktive Bearbeitung von Rückfällen;
10. Umstellung auf Selbsthilfe.

Das heutige Hilfesystem setzt meistens erst bei Stufe 7 ein und macht alle anderen Stufen zur Voraussetzung für das Einsetzen von Hilfs- und Therapiemaßnahmen. Es hat sich gezeigt, daß viele Abhängige mit einer solchen anspruchsvollen Zielsetzung überfordert sind und vor der Inanspruchnahme resignieren. Dadurch wird eine Selektion der Klientel, der Hilfeart und der Hilfeform vorgenommen, die – verbunden mit fehlenden fachlichen und personellen Ressourcen in den Kliniken – oft dazu führt, daß viele Abhängige vom Hilfesystem nicht erreicht werden (Scheiblich 1993).

Besser wäre es, wenn die erste Anlaufstation für Drogenabhängige aus ambulanten Basisdiensten bestünde, die – wie die medizinische Basisversorgung – versorgungspflichtig ist. Wichtig wäre auch die Einrichtung qualifizierter Stationen in Allgemeinkrankenhäusern zur Diagnostik und Behandlung der Abhängigkeitserkrankung. Ein angemessenes Hilfemodell sollte pflegerische, sozialpädagogische, medizinische, psychologische und psychotherapeutische Kompetenzen umfassen, um Abhängigkeitserkrankungen frühzeitig zu erkennen und zu behandeln, auch in ihren sozialen Folgeerscheinungen. Vielleicht ließe sich mit einem reformierten System auch die Erfolgsquote der Abhängigkeitsbehandlungen erhöhen, die gegenwärtig bei etwa 30% liegt (Bühringer 1990).

Ein gemeindenahes Verbundsystem der Drogenhilfe sollte die Eckpfeiler Betreuung, Beratung, Therapie und Nachsorge umfassen und dabei die Selbsthilfe des Betroffenen betonen. Betreuung und Beratung sollten niedrigschwellig sein, also nur wenige Voraussetzungen im Sinne der obigen Therapiezielsetzungen stellen. Außerdem sollten sie sich mit Therapie und Nachsorge nicht nur auf legale, sondern auch auf illegale Drogen beziehen. Generell müssen Therapie und Hilfe jederzeit und ohne Vorbedingungen möglich sein, so früh und so schnell wie möglich einsetzen und sich an den Lebensbedingungen der Betroffenen orientieren, ohne diese einem Motivierungsdruck zur Abstinenz oder Kontrollabsichten auszusetzen (Leune 1994). Dazu gehören gerade bei den illegalen Substanzen sofortige Schritte, die Schaden begrenzen und minimieren wie

- Reduzierung des Infektionsrisikos,
- sofortige Hilfe bei Überdosierung,
- Vermittlung von sicheren Techniken des Geschlechtsverkehrs,
- hygienische Applikationsmöglichkeiten,
- Einrichtung von Notschlafstellen (Schneider 1995, 139).

In allen Bundesländern sind Schritte in diese Richtung eingeleitet worden. Unter der Leitidee der Schadensbegrenzung entwikkeln sich Hilfeangebote, die teils drogenspezifisch (Spritzentausch, Kondomvergabe), teils drogenunspezifisch sind (Kontakt-, Aufenthalts- und Übernachtungsmöglichkeiten, Hilfen bei Wohnungsbeschaffung, bei der Vermittlung von Kleinkrediten etc.). Ziel ist die voraussetzungsfreie und an keinerlei Vorbedingungen geknüpfte psychosoziale Stabilisierung der Drogenmißbraucher (Kemmesies 1995).

Es zeigt sich auch eine Abkehr von dem lange Zeit für die Aufnahme einer Therapie als notwendig erachteten „Leidensdrucks“. Statt dessen soll der Leidensdruck gesenkt und damit verhindert werden, daß Drogenkonsumenten sozial abgleiten und verelenden. Über eine erfolgreiche Therapie soll ihnen nicht die Verantwortung, für sich selbst zu sorgen, abgesprochen werden, sondern sie soll ihnen im Gegenteil wieder zurückgegeben werden. Die „akzeptierende" Grundhaltung besteht darin, daß die momentane Unfähigkeit zur Abstinenz hingenommen wird, um vorrangig lebenserhaltende medizinische und soziale Maßnahmen wie Wohn- und Übernachtungsmöglichkeiten, Infektionsvorbeugung und -heilung, Verbesserung der Sexualhygiene, Entschuldungshilfen usw. einzuleiten. Der Drogengebrauch wird als „Ausdruck eines selbstgewählten Lebensstils" hingenommen, Hilfsmaßnahmen nur in Abstimmung mit dem Klienten vorgenommen (Kemmesies 1995, 52).

Gerade auch für die Frühintervention, die gezielte Drogenhilfe insbesondere bei Jugendlichen unter 18–20 Jahren, müssen die Leistungen des Versorgungssystems noch erheblich verbessert werden. Dabei ist vor allem der ambulante Sektor der Drogenhilfe gefragt: Die Hemmschwellen der jugendlichen Abhängigkeitsgefährdeten, unter ihnen bis zu 60% Nichtdeutsche, zum Aufsuchen der entsprechenden Einrichtungen sind sehr hoch. Es besteht die Sorge, an Polizeiämter und Ausländerbehörden weitergemeldet zu werden. Die Einrichtungen der Jugendarbeit und Jugendhilfe sollten deshalb so qualifiziert werden, daß sie als Anlaufstellen für ratsuchende, therapiebedürftige Jugendliche fungieren können. Von dort aus könnte eine unter Schweigepflicht gestellte Weitervermittlung an die Drogenhilfe erfolgen, falls erforderlich.

Vergabe von Ersatzdrogen als Teil der Therapie

Zusätzlich zur psychosozialen und psychotherapeutischen Behandlung wird in letzter Zeit vermehrt auch eine Pharmakobehandlung bei Abhängigen legaler Drogen wie Tabak und Alkohol und in Ansätzen auch bei Heroinabhängigen durchgeführt. Sie ist nicht ohne Nebenwirkung und sollte daher unbedingt unter ärztlicher Aufsicht erfolgen.

– Bei der Raucherentwöhnung handelt es sich einmal um Substanzen wie Kaliumchlorid, Kaliumgranulat und Kaliumcitrat, die das Rauchverlangen mindern und zum zweiten um Nikotinsubstitution oder um die Zuführung von Nikotin selbst (nikotinhaltiges Kaugummi oder Nikotinpflaster), um das Auftreten von Entzugserscheinungen zu verhindern. Nikotinpflaster und Nikotinkaugummi setzen Nikotin gleichmäßig und nicht schubweise frei und gewährleisten auf diese Weise, daß das Verlangen nach Zigaretten gedämpft wird. Nikotinzuführung basiert auf dem Gedanken, daß nicht so sehr das Nikotin gesundheitsschädlich ist als vielmehr die anderen Schadstoffe im Tabak, nämlich Teer und Kohlenmonoxid. Man möchte also die Raucherinnen und Raucher zunächst von der gefährlichen Art der Nikotinaufnahme – dem Rauchen – abbringen und ihnen Nikotin auf ungefährlichere Art zuführen, ehe man in einem zweiten Schritt durch Reduktion von Nikotin eine völlige Entwöhnung anstrebt.

– Bei Alkoholabhängigen werden häufig neben der Entwöhnungsbehandlung Medikamente (vor allem Sedativa) eingesetzt, die die Entzugserscheinungen mildern sollen und eine positive Wirkung bei den schweren Folgeerkrankungen wie Alkoholdelirien haben. Sie können jedoch ihrerseits auch wiederum ein hohes Mißbrauchpotential haben. Die Medikamentengabe bei Alkoholabhängigen ist auch deshalb nicht ungefährlich, weil viele Alkoholiker zur Verstärkung der Alkoholwirkung und/oder auch zur Linderung der unangenehmen Folgen ohnehin Sedativa oder auch Tranquilizer einnehmen, was zu einer noch stärkeren Abhängigkeit führt. Daneben sind Medikamente wie Antabus in der Begleitbehandlung erfolgversprechend, die alkoholsensibilisierend und aversiv wirken. Sie bewirken und unterstützen eine zeitweilige Abstinenz. Seit einigen Jahren werden neben der Entzugstherapie versuchsweise auch Medikamente wie Acomprosat zur Reduzierung des Suchtverlangens erprobt. Bisherige Ergebnisse reichen noch nicht für eine abschließende Bewertung aus.
– Bei Heroinabhängigen wird immer häufiger die Vergabe der Ersatzdroge Methadon (L-Polamidon) durchgeführt. Methadon wird oral eingenommen und vermeidet damit die gefährlichen Infektionsrisiken. Es handelt sich hierbei jedoch um eine ebenfalls suchterzeugende Substanz, die alle 24 Stunden aufgenommen werden muß, um den Entzugserscheinungen vorzubeugen. Die Vergabe erfolgt unter ärztlicher Kontrolle. Die Methadonsubstitution erweist sich als praktikabel, weil viele Heroinabhängige stationäre Maßnahmen ablehnen und sich damit einer Therapie entziehen. Sie sind jedoch bereit, eine Ersatzdroge einzunehmen, die als medikamentengestützte Therapie

die illegale Droge Heroin ersetzt und unter günstigen Bedingungen bewirken kann, daß sie unter ärztlicher Kontrolle und mit psychosozialer Betreuung aus dem Teufelskreis der Beschaffungskriminalität und der psychischen und körperlichen Verelendung auszusteigen vermögen.

In der Bundesrepublik unterliegen Konzepte und Durchführung von Heroin-Substitutionsmodellen – unter Berücksichtigung des Betäubungsmittelgesetzes (BtMG) und der bundesweit geltenden NUB-Richtlinien (vom Bundesausschuß der Ärzte und Krankenkassen beschlossene „Neue Untersuchungs- und Behandlungsmethoden") – hauptsächlich der Ländergesetzgebung. Einige Bundesländer, wie zum Beispiel Nordrhein-Westfalen, haben schon 1988 mit Modellversuchen der Ersatzstoffvergabe begonnen und ermutigende Erfahrungen gemacht (Gastpar/Rösinger 1993; Scherbaum/Bender 1995). Es wurden bei den Drogenabhängigen unter Methadon-Einnahme eine Zunahme der Erwerbstätigkeit, Distanzierung von der Drogenszene, verbesserte Beziehungen zum Lebenspartner und der Herkunftsfamilie sowie eine Intensivierung der Freizeit- und Sportaktivitäten festgestellt (Raschke/Kalke 1993).

Seit 1994 ist die in begründeten Einzelfällen angezeigte Substitution Drogenabhängiger bundesweit in der Betäubungsmittel-Verschreibungsordnung geregelt. Danach darf der Arzt alternativ zu dem schon bisher verschreibungsfähigen Levomethadon auch Methadon für die Substitution Opiatabhängiger verschreiben.

Die Methadonbehandlung ist in Fachkreisen noch umstritten. Aber immerhin stellt sie eine der medizinisch-psychologischen Behandlungsmaßnahmen dar, die für Abhängige von illegalen Drogen überhaupt bisher erprobt wurden (Flenker 1996). Zunehmend setzt sich der Gedanke durch, daß diese „Ersatzbehandlung" ein nicht mehr wegzudenkender Bestandteil eines breiten Therapiespektrums für Drogenabhängige ist, das schrittweise weiter ausgebaut werden sollte. Vielleicht könnte ein Kompromiß zwischen den unterschiedlichen Auffassungen darin liegen, daß man die Anwendung der Programme zunächst auf diejenigen Menschen beschränkt, die in desolaten persönlichen und sozialen Verhältnissen leben, also auf die wirklich kranken Menschen, für die die Ersatzbehandlung die letzte Möglichkeit darstellt, wieder Anschluß an das normale Leben zu finden.

Suchttherapeutische Ansätze

Ärztinnen und Ärzte machen in ihrer Praxis mit Abhängigen legaler und illegaler Drogen die sie auf ihre Sucht und die damit verbundenen möglichen Gefahren hinweisen, immer wieder die Erfahrung, daß sich Tabak-, Alkohol- oder Medikamentensüchtige ebenso wie Kokain- und Heroinsüchtige nur schwer zu ihrer Abhängigkeit bekennen, diese verleugnen und verdrängen. Ein Ziel der Suchttherapie ist es, beim Patienten ein Bewußtsein für die eigene Abhängigkeit und Hilfsbedürftigkeit zu schaffen („Ich bin süchtig!", „Ich brauche Hilfe!"). Nur dann ist nach bisherigen Erfahrungen eine Therapie aussichtsreich. Selbst dann aber ist es dem Süchtigen immer noch schwer genug, sich aus seiner Sucht mit eigener und fremder Hilfe zu lösen.

Nur wenige Ärztinnen und Ärzte spezialisieren sich auf die Behandlung von Abhängigen illegaler Drogen. „Drogenarzt" zu sein, ist heute weder karriere- noch imagefördernd. Dies widerspricht den Traditionen der Heilberufe: Eigentlich dürfte es bei der Behandlung Drogenabhängiger keine Dogmen geben. Drogenabhängige sind Kranke und gehören in die Praxis der Ärzte. Eine gute ärztlich-psychosoziale Behandlung sollte dabei sowohl Angebote zur Abstinenz als auch Angebote zur Schadensminderung machen und beide als zwei sich nicht ausschließende Säulen der Therapie ansehen, wie es teilweise heute noch geschieht (Gölz 1995).

Viele Abhängige von illegalen Drogen wachsen ohne professionelle Hilfe aus ihrer Krankheit heraus („maturing out"). Vieles spricht dafür, daß der Konsum illegaler Drogen als „ein sich selbst begrenzender Prozeß" angesehen werden kann, der (analog der Spontanremission einer Krankheit) plötzlich enden kann (Groenemeyer 1990). Das Alter spielt in jedem Fall eine große Rolle: Je länger die Drogenkarriere und je älter der Konsument, desto größer die Wahrscheinlichkeit für eine Beendigung der Drogenkarriere. Die Behandlungsmotivation steigt mit dem Alter und der Länge des Drogenkonsums. Dies hängt jedoch auch von einer zunehmenden Problembelastung durch den Konsum selbst und von einer sich erschöpfenden positiven Erfahrung mit dem Konsum ab. Reifungs- und Erfahrungsprozesse greifen ineinander (Groenemeyer 1990, 276).

Eine große Gruppe von schätzungsweise 50% Abhängiger illegaler Drogen schafft aber von allein nicht den Ausstieg und bedarf intensiver therapeutischer Behandlung. Die Werte bei Abhängigen von legalen Drogen dürften eher noch etwas höher liegen. Es gibt verschiedene therapeutische Ansätze, die in Abhängigkeit von der zugrundeliegenden Theorie der Suchtentstehung sowie Ausbildung und Einstellung der Therapeutinnen und Therapeuten praktiziert werden:

- Die psychoanalytisch orientierten psychiatrisch-therapeutischen Ansätze gehen davon aus, daß es eine der Persönlichkeit zugrundeliegende Störung zu beseitigen gäbe. Sie befassen sich vorrangig mit der Vergangenheit des Abhängigen und forschen nach allgemeinen Problemen, denen sie einen die Sucht verursachenden Charakter zuschreiben. In der Beziehung Arzt – Patient übernimmt häufig der Therapeut die Verantwortung und die therapeutische Arbeit.
- Der verhaltenstherapeutische Ansatz, der sich an der Lerntheorie orientiert, beruht auf der Überzeugung, daß Sucht ein gelerntes und an Situation und Umwelt gebundenes Verhalten sei, das auch wieder durch bestimmte Maßnahmen verlernt werden könne. Es wird nicht so sehr nach Ursachen der Tabak-, Alkohol- und Medikamentensucht oder der Abhängigkeit von illegalen Drogen geforscht, sondern vielmehr werden die gegenwärtige Situation und das Verhalten des Abhängigen in den Mittelpunkt von Veränderungsbestrebungen gestellt. Durch ganz bestimmte an Lob und Strafe gekoppelte Verhaltensweisen wird versucht, drogenfreies Verhalten allmählich und sukzessiv aufzubauen und durch unterstützende Maßnahmen zu stabilisieren.
- Sozialtherapeutische oder familientherapeutisch und systemisch orientierte Ansätze konzentrieren sich nicht so sehr auf den Abhängigen selbst, sondern auf seine Beziehungen zu seinen Mitmenschen und vor allem zu seinen Familienangehörigen. Sucht und Abhängigkeit werden als Symptom einer gestörten Beziehung angesehen, an der alle Familienmitglieder in irgendeiner Weise beteiligt sind. Als „Patient" wird nicht nur die abhängige Person angesehen, sondern die gesamte Familie. Der Schwerpunkt dieses Vorgehens besteht darin, genaue Kriterien aufzustellen, anhand derer der Klient beurteilen kann, ob eine Therapie erfolgreich war oder nicht. Die Ziele, die es in einer Therapie zu erreichen gilt, sollen für den Klienten bedeutsam und im Lebensalltag umsetzbar sein.

Grundsätzlich sollten sich alle Therapieformen dem Akzeptanzmodell verpflichtet fühlen, also von der aktuellen Lebenssituation der abhängigen Person ausgehen. Jede Therapie sollte absolut freiwillig sein und kann erfahrungsgemäß nur unter der Voraussetzung der Freiwilligkeit Erfolg haben. Die nach § 35 des Betäubungsmittelgesetzes für illegale Substanzen gewählte Zielvorstellung „Therapie statt Strafe" scheint ein Widerspruch in sich zu sein und ist in dem Moment zum Scheitern verurteilt, in dem die Therapie nur unter Druck und dem Bestreben, damit der Strafe zu entgehen, zustande kommt.

Eine andere Paradoxie – vor allem in der stationären Behandlung Suchtkranker – besteht darin, sie bei Rückfällen sofort zu entlassen und die Therapie abzubrechen. Ungeachtet der Tatsache, daß zum Beispiel Alkoholkranke eine durchschnittliche stationäre Rückfallquote von über 20% aufweisen und daß Rückfälle ohnehin eher die Regel als die Ausnahme sind, wird die Praxis der Entlassung nach einem Rückfall in den meisten Kliniken relativ streng gehandhabt. Bei diesem Vorgehen wird die Tatsache übersehen, daß Rückfälle einerseits zur Abhängigkeitskrankheit dazugehören und andererseits auch einen „Schlüssel zur Sucht" darstellen können. Sie bergen die therapeutische Chance in sich, mit Abhängigen in der besonders nach einem Rückfall bestehenden Labilisierungsphase weiterzuarbeiten („therapeutisches Fenster"). Rückfälle können etwas mit spezifischen Konfliktsituationen der abhängigen Personen zu tun haben, aber sie können auch Indikatoren für Schwachstellen der Therapie sein. Dies herauszufinden wäre in jedem Fall sinnvoll, denn nur durch Fortführung der Therapie und durch Bearbeitung des Rückfalls hat die suchtkranke Person überhaupt eine Chance, sich aus ihrer Abhängigkeit zu lösen, und hat das Team die Möglichkeit, aus Fehlern zu lernen. Die Rückfallquote disziplinarisch entlassenen Patienten beträgt 95,5 Prozent (Lauer/Richter/Sohns 1996).

In der Behandlung von Süchtigen dürfen Rückfälle nicht als prinzipielles Scheitern eines Abstinenzversuchs angesehen werden, sondern als normale Durchgangsstadien eines längeren und komplexen Veränderungsprozesses. Deshalb sollte das immer noch verbreitete „Abstinenzverletzungssyndrom", das mit Schuldgefühlen und Panik einhergeht („Ich bin ein Versager"), überwunden werden. Die Abhängigen sollten vielmehr in der Therapie für Rückfallsituationen sensibilisiert und ihre „Antirückfallkompetenzen" trainiert werden (Christoph-Dornier-Centrum für Klinische Psychologie).

Die Frage, ob es eine Therapieform gibt, die besonders erfolgreich ist, kann so nicht beantwortet werden, denn die Wirksamkeit einer Therapie hängt, ganz unabhängig von den einzelnen Psychotherapieformen, immer zugleich auch von der Klient-Therapeuten-Beziehung ab. Es kann wichtig sein, die gegenwärtige Situation der abhängigen Person zu bearbeiten, ihre sozialen Beziehungen, ihr Netzwerk und ihre Fähigkeiten, mit Konflikten umzugehen. Es kann aber auch von Bedeutung sein, auf ihre Vergangenheit einzugehen, auf ihre Erfahrungen, Erlebnisse, Enttäuschungen und Frustrationen, auf ihre familiären Wurzeln und Erinnerungen. Von großer Wichtigkeit kann es aber auch sein, mit ihr zusammen die Zukunft zu strukturieren, Ideen und Gedanken auszutauschen, wie es weitergehen soll, welche beruflichen Perspektiven sie hat, welche Pläne und Absichten. Entscheidend ist die Stimmigkeit zwischen Klient und Therapeut, die Akzeptanz und das Vertrauen auf beiden Seiten und entscheidend ist, ob die Klienten nach der Behandlung eine langfristige Nachsorge erfahren und eine sichere und erfreuliche Zukunft vor sich sehen.

Zusammenfassung

Die Abhängigkeit von psychoaktiven Substanzen hat fast immer – wie unsere Analyse gezeigt hat – etwas mit tief in der Persönlichkeitsstruktur verankerten Defiziten zu tun, die sich in Auseinandersetzung mit der Umwelt ergeben haben, weiterhin mit Temperamentvariablen und mit beeinträchtigten Selbstwertempfindungen. Sie ist allzuhäufig als Ersatzbefriedigung zu verstehen, weil die Entwicklung der Persönlichkeit nicht in einem ausreichenden Maße unterstützt worden ist und keine positive Entwicklung genommen hat. Sie trägt daher stark die Züge einer „Selbstheilung" und stellt den schmerzlichen und letztlich doch untauglichen Versuch dar, durch die Droge aus einer unbefriedigenden Lebenssituation herauszufinden.

Die Grundlinien der Drogen- und Suchtpolitik in einem demokratischen Staat müssen dieser Ausgangslage Rechnung tragen. Ziel sollte es sein, durch geeignete Schritte den Drogenmißbrauch von Bürgerinnen und Bürgern möglichst gering zu halten. Drogenabhängige sollten die Hilfe und Unterstützung erhalten, die sie benötigen, um sich aus ihrer Zwangslage wieder zu befreien.

Drogenhilfe und Suchttherapie müssen in eine umfassende Gesundheits- und Sozialpolitik eingebettet und den Leitlinien der Drogenpolitik verpflichtet sein. Sie sollten nicht an Vorbedingungen wie Leidensdruck, Verelendung oder Abstinenzversprechen geknüpft werden, müssen differenziert, flexibel und ganzheitlich verstanden werden und als schnelle Hilfe möglichst unbürokratisch durchführbar sein. Im Hilfeprozeß spielen personale Beziehungen und soziale Stabilisierung eine große Rolle, daher ist es von Bedeutung, die einzelnen Aktivitäten wohnortnah zu koordinieren und Kontinuität zu gewährleisten, um nicht noch weitere „Beziehungsbrüche", durch Übergabe und Verweisen an andere Beratungsstellen, Kliniken, Ärzte und Psychotherapeuten zu produzieren.

Entscheidend für das Gelingen der Therapie ist die Auseinandersetzung der abhängigen Person mit sich selbst und ihrer Situation. Dabei kann der Therapeut oder die Therapeutin nur Hilfestellung geben. Die aktive Reflexion und damit auch das Einleiten des Handlungsprozesses muß von dem Drogenabhängigen bzw. der Drogenabhängigen selbst ausgehen. Die drogenabhängigen Menschen müssen bewußt registrieren, daß die Droge für sie kein Heilmittel gegen die körperlichen, seelischen oder sozialen Schmerzen und Verletzungen ist, die ihr Selbstwertgefühl und ihre Selbststeuerungsfähigkeit beeinträchtigen. Drogenhilfe und Suchttherapie müssen verstärkt auf Selbstregulierungs- und Selbstheilungskräfte der Abhängigen setzen und die Verantwortlichkeit des einzelnen, aber auch seiner Umwelt in den Mittelpunkt rücken.

Drogenabhängige sind krank, sie sind in diesem Sinne für ihre persönliche Entwicklung in die Abhängigkeit moralisch nicht haftbar; gleichwohl sind sie aber verantwortlich für ihre Situation und können auch nur durch eigenes verantwortliches Handeln aus ihrer Zwangssituation heraustreten. Sie sind möglicherweise nicht heilbar im strengen Sinne des Wortes, sondern können nur genesen. Sie bleiben Abhängige, aber es gelingt ihnen, ohne die Droge zu leben, in seltenen Fällen mit einem kontrollierten Umgang mit der Droge. Ihr weiteres Leben wird nur dann lebenswert, wenn sie ein Gleichgewicht zwischen Drogenabhängigkeit und Drogenunabhängigkeit herstellen können und in diesem Sinne eine

– wenn auch prekäre – Gesundheitsbalance schaffen, wie wir sie zu Beginn unserer Darstellung im ersten Kapitel erläutert haben. Drogenkonsum, so hatten wir gesagt, gehört für jeden Menschen in unserem Kulturkreis zum Alltagsleben und ist in die Gesundheits-/Krankheitsbalance einbezogen. Diese Aussage gilt auch für Drogenabhängige.

Glossar: Was sind und wie wirken Drogen?

Unter Drogen werden Wirkstoffe pflanzlicher oder chemisch-synthetischer Herkunft verstanden, die das Zentralnervensystem eines Menschen beeinflussen („psychoaktive Substanzen"). Sie werden getrunken, geschluckt, gespritzt, geraucht, geschnupft oder inhaliert, greifen in die biologischen und physiologischen Abläufe des menschlichen Körpers ein und führen zu Veränderungen von Wahrnehmungen, Stimmungen, Gefühlen und Handlungen (Meyenberg/Scholz/Buisman 1993). Pflanzliche Drogenstoffe sind dem Menschen seit Jahrtausenden bekannt und wurden zu unterschiedlichsten Zwecken genutzt, in ihrer synthetisierten Form stehen sie jedoch erst seit einigen Jahrzehnten zur Verfügung.

Seit Jahrhunderten werden die psychoaktiven Substanzen in legale und illegale unterteilt. Bei den heute in fast allen Industrieländern legalen Drogen handelt es sich um Substanzen wie Coffein, Nikotin, Alkohol und Medikamente, bei illegalen um Kokain, Cannabis, LSD, Opium, Heroin und „Designerdrogen". Die meisten heute legalen Substanzen waren in früheren Zeiten zumindest vorübergehend illegal und viele der heute illegalen Substanzen wurden in historischer Vergangenheit wie selbstverständlich zu religiösen Zwecken oder als Heilmittel verwendet. In der Regel läuft der Einstieg in alle Formen des Drogenkonsums über die legalen Drogen, so daß diesen besondere Aufmerksamkeit gewidmet werden muß.

Die Unterscheidung in legale und illegale Substanzen wurde mit dem Betäubungsmittelgesetz (BtMG) 1920 in Deutschland eingeführt. Das BtMG regelt auch Drogenherstellung und Drogenhandel. Mit der Neufassung des Gesetzes 1994 wurde es verschärft und stellt heute auch ein an spezial- und generalpräventiven Strategien orientiertes Strafrecht dar. Es bestimmt, welche Stoffe nicht frei gehandelt werden dürfen und enthält Ermächtigungen, durch Rechtsverordnungen weitere neue Stoffe dem Gesetz hinzuzufügen. Die Unterscheidung in legale und illegale Substanzen erfolgt

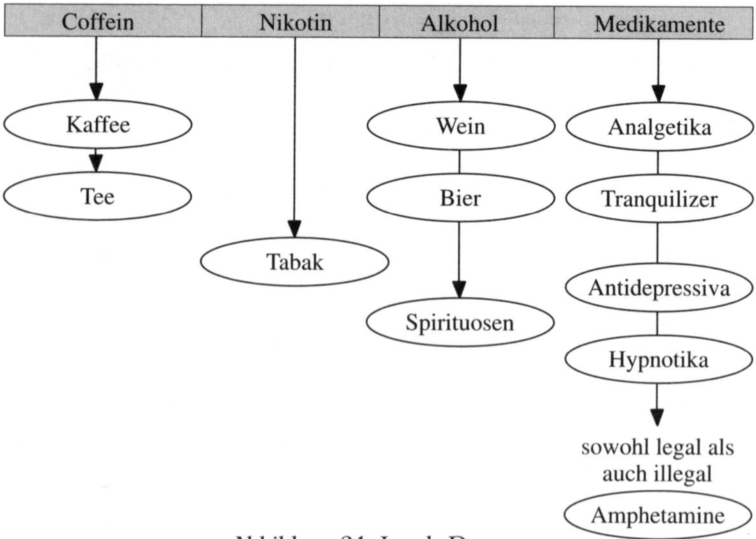

Abbildung 24: Legale Drogen.

nach gesundheitspolitischen und arzneimittelrechtlichen Gesichtspunkten. Sie ist in vielen Bereichen nur historisch zu erklären und hängt nicht direkt und systematisch mit der Wirkung und den Wirkungsfolgen der Substanzen zusammen.

Im folgenden wollen wir zunächst die verschiedenen legalen Substanzen kurz charakterisieren und ihre Wirkungen beschreiben, dann die illegalen. Zu den legalen Drogen zählen Coffein, Nikotin, Alkohol und Medikamente. Legal heißt, daß sie mit wenigen Einschränkungen (bestimmte Medikamente) frei gehandelt werden können und kulturell wie sozial integriert und akzeptiert sind (Abbildung 24).

Coffein

Coffein ist im Samen des Kaffeebaumes und in den Blättern des Teestrauches sowie in der Colanuß enthalten und entfaltet seine Wirkung in Kaffee-, Tee- und Colagetränken.

Das Ursprungsland des Kaffees ist das Abessinische Hochland, von dort breitete sich die Konsumtradition im 14. und 15. Jahrhundert auf das ganze arabische und osmanische Reich aus. Zu Beginn des 17. Jahrhunderts wurde Kaffee auch in Europa bekannt, diente zunächst als Medikament bei Magenleiden und zählte schon bald zu den begehrtesten und sehr teuren Genußmitteln. Gesetze, die den Kaffeekonsum verboten, gründeten sich einerseits auf seine süchtigmachende Wirkung, andererseits aber auch auf seine Konkurrenz zu anderen Getränken, zum Beispiel den alkoholischen. In Frankreich fühlten sich die Weinbauern zeitweilig durch das neue Kaffeegetränk existentiell bedroht und stellten sich auf die Seite der Ärzte, die auf die Gefahren hinwiesen. In den deutschen Königreichen und Fürstentümern protestierten die Bierbrauer. Aber alle Einwände gegen die Verbreitung des Kaffees scheiterten letztlich an gesellschaftlichem Prestigedenken und an wirtschaftlichen Bestrebungen, so daß er seit über 200 Jahren in allen Ländern der Welt legal ist.

Tee diente zunächst als Heilmittel und war als solches bereits im 12. Jahrhundert vor Christus in China bekannt. Der nichtmedizinische Teegebrauch entwickelte sich aus der Zubereitung einer nahrhaften Teesuppe bis hin zur rituellen Zubereitung eines Getränks, das aufgrund seiner bewußtseinsverändernden Wirkung vor allem in privilegierten Kreisen Chinas sehr geschätzt wurde. Das Teetrinken und das Teezeremoniell wurden in den Jahrhunderten nach Christus als „Weg zur inneren Selbstbesinnung und Vervollkommnung“ angesehen (Maritsch/Uhl 1989, 161). Von China aus breitete sich der Teekonsum nach Japan aus. Erst im 16. Jahrhundert gelangte die Tradition der Teezubereitung aus grünen Blättern über die Niederlande nach Europa. Auch hier wurde der Tee zunächst als medizinisches Getränk gepriesen, ehe es sich zu einem modischen und teuren Genußmittel für Wohlhabende entwickelte. In Deutschland bürgerte sich das Teetrinken zu Beginn des 19. Jahrhunderts ein. Heute zählt Tee zu den gebräuchlichsten und alltäglichsten Getränken, deren Nebenwirkungen wie Anregung und Leistungssteigerung – ebenso wie beim Kaffee – überwiegend positiv gesehen und nicht als Droge betrachtet werden.

Kaffee- und Teegetränke wirken anregend auf Herz, Kreislauf, Verdauungstrakt und Zentralnervensystem. Sie beseitigen Müdigkeit und erhöhen die Leistungsfähigkeit. Bei manchen Menschen tritt jedoch eine paradoxe Wirkung ein: Die erregende Wirkung schlägt in eine lähmende um. Bei überreichem Genuß führt Coffein bei den meisten Menschen zu Erregung, Unruhe, Schweißausbrüchen, Herzrasen, Zittern, Übelkeit und Schwindelgefühlen. Es kann auch zu Durchfällen, Fieber, Erbrechen und Krämpfen kommen.

Coffein wird den hauptsächlich von Jugendlichen konsumierten Cola- und Power-Getränken zugesetzt. Zunehmend findet es sich auch in illegalen synthetischen Drogenmixturen wie den „Designerdrogen" vom Typ Ecstasy. Ein hoher Coffeingenuß ist in unserem Kulturkreis weit verbreitet, aber man spricht kaum von „Coffeinsucht", obwohl es durchaus – wenn auch vergleichsweise geringe – Toleranzbildung und Entzugssymptome gibt, die sich vor allem in Reizbarkeit, Nervosität und Unfähigkeit zu effektiver Arbeit zeigen. Ohne den Coffeingebrauch dramatisieren zu wollen, muß doch darauf hingewiesen werden, daß er bei vielen Menschen für den Bluthochdruck zumindest mitverantwortlich ist, der als Vorläufer vieler Herz-Kreislauf-Krankheiten gilt.

Tabak

Die Heimat der Tabakpflanze mit dem Hauptwirkstoff Nikotin ist Mittelamerika. Schon die Indianer kauten Tabakblätter und vermischten sie mit Kalk, damit die Wirkstoffe besser freigesetzt werden konnten. Das Rauchen war dabei ähnlich wie das Teetrinken in Asien an bestimmte Zeremonien, an Riten und Rituale und an religiöse Vorstellungen (Rauchopfer) gebunden und außerdem an die Überzeugung medizinischer Wirkung geknüpft (Tabak als Brech- und Abführmittel, als Heilmittel bei Wunden und Hauterkrankungen). Nachdem Portugiesen und Spanier die Tabakpflanze und ihren Gebrauch in Amerika kennengelernt hatten, wurde sie im 18. Jahrhundert nach Europa gebracht.

Tabak ist eine heute weltweit verbreitete Droge. Ihr Siegeszug um die Welt kann als die „größte Drogenepidemie aller Zeiten" (Hess 1989, 125) betrachtet werden. Tabakverbote ließen sich nirgendwo, weder in England, Deutschland, der Türkei, Rußland, China oder Japan über längere Zeit durchsetzen, zumal mit dem Tabakhandel große Einnahmen erzielt werden konnten. Im 17.–19. Jahrhundert galt das Pfeiferauchen als die gebräuchlichste Konsumform, daneben entwickelte sich jedoch das Schnupfen des fein zerriebenen Tabaks zur großen Mode vor allem der Aristokratie. Im 19. Jahrhundert wurde die Zigarre das Symbol der bürgerlichen Klasse. Im 20. Jahrhundert überflügelte die Zigarette alle anderen Konsumformen und wurde zur Alltagsdroge des „kleinen Mannes".

Tabakrauchen gilt heute noch als eine der gesundheitsgefährdendsten Formen des Drogenkonsums überhaupt und stellt eine bedeutende Krankheits- und Todesursache dar. Dennoch ist Tabak ungeachtet seines Gefahrenpotentials immer noch ein gesellschaftlich akzeptiertes „Genußmittel". Auch das Rauchen als quasi-rituelle Handlung wird von vielen als Symbol der Geselligkeit angesehen. Nach den oben zitierten Untersuchungen rauchen in Deutschland etwa 36% der erwachsenen Bevölkerung regelmäßig, also mindestens täglich, wobei der Raucheranteil bei Männern deutlich höher liegt als bei Frauen. In der jüngeren Generation gleichen sich die Werte der Geschlechter allerdings immer mehr an.

Der Tabakrauch enthält eine Vielzahl von Inhaltsstoffen, von denen Nikotin, Kohlenmonoxid und Teer die bekanntesten Schadstoffe sind (Batra 1995):

- Nikotin hat abhängigmachende Wirkung und ist ein starkes Gift. Mit jeder Zigarette wird etwa 1 Milligramm eingeatmet, die tödliche Dosis liegt bei 50 mg. Zusammen mit anderen Wirkstoffen des Tabaks bewirkt Nikotin eine Verengung der Blutgefäße und erhöhten Blutdruck.
- Kohlenmonoxid ist ein Giftgas, das zu 4% im Tabakrauch enthalten ist und vom Blut aufgenommen wird. Es verhindert eine ausreichende Sauerstoffversorgung des Körpers und trägt zu einer frühzeitigen Verkalkung und Verfettung der Blutgefäße bei.
- Teer setzt sich als Reizstoff in den Atmungsorganen ab, wird nur langsam wieder abgebaut und gelangt dabei in Nieren und Blase.

Unter den Hunderten von Schadstoffen, die im Tabakrauch enthalten sind, gelten etwa 40 als krebserregend. Sie können vor allem zu Mundhöhlen-, Speiseröhren-, Kehlkopf- und Lungenkrebs führen (Batra 1995, 88). Die Risiken, als Tabakraucher an Krebs zu erkranken und daran zu sterben, sind sehr hoch. Das „relative Risiko" eines Rauchers, zum Beispiel an Lungenkrebs zu sterben, ist im Vergleich zu allen anderen Krebsarten am höchsten. Es beträgt bei

Männern 22,4 und bei Frauen 11,9 (Abbildung 25). Das relative Risiko gibt an, um wievielmal häufiger der Tod bei Personen eintritt, die dem Risikofaktor Rauchen ausgesetzt waren als bei Personen, bei denen dies nicht der Fall war. Es wird in folgender Formel ausgedrückt:

$$\text{Relatives Risiko} = \frac{\text{Anzahl der Todesfälle von an Lungenkrebs erkrankten Rauchern}}{\text{Anzahl der Todesfälle von an Lungenkrebs erkrankten Nichtrauchern}}$$

Beträgt der ermittelte Wert 1, gibt es keine Beziehung zum Rauchen. Abbildung 25 zeigt, daß das relative Risiko des Rauchens beim Lungenkrebs am größten ist und bei Magenkrebs am niedrigsten.

Neben dem Risiko für Krebserkrankungen sind Tabakkonsumenten stark gefährdet, einen Herzinfarkt zu erleiden. Raucherinnen sind bei gleichzeitiger Einnahme von Kontrazeptiva einem erhöhten Risiko für Gefäßerkrankungen ausgesetzt. Schwangere gefährden durch das Rauchen die Gesundheit ihres ungeborenen Kindes erheblich. Nach jüngsten Untersuchungen stellen jedoch nur 50% aller rauchenden schwangeren Frauen das Rauchen ganz ein, nur 25% reduzieren es geringfügig, und 25% rauchen weiter (Batra 1995).

Durch Tabakrauch wird nicht nur weniger Sauerstoff zum Herzen transportiert, sondern auch die Fähigkeit des Herzmuskels beeinträchtigt, Sauerstoff in Energie umzuwandeln. Darüber hinaus aktiviert Tabakrauch die Bildung von Thrombozyten, und die Thrombusbildung wird erhöht. Thrombozyten sind an der Entstehung der Arteriosklerose (Verkalkung der Herzkranzgefäße) beteiligt und begünstigen damit den Herzinfarkt.

Abbildung 26 faßt die wichtigsten bisher angesprochenen und noch einige weitere schädlichen Wirkungen des Tabakrauches zusammen.

Auch Passivrauchen gefährdet die Gesundheit erheblich. Unter Passivrauchen versteht man das Einatmen des „Nebenstromrauches“, der durch die Verbrennung bei wesentlich geringerer Temperatur weit mehr Schadstoffe enthält als der vom Raucher selbst eingeatmete „Hauptstromrauch“ (Batra 1995, 92).

Starke Raucherinnen und Raucher möchten nicht mehr auf die

Krebs		Relatives Risiko	Anteil des Rauchens an der Mortalität
Lunge	Männer	22,4	90%
	Frauen	11,9	79%
Kehlkopf	Männer	10,5	81%
	Frauen	17,8	87%
Mundhöhle	Männer	27,5	92%
	Frauen	5,6	61%
Speiseröhre	Männer	7,6	78%
	Frauen	10,3	75%
Pankreas	Männer	2,1	29%
	Frauen	2,3	34%
Harnblase	Männer	2,9	47%
	Frauen	2,6	37%
Niere	Männer	3,0	48%
	Frauen	1,4	12%
Magen	Männer	1,5	17%
	Frauen	1,5	25%
Leukämie	Männer	2,0	20%
	Frauen	2,0	20%
Cervix	Frauen	2,1	31%

Abbildung 25: Zusammenhang von Tabakrauchen und Krebssterblichkeit (relatives Risiko).
(Quelle: Batra 1995, 89.)

als angenehm empfundene beruhigende oder auch anregende Wirkung verzichten, und es kommt zu einer engen Koppelung des Vorgangs des Rauchens mit täglichen Routinehandlungen und Wohlgefühlen. Dies führt zur psychischen Abhängigkeit, die stark durch bestimmte Handlungsroutinen, situative Umstände und soziale Kontakte bestimmt wird (Hess 1989). Raucher entwickeln ein großes psychisches Verlangen nach Wiederholung der Verhaltensweise. Die Nikotinaufnahme ist dabei ein notwendiger, aber kein hinreichender Motivationsfaktor beim Rauchen.

Beim Tabakrauchen stehen also nicht die körperlichen Abhängigkeitserscheinungen im Vordergrund – der körperliche Entzug bedarf meist keiner speziellen Behandlung –, sondern die psychischen. Für stark abhängige Raucherinnen und Rauchern ist nicht so

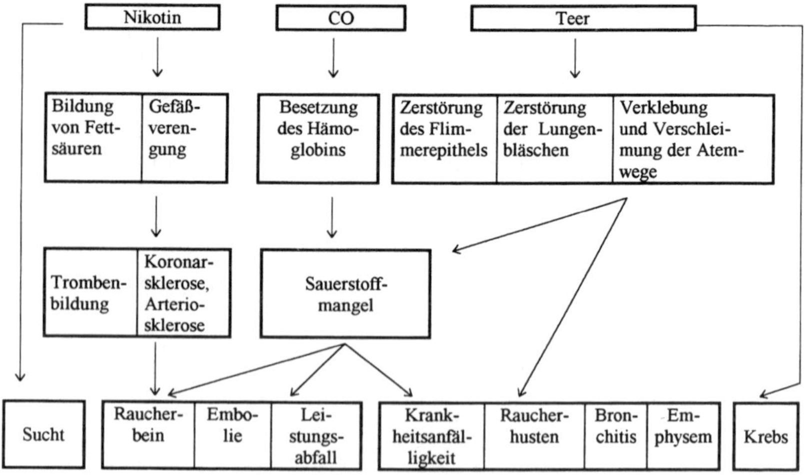

Abbildung 26: Die schädlichen Wirkungen des Tabakrauches.
(Quelle: Hess 1989, 133.)

sehr das Streben nach Genuß von Bedeutung, als vielmehr das Vermeiden von Unlust, und da die Halbwertzeit des Nikotins sehr gering ist, greifen sie im Durchschnitt alle 20 Minuten zur Zigarette. Die Inhalation und die dadurch bewirkte Überflutung des Gehirns mit Nikotin läßt sich in ihrer Unmittelbarkeit mit der Injektion von Opiaten vergleichen. Obwohl die Wirkung eines einzelnen Zigarettenzuges nicht so stark ist, wird sie durch die Häufigkeit der Zufuhr verstärkt, die bei keiner anderen Droge in diesem Ausmaß gegeben ist (Hess 1989). Der selbständige Ausstieg aus dem Tabakkonsum ist möglich, aber nicht leicht. Er hängt von Persönlichkeitsmerkmalen, Konsumgewohnheiten und Umwelteinflüssen ab.

Alkohol

Alkoholische Getränke – besonders Bier und Wein – stellen, ähnlich wie Tabak und Coffein, uralte Genußmittel dar, die schon seit Jahrtausenden von Menschen hergestellt und genossen werden. Allerdings ist die Gewinnung von Destillaten mit einem sehr hohen

Alkoholgehalt erst seit dem 11. Jahrhundert bekannt (Schmidt 1986).

Alkohol ist ein in unserer Gesellschaft weithin akzeptiertes Genußmittel. Alkohol wird von Angehörigen aller gesellschaftlichen Schichten in nahezu allen Lebenssituationen, auch weitgehend unabhängig vom Alter, getrunken. Eine positive, sozial erwünschte Wirkung des Alkohols besteht in der Steigerung des Wohlbefindens, der Erhöhung der Stimmung und Kontaktfähigkeit sowie der Minderung von Hemmungen, Unsicherheiten und Ängsten. Besonders bei Familienfeiern, Partys, Vereinsgesellschaften und Betriebsausflügen wird das „Über-den-Durst-Trinken" von den meisten Menschen für legitim gehalten (Fahrenkrug 1989, 83).

Im Zuge eines gehäuften Alkoholmißbrauches, vor allem eines täglichen und intensiven Konsums, entwickelt sich eine psychische und körperliche Abhängigkeit, aus der der Abhängige oft ohne fremde Hilfe nicht mehr herausfindet. Alkoholabhängigkeit ist eine schwere Erkrankung, die dadurch gekennzeichnet ist, daß Zeit und Ort der Alkoholzufuhr nicht mehr gesteuert werden können. Es geht dann nicht mehr um Genuß und Geselligkeit, sondern nur noch um das Streben nach der Alkoholwirkung. Der Alkoholabhängige trinkt meist heimlich große Mengen, verleugnet sein Trinken und isoliert sich immer mehr von seiner Umgebung.

In der Entwicklung zum Alkoholiker unterscheidet man eine Einstiegs-, eine kritische und eine chronische Phase, die meist in dieser Reihenfolge auftreten (Abbildung 27).

Alkohol hat sowohl gesundheitsfördernde als auch gesundheitsschädigende Wirkungen. Eine geringe Trinkmenge scheint für die meisten Menschen in unserem Kulturraum nicht schädigend zu sein, vor allem, wenn sie gelegentlich und in entspannter Situation konsumiert wird. Regelmäßiger Konsum mit über 40 Gramm Alkohol pro Tag bei Frauen und über 60 Gramm bei Männern ist hingegen in der Regel stark gesundheitsgefährdend, und zwar nicht nur für die eigene Person (Schädigung innerer Organe und des Nervensystems), sondern wegen des Kontrollverlustes auch für andere.

Sicher ist, daß Alkohol am Arbeitsplatz, im Straßenverkehr und im Sport- und Freizeitbereich zu schweren Unfällen führen kann, deren Folgekosten ungeheuer hoch sind. Bei kriminellen Delikten wie Körperverletzung, Totschlag und Vergewaltigung spielt Alkohol oft eine große Rolle. Sicher ist weiterhin, daß regelmäßiger

Die Einstiegsphase	
Erleichterungstrinken	Der Alkoholeinfluß wird als deutliche Erleichterung empfunden, Schwierigkeiten vor allem im Umgang mit anderen Menschen verschwinden.
Gieriges Trinken	Die ersten Gläser werden „heruntergekippt“, um in Stimmung zu kommen.
Heimliches Trinken	In Gesellschaft werden heimlich und unbeobachtet einige Gläser getrunken.
Die kritische Phase	
Verlust der Kontrolle	Die Aufnahmemenge kann nicht mehr kontrolliert werden, sobald das erste Glas getrunken ist.
Auffällige Verhaltensänderung	Schwankung zwischen übertriebenem und zur Schau gestelltem Selbstbewußtsein und Selbstmitleid sowie Depression. Die Pflege des eigenen Körpers und eine sachgerechte Ernährung werden nicht mehr ernstgenommen.
Änderung des Trinkverhaltens	Der Trinker versucht vergeblich, am Tage einen Rausch zu vermeiden und Regeln für sein Trinkverhalten aufzustellen.
Beeinträchtigung sozialer Kontakte	Familienleben und Partnerkontakte werden vernachlässigt, Freundeskontakte aufgelöst, Arbeitsstellen aufgegeben.
Die chronische Phase	
Unkontrolliertes Trinken	Es wird in jeder sozialen Situation jede Form von Alkohol getrunken.
Völlige soziale Isolierung	Der Alkoholiker zieht sich sozial immer mehr zurück.
Seelische Katastrophen	Nervliche und seelische Zusammenbrüche sind häufig, die bis zum Suizid führen können.

Abbildung 27: Phasen in der Entwicklung von Alkoholabhängigkeit.

Alkoholgenuß Herz-Kreislauf-Schäden auslöst und zu chronischen Magen-Darm- sowie zu Leberfunktionsstörungen, Nervenentzündungen und Gehirnschäden führen kann (Delirium tremens; Korsakow-Syndrom: Einschränkung der Erinnerungsfähigkeit, Minderung der Intelligenz, geistiger Abbau). Die Folgen des Mißbrauchs sind erschreckend: Jährlich gibt es in Deutschland mindestens 40000 Sterbefälle, die mittel- oder unmittelbar auf Alkoholmißbrauch zurückzuführen sind.

Medikamente

Medikamente sind natürliche oder synthetische Stoffe, mit denen der Zustand oder die Funktionen des menschlichen Körpers heilend beeinflußt werden können. Sie werden gegen Krankheiten und zur Linderung von Leiden eingesetzt und sind dabei von großer, nicht zu unterschätzender Hilfe. Allerdings: Bei unsachgemäßer Einnahme können sie zu schweren Erkrankungen, zu Abhängigkeit und Sucht führen.

Von einem sinnvollen Gebrauch eines Medikamentes kann nur dann gesprochen werden, wenn es einen nachweisbaren Nutzen für den betreffenden Menschen hat und seine Nebenwirkungen nicht die angestrebte Wirkung übertreffen. Kein sinnvoller Gebrauch, sondern ein Mißbrauch liegt dann vor, wenn

- mit Medikamenten der eigene Körper langfristig im Sinne einer größeren Leistungsfähigkeit manipuliert wird;
- mit Medikamenten ein rauschhaftes Erlebnis angestrebt wird;
- ein Medikament in zu hoher Dosis und in zu häufiger Wiederholung gebraucht wird;
- ein Medikament ausschließlich in Selbstmedikation und ohne medizinische Indikation verabreicht wird (Nordlohne 1992).

Jedes Medikament kann sinnvoll gebraucht und zur Wiederherstellung der Gesundheit genutzt, aber auch mißbraucht werden und damit zur Gefährdung der Gesundheit beitragen. Eine verharmlosende Medikamentenwerbung, eine freie Zugänglichkeit von immer mehr Substanzen und eine unkritische Verschreibungspraxis mancher Ärzte haben zum Anstieg des Medikamentenmißbrauchs beigetragen. Gefahren gehen vor allem von der mißbräuchlichen Nutzung von Schlaf-, Beruhigungs-, Anregungs- und

Schmerzmitteln aus. Oftmals werden diese zunächst durch ärztliche Anordnung verschrieben und anschließend zur Unterstützung des Wohlbefindens weiter eingenommen, da Gewohnheiten entstanden sind.

Eine mißbräuchliche Nutzung von Medikamenten kann psychische und körperliche Abhängigkeit bewirken. Psychische Abhängigkeit liegt dann vor, wenn die Wirkung eines Medikamentes – Beruhigung, Schmerzlinderung oder Leistungssteigerung – als so angenehm empfunden wird, daß der Konsument sich dieses Medikament immer wieder beschaffen möchte und seinem Verlangen keinen Widerstand entgegenbringen kann. Bei einer körperlichen Abhängigkeit reagiert der Körper mit Entzugserscheinungen, zum Beispiel mit Unruhe, Krämpfen, starken körperlichen Mißempfindungen und Kreislaufstörungen, und zwar so lange, bis ihm das Medikament wieder zugeführt wird. Langfristig setzt die beabsichtigte Wirkung nur noch nach Dosiserhöhung ein.

Bei den Medikamenten unterscheidet man verschiedene Wirkungsgruppen. Sie sind in Abbildung 28 nach ihrer Wirkung und ihrem Abhängigkeitspotential zusammengestellt.

Das Potential von Arzneimitteln, eine Abhängigkeit auszulösen, wird durch die pharmakologischen Eigenschaften der Stoffe, der Häufigkeit und Dauer des Gebrauchs und der Verfügbarkeit beeinflußt. Das Abhängigkeitspotential der heute am häufigsten gebrauchten Psychopharmaka, der Tranquilizer (Beruhigungs- und Schlafmittel mit Wirkstoffen der Benzodiazepin-Gruppe wie z. B. Lexotanil, Adumbran, Tavor, Rohypnol und Remestan), wurde lange Zeit unterschätzt, das der Schmerzmittel vom Analgetika-Typ und der Opiate und Morphine eher überschätzt. Auch gilt heute als gesichert, daß nicht allein die körperliche, sondern mehr noch die psychische Wirkung der Medikamente mit Mißbrauchspotential zu Sorgen Anlaß gibt (Remien 1995).

Kokain und Crack

Zu den illegalen Drogen werden in Deutschland nach dem Betäubungsmittelgesetz die Aufputschmittel Kokain und Crack, die Halluzinogene Haschisch, Marihuana und LSD, die Opiate Opium, Morphium und Heroin sowie die synthetischen Drogen ge-

Schlaf (Hypnotika) und Beruhigung (Tranquilizer)	Anregungsmittel (Stimulantien)	Schmerzmittel (Analgetica)
Wirkung der Mittel		
von schwach dämpfend (schlafanstoßend) bis stark wirkend (schlaferzeugend). Dämpfung von Angst und nervösen Zuständen. Verminderung der Eigeninitiative.	Erregung des zentralen Nervensystems, Steigerung des Antriebs und der Leistung.	Linderung von Schmerzen, Anregung, Erzeugung eines angenehmen Körpergefühls.
Abhängigkeit		
Bei ängstlichen Menschen können seelische und körperliche Abhängigkeiten ausgelöst werden. Nachlassende Wirkung bei längerem Gebrauch. Bei Absetzen Auftreten von Entzugssymptomen wie Erbrechen, Schwindel, Zittern, Absinken des Blutdrucks etc.	Die seelische Abhängigkeit kann äußerst stark sein. Um dasselbe Ausmaß an zentraler Stimulierung zu empfinden, muß die Anfangsdosis erhöht werden.	Überwiegend psychische Abhängigkeit: Die Nutzer greifen schon bei leichtesten Schmerzen zum Medikament und sind nicht gewillt, sie zu ertragen.
Körperliche Folgen		
Schädigung von Atmungsorganen und Gefäßen, Leberfunktionsstörungen, Blutschäden, Magen- und Darmkrämpfe, Verlust der Libido, akute Vergiftungszustände.	Erhöhter Blutdruck, Gehirnblutungen, Herzversagen, hochgradiger körperlicher Verfall.	Schäden der Verdauungswege, Nierenfunktionsstörungen.
Psychische Folgen		
Abnahme des Konzentrationsvermögens, des Antriebs, des Interesses und des Denkvermögens. Verfolgungswahn, Depressionen, Wahnvorstellungen.	Unruhe, Rastlosigkeit, Enthemmung, Zwangsgedanken, Psychosen.	Antriebslähmungen, Einengung der Interessen, Verlust der Spannkraft.

Abbildung 28: Wirkung und Abhängigkeitspotential von Medikamenten.

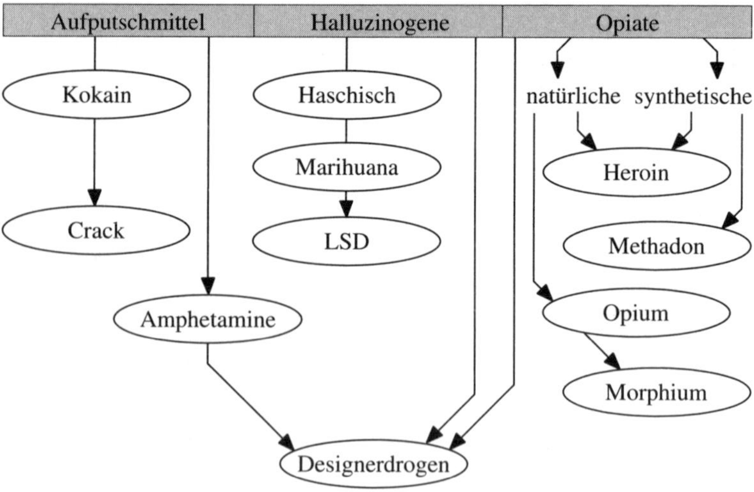

Abbildung 29: Illegale Drogen.

zählt. Nach dem Betäubungsmittelgesetz ist der Besitz und Vertrieb dieser Substanzen verboten. In Abbildung 29 sind die häufigsten illegalen Substanzen aufgeführt.

Die Wirkstoffe des Kokains bilden sich in den Blättern des in Südamerika wachsenden Cocastrauches. Kokain ist ein Extrakt daraus und wird als weißes Pulver halbsynthetisch hergestellt und vom Konsumenten überwiegend geschnupft. Kokain wird auch heute noch von den Andenvölkern Südamerikas genutzt, indem sie die getrockneten Blätter – meist vermischt mit Pflanzenasche oder Kalk – kauen. Sie erhoffen sich dadurch eine Wirkung, die sie Anstrengungen durchstehen und Hungergefühle vermeiden läßt (Pulvirenti/Koob 1996). Der Gebrauch von Coca geht auf das 3. Jahrtausend vor Christus zurück und war in Mittel- und Südamerika über lange Zeit ein Privileg der Aristokratie und Priesterschaft, die der Heilwirkung auch eine religiöse Bedeutung zuschrieben.

1860 wurde die Pflanze in Europa bekannt, als Albert Niemann erstmalig im Labor aus den Blättern der Coca-Pflanze eine farblose, kristalline und bitter schmeckende Substanz isolierte und Kokain nannte. Der Arzt und Psychiater Sigmund Freud (1856–1939) verschrieb Kokain als Mittel gegen zahlreiche Beschwerden und attestierte ihm eine „gegen Hunger, Schlaf und Ermüdung schützende und zur geistigen Arbeit stählernde Wirkung". In Verkennung seiner langfristig gesundheitschädlichen Wirkung empfahl er es als ein weit kräftigeres und unschädlicheres Stimulans als den Alkohol. Das Interesse an der Wirksamkeit von Kokain als Medikament wurde zunehmend größer. Es wurde gegen Zahnschmerzen, Verdauungsstörungen und Neurasthenie eingesetzt, bis es seinen Siegeszug in der Heilkunde vor allem als lokales Betäubungsmittel antrat. Kokain wurde als Wundermittel propagiert, jedoch häuften sich mehr und mehr auch die Bedenken, als die süchtigmachende Wirkung erkannt wurde. Zu Beginn unseres Jahrhunderts entwikkelte sich „Koks" dann zur Modedroge der gehobenen Schichten und fand vor allem in Künstler- und Intellektuellenkreisen große Resonanz.

Crack ist eine Abwandlung des Kokains, wird synthetisierend hergestellt, mit Beistoffen vermischt und – im Gegensatz zu Kokain, das geschnupft wird – geraucht. Seine Wirkung tritt sehr viel schneller ein (Sahihi 1995).

Kokain und Crack führen zu einer starken Erregung des zentralen Nervensystems. Die Konsumenten fühlen sich sehr aktiv und euphorisch. Die aufputschende Wirkung von Kokain besteht darin, daß sich physiologisch die Gefäße verengen, der arterielle Blutdruck steigt und der Puls beschleunigt wird. Psychisch erfolgt eine Steigerung der Wachsamkeit, des Wachheitsgrades und der Wahrnehmungs- und Reaktionsbereitschaft. Die Konsumenten dieser Droge fühlen sich stark, selbstsicher und energiegeladen. Sie spüren ein intensives Hochgefühl. Aber es kann nach wiederholten Rauschphasen zu mehr oder weniger starken Angstgefühlen, Halluzinationen, zu Panikanfällen, zu Todesbefürchtungen und zu Herz-Kreislauf-Komplikationen kommen bis hin zu tödlichen Krämpfen. Zwischen den Rauschperioden fühlen sich die Konsumenten oft depressiv und apathisch. Sie leiden zugleich unter einem starken Stoffhunger und unter Entzugserscheinungen, die stark ausgeprägt sind und sich in Müdigkeit, Depressionen und Suizidabsichten äußern. Die Entzugserscheinungen halten selbst nach Absetzen der Droge noch viele Wochen an.

Cannabis (Haschisch, Marihuana)

Cannabis ist der botanische Name der Hanfpflanze, der als Sammelbegriff für alle Drogen benutzt wird, die aus den Pflanzenteilen und dem Harz des indischen Hanfes hergestellt werden. Herkunftsländer des Hanfs sind Persien, Indien und China, in denen die Nutzung schon seit Jahrtausenden bekannt ist. Aus der Hanfpflanze wurden Nahrung, Kleidung, Fischnetze, Lampenöl und Medikamente hergestellt. Der Genuß von Cannabisprodukten erfüllte religiöse Funktionen, er sollte einen veränderten Bewußtseinszustand hervorbringen und die Konzentration beim Lesen heiliger Texte erhöhen (Scheerer 1989b). Cannabis gelangte im 11.–13. Jahrhundert nach Europa und wurde in vielen Ländern in den 1920er Jahren gesetzlich als gefährliche Droge dem Opium gleichgestellt.

Das ausgeschiedene Harz der Hanfpflanze nennt man Haschisch („shit"). Es hat eine vier- bis sechsmal stärkere Wirkung als Marihuana. Marihuana wird auch Cannabiskraut („Gras") genannt und kommt als grünlicher Tabak vor. Alle Cannabis-Präparate werden bevorzugt geraucht, und zwar zumeist vermischt mit Tabak als „joint". Der hauptsächliche Wirkstoff der Cannabispflanze ist THC (Delta-9-Tetrahydrocannabinol). Es wird vor allem im Fettgewebe des Organismus deponiert und von dort direkt oder nach einer chemischen Umwandlung wieder in die Blutbahn abgegeben. Die völlige Entfernung einer Einzeldosis kann bis zu 30 Tagen dauern.

Die subjektive Wirkung ist unterschiedlich: Kurzzeitwirkungen sind hauptsächlich rauschartige Zustände mit Verminderung der Reaktions- und Konzentrationsfähigkeit. Ab etwa 2 mg THC treten Stimmungsverschiebungen im Sinne einer gehobenen Stimmung, ab etwa 7 mg THC Wahrnehmungsveränderungen und ab etwa 15 mg THC Sinnestäuschungen auf (Uchtenhagen 1996). Häufig stellt sich ein allgemeines Wohlbefinden ein. Die Konsumenten sind kontaktoffen und zeigen eine gesteigerte Gesprächigkeit. Es können sich jedoch auch Ruhelosigkeit und später Antriebsverlust einstellen. Bei höheren Dosen überwiegt eine dämpfende Wirkung.

Die akuten Folgen des Mißbrauchs liegen vor allem in Sinnestäuschungen und entsprechenden Fehlhandlungen. Es kann zu Angst- und Panikzuständen kommen, bis hin zu Horrortrips. „Flashbacks" (Wiederauftreten von Rauschzuständen ohne erneute Drogenzufuhr) können auftreten. Die Langzeitfolgen können – ähnlich wie bei Tabak – zu lebensbedrohenden Krankheiten, wie zum Beispiel Krebs der Atmungsorgane, führen. Sie zeigen sich aber auch psychisch in nachlassender Konzentrations- und Leistungsfähigkeit, einer schwindenden Motivation zum Lernen und Arbeiten („Aussteiger-Mentalität") und in Antriebsverlust und Depressionen. Eine körperliche Abhängigkeit ist selten nachweisbar, allerdings wird Toleranzbildung (verminderte Wirkung bei gleichbleibender Dosierung) beobachtet (Alsen-Hinrichs 1993).

LSD

LSD gehört wie Cannabis zur Gruppe der Halluzinogene. Es handelt sich um ein Produkt aus pflanzlichen Wirkstoffen von Pilzen und Kakteen, das auch künstlich hergestellt werden kann. LSD ist ein halbsynthetisches Derivat der Lysergsäure, deren Wirkungsweise 1943 entdeckt wurde. Bis 1966 war es als Psychotherapeutikum im Handel, dann wurde es verboten. Am weitesten verbreitet war es unter den „Hippies" in Nordamerika und Westeuropa in den 60er und 70er Jahren.

LSD wurde lange in seiner Wirkung unterschätzt, es ist jedoch eine der stärksten bewußtseinsverändernden Drogen, die zur Erzielung von Wirkung nur minimale Dosen braucht. Unter LSD-Einfluß verändern sich Farb- und Geräuschwahrnehmung sowie Körpergefühle. Halluzinationen und trügerische Gefühle der Bewußtseinserweiterung, Allmachtsgefühle und Euphorie können sich einstellen. Sie führen nicht selten zu selbstzerstörerischen Handlungen und zu Angstgefühlen, die sich zu Panik- und Horrortrip-Gefühlen steigern können. Bei intensivem Mißbrauch von LSD stellen sich Handlungsunfähigkeit und Apathie ein. LSD erzeugt jedoch keine körperliche Abhängigkeit.

Opium und Morphium

Opiate sind Wirkstoffbestandteile des Schlafmohns. Unter Opium versteht man den getrockneten Milchsaft der noch unreifen Samenkapsel, der als Harz (Rohopium) geerntet wird. Ein Bestandteil des Rohopiums ist das Morphium.

Opium wurde im Zweistromland, der Heimat der Sumerer, als Arzneimittel zur Behandlung von Krankheiten und Leiden aller Art schon vor Jahrtausenden eingesetzt. Neben seiner heilsamen und schmerzstillenden Wirkung war ebenfalls bekannt, daß es den Leidenden in eine angenehme und gelassene Stimmung versetzt. Man nannte Opium „die Pflanze der Freuden" oder „den Trank der Vergessenheit". Die Kunde des Heilmittels Opium breitete sich über Ägypten und Persien nach Griechenland und Rom aus. Der Fernhandel zwischen Zentraleuropa und dem Orient ermöglichte den Gebrauch auch in Zentraleuropa. Der Philosoph und Arzt Paracelsus propagierte Opium im Mittelalter und setzte es erfolgreich gegen Durchfall, Ruhr, Cholera, Husten, Bronchitis, Asthma und Lungenentzündung ein (Selling 1989, 277).

Vom 17. Jahrhundert an wurde Rohopium auch zu Rauchopium verarbeitet, was den Handel mit China intensivierte. Auch in Europa bürgerte sich das Opiumrauchen ein, wobei die morphinhaltigen Dämpfe, die im Unterschied zum Tabak teerlos und nicht karzinogen sind, inhaliert wurden. Im 19. Jahrhundert extrahierte der Paderborner Apotheker Friedrich Wilhelm Sertürner aus Rohopium das Morphin und nannte es wegen seiner schlafbringenden Wirkung Morphium, das jedoch zunächst in der Heilkunde wenig Beachtung fand, bis 1864 die Injektionsspritze erfunden wurde. Das subkutan gespritzte Morphium hat eine viel schnellere Wirkung als die bis dahin gebräuchlichen Opiumtinkturen, die entweder oral eingenommen oder direkt auf die Haut aufgetragen wurden (Selling 1989).

Als Mittel zur Erzeugung eines Rausches kam das Opium im 19. Jahrhundert rasch in Mode und war – ähnlich wie das Kokain – besonders in Künstler- und Intellektuellenkreisen beliebt. Morphinismus wurde – ebenso wie Kokainismus – zum Sinnbild „einer provozierend oppositionellen Haltung gegenüber der herrschenden Kultur" (Scheerer 1989a, 286/287).

Heroin

Heroin ist ein halbsynthetisches Morphinderivat. Es wurde wegen seiner vermeintlich nicht suchterzeugenden Wirkung als Morphiumersatz eingeführt. Heroin wirkt euphorisierend, angst-

und schmerzmindernd. Auf ein blitzartiges Hochgefühl („kick", „flash", „high") folgt leicht eine wohlige Dösigkeit („nodding") mit einem Gefühl, im Einklang mit sich und der Welt zu sein und keine Probleme mehr zu haben. Es kann in der Folge jedoch zu negativen Nachschwankungen kommen.

Heroin hinterläßt keine irreversiblen Organschäden. Dennoch werden bei Heroinabhängigen hohe Sterblichkeitsraten und gravierende Gesundheitsschäden festgestellt, die nicht direkt mit der Droge selbst zusammenhängen, sondern sich vor allem aus der Nutzungsart ergeben. Der Heroinkonsum durch Injektion, mehrmals benutztes Spritzbesteck und das Leben in der „Szene" bringen die große Gefahr von Geschwüren, Hepatitis, Infektionen und Aids mit sich (Scheerer 1989 a): Drogenabhängige benutzen oft verunreinigte Spritzen, teilen sich diese häufig unter Partnern und Freunden und gehen damit ein hohes Infektionsrisiko ein. Der Anteil der mit HIV (Human Immune Deficiency Virus) infizierten Drogenabhängigen ist sehr groß und stellt ein hohes Sterberisiko dar. Ein Abgleiten in die Beschaffungskriminalität, Prostitution und Verwahrlosung ist häufig ebenfalls eine Begleiterscheinung der Illegalität der Substanz. Es gibt Zusammenhänge zwischen sozialer Lage (mangelnde Nahrungszufuhr, Fehlernährung und Abmagerung), medizinischen Komplikationen und Todesfällen. Der allgemeine Gesundheitszustand von Heroinabhängigen ist aus diesen Gründen durchweg als schlecht zu bezeichnen (Alsen-Hinrichs 1993).

Als Folge des kriminellen Drogenmarktes wissen Heroinabhängige oft nicht um die Zusammensetzung und das Wirkungspotential „ihrer Spritze" und setzen sich auf diese Weise unwissentlich leicht eine Überdosis. Häufig überbrücken sie heroinlose Phasen mit Medikamenten und Alkohol, was zu einer Potenzierung der Wirkung führt und einer Überdosis gleichkommt. Nicht selten kommt es zu einer Überdosis in Zusammenhang mit einem Rückfall, und zwar nach einem erfolgten Entzug, einer durchlaufenen Therapie oder auch nach Haftentlassung, wenn sich die körperliche Toleranzbildung normalisiert hat, sich der Abhängige aber dieselbe Dosis wie vor dem Entzug spritzt.

Durch Toleranzentwicklung des Organismus erfolgt eine Dosissteigerung, die letztlich zur körperlichen Abhängigkeit führt. Diese zeigt sich vor allem in den Entzugserscheinungen nach Absetzen

Nach 8–12 Stunden:	Tränenfluß, Schweißausbrüche, Sekretion der Nasenschleimhäute, Gähnen
Nach einem etwas längerem Zeitraum:	geweitete Pupillen, Frösteln, („cold turkey“)
Nach 2–3 Tagen:	Ruhelosigkeit, Todesangst, Durchfall, Übelkeit und Erbrechen. Tremor, Muskelspasmen im Rücken und in den Gliedmaßen. Schneller Puls, Hypertonie, Austrocknen

Abbildung 30: Entzugserscheinungen bei Heroin.
(Quelle: Scheerer 1989, 308.)

der Droge. Bei Heroin stellen sich bereits nach kurzfristigem Gebrauch Entzugserscheinungen ein (Abbildung 30).

In den letzten Jahren wird in verschiedenen Modellversuchen erprobt, Heroinabhängigen als Ersatz für Heroin Methadon zu geben, mit dem Ziel

- sie von dem Zwang zur illegalen Heroinbeschaffung zu befreien,
- sie aus der illegalen Drogenszene herauszulösen,
- die Injektionen mit oftmals unsterilen Spritzen zu unterbinden und damit die Gefahr von Infektionen zu vermindern,
- die Abhängigen langfristig in einen opioidfreien Zustand zu überführen.

Da Methadon jedoch ebenfalls ein synthetisch hergestelltes Opiat ist, das seinerseits abhängig macht, kann das Ziel, Heroinabhängige opiatfrei zu machen, nicht erreicht werden. Dennoch gehören Methadon-Programme zu den erfolgreichen Behandlungsprogrammen von Drogenabhängigen und ermöglichen zumindest den Ausstieg aus der Heroinszene und eine bessere soziale Integration.

Designerdrogen

Designerdrogen stellen eine Mixtur aus natürlichen psychoaktiven und im Labor entworfenen („designed“, daher der Name „Designerdrogen“) Substanzen dar (Sahihi 1995). Sie werden heute hauptsächlich in privaten illegalen Labors hergestellt. Die chemi-

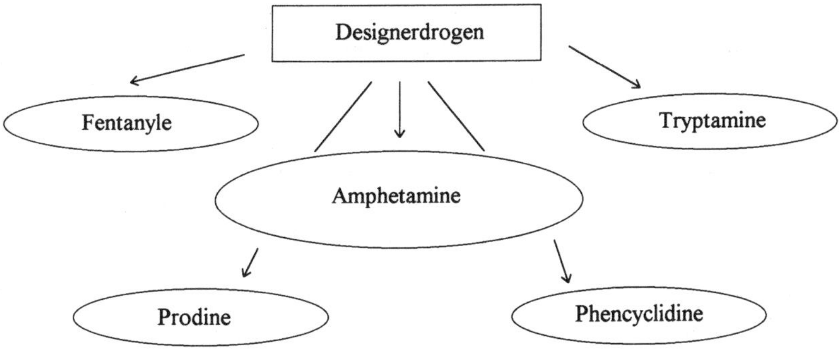

Abbildung 31: Designerdrogen.
(Quelle: Kovar 1995, 20.)

sche Zusammensetzung des Ausgangsstoffes ist beliebig und kann mit viel Phantasie verändert werden, nicht zuletzt, um das Betäubungsmittelgesetz zu umgehen. Häufig werden Arzneimittel als Modellsubstanzen für die Herstellung herangezogen, so z. B. Amphetamine, Fentanyle, Prodine, Tryptamine und Phencyclidine. Zu den Designerdrogen werden die in Abbildung 31 dargestellten Substanzen gezählt.

Bei der juristischen Einschätzung der Designerdrogen muß beachtet werden, daß ihre Einzelsubstanzen oft völlig legal erworben werden, ihre Zusammensetzung jedoch nicht genehmigt ist und häufig auch zu überraschenden, neuartigen und gefährlichen Wirkungen führt. Designerdrogen gelten so lange als legal, wie sie nicht analysiert und beschlagnahmt worden sind. Ihr Vorteil für die Hersteller liegt darin, daß sie nicht geschmuggelt zu werden brauchen, sondern daß die Chemikalien frei käuflich sind, um dann, allerdings durchweg in illegalen Laboren, zu unterschiedlichen Pillen, Pulvern und anderen Anwendungsformen zusammengesetzt zu werden.

Designersubstanzen haben, je nach chemischer Zusammensetzung, dämpfende, euphorisierende oder auch halluzinogene Wirkung. Ein besonders Risiko birgt dabei die unbekannte Zusammensetzung der Präparate, da sie dem Benutzer selten genau bekannt ist und er die Nebenwirkungen daher auch nicht einschätzen kann. Synthetische Drogen werden geschluckt, gespritzt und geschnüffelt. Sie wirken schon in sehr geringen Mengen, daher ist ihr Nachweis in Körperflüssigkeit wie Serum und Urin schwierig. Unter den synthetischen Drogen findet man Stoffe, die wie Kokain, LSD, Cannabis oder Heroin wirken oder deren Wirkung noch um ein Vielfaches übertreffen.

Die zur Zeit bekannteste Designerdroge auf der Basis von Amphetamin ist „Ecstasy". Es handelt sich dabei um eine synthetische Substanz mit der chemischen Bezeichnung Methylendioxyamphetamine (MDMA), die in der Drogenszene unter verschiedenen Namen gehandelt wird. Ecstasy ist ein weißes kristallines Pulver, das in Kapseln oder Tabletten angeboten wird und vor allem halluzinogene Eigenschaften hat.

MDMA ist 1914 von der Firma Merck in Darmstadt entwickelt worden, wurde aber zunächst wenig eingesetzt. Erst in den 50er Jahren kam der Stoff durch amerikanische Psychotherapeuten wieder ins Gespräch. In den 70er Jahren wurde es bei Psychiatriepatienten angewendet, die unter Depressionen und Ängsten litten. In diesem Zusammenhang wurde es als „Penizillin für die Seele" bezeichnet. In den 90er Jahren stellte man jedoch fest, daß es bleibende Hirnveränderungen bewirkt. Es wurde 1985 in den USA verboten und ein Jahr später auch in Deutschland auf den Betäubungsmittel-Index gesetzt.

Ecstasy fördert die vermehrte Ausschüttung der körpereigenen Substanz Serotonin, die viele Gehirnzellen ekstatisierend stimuliert. Wird die Substanz über einen längeren Zeitraum eingenommen, fällt der Serotoninspiegel ab und erholt sich erst nach Absetzen der Droge allmählich wieder. Als Folge können Schlafstörungen auftreten, auch Depressionen und Psychosen. Die Substanz macht wahrscheinlich nicht körperlich süchtig, aber sie erzeugt psychische Abhängigkeiten, weil sie das Gefühl stärkt, nur noch durch die Droge leistungs- und kontaktfähig zu sein.

Die Wirkung von Amphetaminen besteht allgemein darin, das Herz kräftig anzuregen, den Kreislauf anzukurbeln und insgesamt ein beschwingtes körperliches und seelisches Gefühl zu verleihen. Es findet eine Enthemmung und Spannungslösung statt, es kommt zu ekstatischen und euphorischen Stimmungen und Bewegungen und insgesamt zu einer Energiesteigerung während der Wirkungszeit. Ecstasy wird als „Anregungsdroge" bezeichnet und gilt als Freizeit-Stimulanz.

Der Markt für synthetische Drogen ist unübersichtlich. Neben den genannten Ecstasy-Mischungen gibt es Tabletten mit Ephedrin-Hydrochlorid, Tabletten mit Milchzucker, Chinin und Isosafrol, daneben aber auch Tabletten mit Coffein. Viele der meist jugendlichen Konsumenten glauben, sie nähmen harmlose Substanzen. In Wirklichkeit sind sie jedoch durch unkontrollierbare synthetische Mixturen gefährdet. Die im Handel befindlichen Substanzen werden immer härter und giftiger, und die Händler täuschen über die chemische Zusammensetzung geschickt hinweg.

Da die Substanzen mit vielen anderen Stoffen versetzt werden, sind sie in ihrer Wirkung nicht mehr kalkulierbar und dadurch immer gefährlicher. Konsumenten, die Ecstasy nehmen, laufen Gefahr, einen Schlaganfall mit tödlichen Hirnblutungen zu erleiden, denn beim Tanzen im Ecstasy-Rausch verliert ihr Körper durch extremes Schwitzen sehr viel Wasser, so daß er sich auf über 40 Grad aufheizen kann. Gleichzeitig steigt der Blutdruck dermaßen stark an, daß weder Herz noch Hirn dies aushalten und es so zu Todesfolgen kommen kann.

Neben Ecstasy ist auch „Speed" sehr verbreitet. Es ist ebenfalls ein künstliches, in illegalen Laboratorien hergestelltes Amphetamin, das dem im menschlichen Körper gebildeten Hormon Adrenalin sehr ähnelt. Speed wird als „Leistungsdroge" in Form eines weißen Pulvers oder als Pille eingenommen und dient der Steigerung des Ausdauervermögens, der Energie und der Aktivität sowie zur Unterbindung von Müdigkeits- und Hungergefühlen.

Ecstasy und Speed erzeugen „ozeanische" Gefühle (Kovar 1995) und erhöhen die Kontakt- und Kommunikationsfähigkeit. Töne werden in bunten Farben gesehen, Musik wird erfühlt, Harmonie- und Zärtlichkeitsgefühle werden stärker empfunden und Partys besser „durchgehalten". Konsumenten von Amphetaminen sind überaktiv, fühlen sich energiegeladen, stark und ausdauerfähig. Es kommt jedoch bei vielen schon nach wenigen Malen des Einnehmens zu Dosissteigerungen, zur psychischen Abhängigkeit und zu Schlafstörungen.

Die Gruppe der Phencyclidine (PCP) wird in der Szene als „Peace Pill", „Angel Dust", „Rocket Fuel" oder auch „Monkey Tranquilizer" bezeichnet. Sie können oral eingenommen, geraucht oder auch injiziert werden. Schon geringe Dosen versetzen den Konsumenten in einen Zustand der Trunkenheit mit Taubheitsgefühlen in den Extremitäten und sensorischer Empfindungs- bis hin zur Schmerzlosigkeit (Alsen-Hinrichs 1993). Die Wirkung tritt je nach Art der Verabreichung nach 30 Minuten (geschluckt), nach 2–3 Minuten (geraucht) oder auch sofort ein (injiziert) und ist dosisabhängig. Besondere Gefahren des Konsums werden vor allem in der Ausbildung schizophrenieähnlicher tage- bis wochenlang andauernden Psychosen, in Echoeffekten und Horrortrips, Depressionen, Desorientiertheit und Angstzuständen sowie in aggressivem Verhalten gesehen (Kovar 1995).

Die Designerdrogen auf der Basis von Tryptaminen („happy pill"/Liebespille), Prodinen und Fentanylen („China White" und „Persian White") können als gefährliche Freizeitvergnügungen angesehen werden. Sie zeigen LSD- und morphin- bzw. heroinähnliche Wirkungen, führen zu visuellen Verzerrungen, zur Selbstüberschätzung, zu einem Wechsel von Euphorie und Dysphorie, zu Hypersensitivität (gesteigerte Gefühlsempfindlichkeit) und bei Überdosierung zu schweren körperlichen Nebenerscheinungen wie Blutdruckabfall, Atemlähmungen und plötzlichem Tod.

Literatur

Allhoff, P. G./Leidel, J./Ollenschläger, G./Voigt, H. P. (Hrsg.) (1995): Präventivmedizin. Praxis – Methoden – Arbeitshilfen. Berlin, Heidelberg: Springer.

Alsen-Hinrichs, C. (1993): Suchtmittel. Genuß-, Rausch-, Arznei- und Dopingmittel. Geesthacht: Neuland.

Antonovsky, A. (1987): Unraveling the mystery of health. How people manage stress and stay well. San Francisco: Jossey Bass.

Bachmann, J. R./Johnston, L. D./O'Malley, P. (1990): Explaining the recent decline in cocain use among young adults. In: Journal of Health and Social Behavior 31, 173–184.

Bäuerle, D. (1991): Im Kampf gegen die Drogensucht. Frankfurt a. M.: Fischer.

Bäuerle, D. (1996): Sucht und Drogen. Prävention in der Schule. München: Kösel.

Bäuerle, S. (Hrsg.) (1993): Der suchtgefährdete Schüler. Regensburg: Wolf.

Barkholz, U./Homfeld, H.-G. (1994): Gesundheitsförderung im schulischen Alltag. Weinheim, München: Juventa.

Barsch, G./Bergmann, R. (1992): Drogenboom im Osten? Berlin: Morgenbuch Verlag Volker Spiess.

Bastian, J. (Hrsg.) (1992): Drogenprävention und Schule. Hamburg: Bergmann & Helbig.

Batra, A. (1995): Tabak: Neue Befunde zu Gefährdungspotentialen. In: Deutsche Hauptstelle gegen die Suchtgefahren (Hrsg.): Jahrbuch Sucht 96. Geesthacht: Neuland, 84–93.

Batra, A./Buchkremer, G. (1993): Nikotin. In: Deutsche Hauptstelle gegen die Suchtgefahren (Hrsg.): Jahrbuch Sucht 1994. Geesthacht: Neuland, 178–191.

Bell, N. J./Bell, R. W. (Eds.) (1993): Adolescent risk taking. Beverly Hills: Sage.

Berg, I. K. (1993): Kurzzeittherapie bei Alkoholproblemen. Ein lösungszentrierter Ansatz. Heidelberg: Auer.

Blonski, H. (1992): Alkohol- und Medikamentenabhängigkeit im Alter: Altenheime/Altenpflegeheime. In: Landesstelle gegen die Suchtgefahren

in Baden-Württemberg der Liga der freien Wohlfahrtspflege (Hrsg.): Alkohol- und Medikamentenabhängigkeit im Alter. Freudental, 39–48.
Bossong, H./Stöver, H. (Hrsg.) (1992): Methadonbehandlung. Ein Leitfaden. Frankfurt a.M., New York: Campus.
Boszormenyi-Nagy, I./Spark, G. M. (1993): Unsichtbare Bindungen. Die Dynamik familiärer Systeme. Stuttgart: Klett-Cotta.
Botvin, G. J./Baker, E./Filazzola, A. D./Botvin, E. M. (1990): A cognitive-behavioral approach to substance abuse prevention: One year follow-up. In: Addictive Behaviors, 15, 47–63.
Botvin, G. J./Tortu, S. (1988): Preventing adolescent substance abuse through Life Skills Training. In: Price, R. H./Cowen, E. L./Lorion, R. P./Ramos-McKay, J. (Eds.): Fourteen ounces of prevention: A casebook for practitioners. Washington, 98–110.
Brass, N. (1996): Suchtwelle in deutschen Altersheimen. In: Ärztliche Praxis, 36, 2.
Braun, B./Glaeske, G. (Hrsg.) (1991): Lieber Handeln als Schlucken. Strategien gegen den Arzneimittelmißbrauch. Sankt Augustin: Asgard.
Brinkmann, W. (1994): Reiches Land und arme Kinder. Zur Armutsproblematik und ihren Folgen in Deutschland. In: Kürner, P./Nafroth, R. (Hrsg.): Die vergessenen Kinder. Vernachlässigung und Armut in Deutschland. Köln: PapyRossa 21–30.
Bron, B. (1993): Sucht im Alter. In: Suchtreport, 3, 6–11.
Bruder, J. (1989): Suchtmittelgebrauch und Suchtmittelmißbrauch im Alter aus gerontologischer Sicht. In: Hamburgische Landesstelle gegen die Suchtgefahren (Hrsg.): Abhängigkeit im Alter. Möglichkeiten und Grenzen der Hilfe. Hamburg, 7–16.
Brückner, G. (1995): Das Programm zur Suchtprävention an niedersächsischen Schulen auf der Basis ganzheitlich entwickelter Unterrichtsmaterialien. In: Bundeszentrale für gesundheitliche Aufklärung (BZgA) (Hrsg.): Internationaler Kongreß zur Europäischen Woche der Suchtprävention vom 13.–14. Okt. 1994, 277–282.
Bründel, H. (1993): Suizidgefährdete Jugendliche. Theoretische und empirische Grundlagen für Früherkennung, Diagnostik und Prävention. München: Juventa.
Bründel, H./Hurrelmann, K. (1994): Gewalt macht Schule. Wie gehen wir mit aggressiven Kindern um? München: Droemer-Knaur.
Bründel, H./Hurrelmann, K. (1996): Einführung in die Kindheitsforschung. Weinheim: Beltz.
Bubert, R./Franzkowiak, P./Stößel, U./v. Troschke, J./Wnuk, A. (Hrsg.) (1987): Soziale Netzwerke und Gesundheitsförderung. München: Verlag Deutsches Jugendinstitut.
Bucher, H./Gutzwiller, F. (1993): Checkliste Gesundheitsberatung und Prävention. Stuttgart, New York: Thieme.

Bühringer, G. (1990): Drogenabhängige: Spielball der Gesundheitspolitik. In: Aus Politik und Zeitgeschichte 42, S. 12–27.
Bühringer, C. (1992): Drogenabhängig. Wie wir Mißbrauch verhindern und Abhängigen helfen können. Freiburg i. Br.: Herder.
Bundeskriminalamt (1993): Rauschgift Jahresbericht 1992. Wiesbaden.
Bundeskriminalamt (1994): Rauschgift Jahresbericht 1993. Wiesbaden.
Bundesministerium für Gesundheit (1991): Daten des Gesundheitswesens, Ausgabe 1991. Baden-Baden: Nomos.
Bundeszentrale für gesundheitliche Aufklärung (1985): Gesundheitserziehung und Schule. Unterrichtsmaterialien, Köln.
Bundeszentrale für gesundheitliche Aufklärung (1992 a): Aktionsgrundlagen 1990. Ergebnisse einer Repräsentativbefragung der Bevölkerung ab 14 Jahren in der Bundesrepublik Deutschland. Teilband Rauchen. Köln.
Bundeszentrale für gesundheitliche Aufklärung (1992 b): Internationales Treffen „Geschlechtsspezifische Ansätze in der Prävention des Suchtmittelmißbrauchs". Köln.
Bundeszentrale für politische Bildung (Hrsg.) (1993): Datenreport 1992. Bonn .
Burmester, J. (Hrsg.) (1994): Schlucken und ducken. Medikamentenmißbrauch bei Frauen und Kindern. Geesthacht: Neuland.
Cierpka, M. (Hrsg.) (1995): Handbuch der Familiendiagnostik. Berlin, Heidelberg, New York: Springer.
Daunderer, M. (1994): Drogen-Handbuch für Klinik und Praxis. Diagnose, Therapie, Nachweis, Prophylaxe, Recht, Drogenprofile. Landsberg/Lech: ecomed.
Dembach, B. (1990): Zwischen Selbsthilfe- und Expertenorientierung – Angehörigenarbeit im Drogenbereich. Wiesbaden: Deutscher Universitäts-Verlag.
Deutsche Hauptstelle gegen die Suchtgefahren (Hrsg.) (1989): Suchtprobleme am Arbeitsplatz. Erfahrungen, Konzepte, Hilfen. Hamm: Hoheneck.
Deutsche Hauptstelle gegen die Suchtgefahren (Hrsg.) (1990): Abhängigkeit bei Frauen und Männern. Freiburg i. Br.: Lambertus.
Deutsche Hauptstelle gegen die Suchtgefahren (Hrsg.) (1991): Drogenpolitik und Drogenhilfe. Freiburg i. Br.: Lambertus.
Deutsche Hauptstelle gegen die Suchtgefahren (Hrsg.) (1992): Medikamentenabhängigkeit. Freiburg i. Br.: Lambertus.
Deutsche Hauptstelle gegen die Suchtgefahren (Hrsg.) (1993): Sucht und Familie. Freiburg i. Br.: Lambertus.
Deutsche Hauptstelle gegen die Suchtgefahren (Hrsg.) (1994): Suchtprävention. Freiburg i. Br.: Lambertus.
Deutsche Hauptstelle gegen die Suchtgefahren (Hrsg.) (1995): Jahrbuch Sucht 96. Geesthacht: Neuland.

Deutscher Caritasverband Landesverband Bayern e.V. (Hrsg.) (1995): Grundlagen primärpräventiver Konzepte. Das Präventionskonzept des Landescaritasverbandes Bayern. München.

Ellinger-Weber, S. (1990): Medikamentengebrauch und Medikamentenabhängigkeit im Alter – unter besonderer Berücksichtigung älterer Frauen. In: Hamburgische Landesstelle gegen die Suchtgefahren (Hrsg.): Alter und Sucht, Hamburg, 27–33.

Engel, U./Hurrelmann, K. (1989): Psychosoziale Belastung im Jugendalter. Empirische Befunde zum Einfluß von Familie, Schule und Gleichaltrigengruppe. Berlin, New York: de Gruyter.

Engel, U./Hurrelmann, K. (1993): Was Jugendliche wagen. Eine Längsschnittstudie über Drogenkonsum, Streßreaktionen und Delinquenz im Jugendalter. Weinheim: Juventa.

Ernst, A./Glaeske, G. (1989): Bloß nicht alt werden. In: Suchtreport, 6, 3–15.

Ernst, A. (1995): Was Frauen krank macht – Zur Medikalisierung des Alltags. In: Sußmann, C. (Hrsg.): Schlucken und Schweigen? Frauen und Medikamente. Dokumentation der Tagung vom 18./19. Okt. 1994, S. 7–33, München.

Evangelische Arbeitsgemeinschaft für Suchtkrankenhilfe im Rheinland (Hrsg.) (1994): Sucht und Verelendung. Süchtige Menschen im Elend. Dokumentation der Fachtagung. Düsseldorf.

Ewig, H. (1993): Einstieg zum Ausstieg. Ratingen: Edition Medical Communication.

Fahrenkrug, W. H. (1989): Trinkgewohnheiten und Trinkstile. In: Scheerer, S./Vogt, I. (Hrsg.): Drogen und Drogenpolitik. Ein Handbuch. Frankfurt a.M.: Campus, 73–87.

Fend, H. (1990): Vom Kind zum Jugendlichen. Der Übergang und seine Risiken. Entwicklungspsychologie der Adoleszenz in der Moderne, Bd. 1. Bern, Stuttgart, Toronto: Huber.

Feuerlein, W./Dittmar, F. (1989): Wenn Alkohol zum Problem wird. Stuttgart: Trias.

Feuerlein, W. (1996): Alkoholismus. Warnsignale, Vorbeugung, Therapie. München: Beck.

Flenker, I. (1996): Methadon – sinnvoller Bestandteil des Behandlungsspektrums für Drogenabhängige. In: Westfälisches Ärzteblatt, März, 13–15.

Franzkowiak, P. (1986 a): Risikoverhalten und Gesundheitsbewußtsein bei Jugendlichen. Berlin: Springer.

Franzkowiak, P. (1986 b): Kleine Freuden, kleine Fluchten. Alltägliches Risikoverhalten und medizinische Gefährdungsideologie. In: Wenzel, E. (Hrsg.): Ökologie des Körpers. Frankfurt a.M.: Suhrkamp, 121–174.

Fritze, J. (1994): Zur Biologie der Abhängigkeit und der Sucht. In: Nissen,

G. (Hrsg.): Abhängigkeit und Sucht. Prävention und Therapie. Bern, Göttingen, Toronto, Seattle: Huber, 25–43.
Füller, I. (1994): Medikamentenkonsum bei Frauen. In: Burmester, J. (Hrsg.): Schlucken und ducken. Medikamentenmißbrauch bei Frauen und Kindern. Geesthacht: Neuland, 7–19.
Gastpar, M./Rösinger, C. (1993): Substitutionsgestützte Behandlung der Opiatabhängigkeit. In: Deutsches Ärzteblatt 23, 1135–1136.
Gerlach, R./Engemann, S. (1994): Zum Grundverständnis akzeptanzorientierter Drogenarbeit. Münster: INDRO – Selbstverlag.
Gerlach, R./Schneider, W. (1994): Methadon- und Codein-Behandlung. Studien zur qualitativen Drogenforschung und akzeptierenden Drogenarbeit. Bd. 3. Berlin: Verlag für Wissenschaft und Bildung.
Glaeske, G. (1994a): Gesellschaftliche Aspekte des Medikamentenmißbrauchs. In: Burmester, J. (Hrsg.): Schlucken und ducken. Medikamentenmißbrauch bei Frauen und Kindern. Geesthacht: Neuland, 31–42.
Glaeske, G. (1994b): Arzneimittelstatistik. In: Burmester, J. (Hrsg.): Schlucken und ducken. Medikamentenmißbrauch bei Frauen und Kindern. Geesthacht: Neuland, 50–72.
Glaeske, G. (1995): Arzneimittel 1994. In: Deutsche Hauptstelle gegen die Suchtgefahren (Hrsg.): Jahrbuch Sucht 96. Geesthacht: Neuland, 103–123.
Gölz, J. (1995): Der drogenabhängige Patient. München–Wien–Baltimore: Urban und Schwarzenberg.
Grigoleit, H./Wenig, M./Hüllinghorst, R. (Hrsg.) (1991): Handbuch Sucht – Prävention, Rechtsgrundlagen und Rechtsprechung. Sankt Augustin: Asgard.
Groenemeyer, A. (1990): Drogenkarriere und Sozialpolitik. Entwicklungsbedingungen der Drogenabhängigkeit und Möglichkeiten der Intervention durch stationäre Behandlung. Pfaffenweiler: Centaurus-Verlagsgesellschaft.
Gulotta, Z. P./Adams, G. R./Montemayor, R. (Eds.) (1994): Substance abuse in adolescence. London: Sage.
Haenel, T. (1989): Suizidhandlungen. Neue Aspekte der Suizidologie. Berlin, Heidelberg, New York: Springer.
Hall-Böhm, P. (1995): Designer-Drogen lösen die klassischen harten Rauschmittel ab. In: Ärzte-Zeitung vom 13. März 1995.
Hamburgische Landesstelle gegen die Suchtgefahren (Hrsg.) (1989): Alter und Sucht. Arbeitstagung der Hamburgischen Landesstelle gegen die Suchtgefahren am 23. Nov. 1989, Hamburg.
Hansjosten, E./Stoffers, K. (1991): Alkoholkonsum in der Familie. Köln: Aktion Jugendschutz.
Hartwig, K.-H./Pies, I. (1995): Rationale Drogenpolitik in der Demokratie: wirtschaftswissenschaftliche und wirtschaftsethische Perspektiven einer Heroinfreigabe. Tübingen: Mohr.

Hazzard, W. R./Andres, R./Bierman, E. L./Blass, J. P. (Eds.) (1990): Principles of geriatric medicine and gerontology. New York: McGraw-Hill.
Heckmann, W. (Hrsg.) (1991): Drogentherapie in der Praxis. Weinheim: Beltz.
Helfferich, C. (1994): Jugend, Körper und Geschlecht. Die Suche nach sexueller Identität. Opladen: Leske und Budrich.
Henkel, D. (1992): Arbeitslosigkeit und Alkoholismus. Epidemiologische, ätiologische und diagnostische Zusammenhänge. Weinheim: Deutscher Studien Verlag.
Hess, H. (1989): Tabak. In: Scheerer, S./Vogt, I. (Hrsg.): Drogen und Drogenpolitik. Frankfurt a.M.: Campus, 125–157.
Hess, H. (1990): Drogenpolitik als Kunst des Möglichen. Über den Drogenhandel, die Prohibition und die Notwendigkeit von Reformen. Diskussionspapier – Universität Frankfurt a.M.
Hesse, S. (1993): Suchtprävention in der Schule. Opladen: Leske und Budrich.
Hesse, S./Hurrelmann, K. (1991): Gesundheitserziehung in der Schule. Ein Überblick über inländische und ausländische Konzepte und Programme. In: Prävention, 2, 14. Jg., 50–57.
Hilge, T./Schwoon, D. R. (1990): Trinkmotive und Therapiemotivation. In: Suchtgefahren, 36, 111–119.
Hüllinghorst, R. (1995): Vernetzung der Suchtprävention in Deutschland: eine (un)lösbare Aufgabe? In: Bundeszentrale für gesundheitliche Aufklärung (BZgA) (Hrsg.): Internationaler Kongreß zur Europäischen Woche der Suchtprävention vom 13.–14. Okt. 1994, 159–165.
Hurrelmann, K. (1988): Sozialisation und Gesundheit. Weinheim: Juventa.
Hurrelmann, K. (1991): Gesundheitswissenschaftliche Ansätze in der Sozialisationsforschung. In: Hurrelmann, K./Ulich D. (Hrsg.): Neues Handbuch der Sozialisationsforschung. Weinheim: Beltz, 189–214.
Hurrelmann, K. (1995): Lebensphase Jugend. Weinheim: Juventa.
Hurrelmann, K. (1996): Die Ecstasy-Welle. Ein Symptom für den Trend von den betäubenden zu den aufputschenden Drogen? In: Magazin für die Polizei, 26, 4–10.
Hurrelmann, K./Hesse, S. (1991): Drogenkonsum als problematische Form der Lebensbewältigung. In: Sucht, 37, 240–252.
Hurrelmann, K./Holler, B./Nordlohne, E. (1988): Die psychosozialen „Kosten“ verunsicherter Statuserwartungen im Jugendalter. In: Zeitschrift für Pädagogik, 34, 25–44.
Hurrelmann, K./Lösel, F. (1990): Health Hazards in Adolescence. Berlin: de Gruyter.

Hurrelmann, K./Laaser, U. (Hrsg.) (1993): Gesundheitswissenschaften. Ein Handbuch für Lehre, Forschung und Praxis. Weinheim: Beltz.

Hurrelmann, K./Leppin, A./Nordlohne, E. (1994): Gesundheitsförderung in der Schule. In: Rosenbrock, R./Köhler, B./Kühn, H. (Hrsg.): Präventionspolitik. Berlin (edition sigma).

Jacobsen, G./Stallmann, M./Skriba, E.-G. (1987): Jugend und Alkohol. Berlin: Hofgarten.

Janssen, H.-J. (1992): Rahmenbedingungen im Alter für Alkohol- und Medikamentenabhängigkeit. In: Landesstelle gegen die Suchtgefahren (Hrsg.): Frühjahrstagung 1991, Stuttgart, 6–19.

Jessor, R./Donovan, E. J./Costa, F. M. (1991): Beyond adolescence. Problem behavior and young adult development. New York: Cambridge Univ. Press.

Junge, B. (1995a): Tabak. In: Deutsche Hauptstelle gegen die Suchtgefahren (Hrsg.). Jahrbuch Sucht 1996. Geesthacht: Neuland 69–83.

Junge, B. (1995b): Alkohol. In: Deutsche Hauptstelle gegen die Suchtgefahren (Hrsg.): Jahrbuch Sucht 96. Geesthacht: Neuland, 9–30.

Kastner, P./Silbereisen, R. K. (1984): Drogengebrauch Jugendlicher aus entwicklungstheoretischer Sicht. In: Bildung und Erziehung. 37, 271–287.

Kastenbutt, B. (1989): Arbeitslosigkeit und Sucht – Ökonomische Krise und betriebliche Rationalisierung. In: Deutsche Hauptstelle gegen die Suchtgefahren (Hrsg.): Suchtprobleme am Arbeitsplatz. Erfahrungen, Konzepte, Hilfen. Hamm: Hoheneck, 469–476.

Kemmesies, U. E. (1995): Kompulsive Drogengebraucher in den Niederlanden und Deutschland. Berlin: Verlag für Wissenschaft.

Kieselbach, T. (Hrsg.) (1992): Arbeitslosigkeit und Gesundheit. Neuere Ergebnisse der psychologischen Arbeitslosenforschung. Weinheim: Deutscher Studien Verlag.

Kipp, J./Jüngling, G. (1991): Verstehender Umgang mit alten Menschen. Eine Einführung in die praktische Gerontopsychiatrie. Berlin, Heidelberg, New York: Springer.

Klocke, A./Hurrelmann, K. (1995): Armut und Gesundheit. Inwieweit sind Kinder und Jugendliche betroffen? In: Zeitschrift für Gesundheitswissenschaften, 2. Beiheft, 105–115.

Knapp, R. (Hrsg.) (1989): Vorbeugen gegenüber Suchtgefahren. Aufgabe einer Gesundheitserziehung im Kindes- und Jugendalter. Heidelberg: Decker und Müller.

Köhn, B./Hepprich, R. (1995): Suchtpräventive Jugendarbeit. Geschlechtsspezifische Ansätze bei kulturpädagogischen Aktivitäten. In: Bundeszentrale für gesundheitliche Aufklärung (BZgA) (Hrsg.): Internationaler Kongreß zur Europäischen Woche der Suchtprävention vom 13.–14. Okt. 1994, 293–316.

Kolip, P. (Hrsg.) (1994): Lebenslust und Wohlbefinden. Beiträge zur geschlechtsspezifischen Jugendgesundheitsforschung. Weinheim, München: Juventa.
Kolip, P. (1995): Prävalenz des Zigarettenkonsums und Image des Rauchens im Jugendalter: Alters- und geschlechtsspezifische Aspekte. In: Sucht, 41, 5, 323–333.
Kolip, P./Hurrelmann, K./Schnabel, P. E. (Hrsg.) (1995): Jugend und Gesundheit. Interventionsfelder und Präventionsbereiche. Weinheim: Juventa.
Kolip, P./Nordlohne, E./Hurrelmann, K. (1995): Der Jugendgesundheitssurvey 1993. In: Kolip, P./Hurrelmann, K./Schnabel, P. E. (Hrsg.): Jugend und Gesundheit. Interventionsfelder und Präventionsbereiche. Weinheim: Juventa, 25–48.
Kovar, K. A. (1995): Ecstasy und andere Designerdrogen. In: Abbott Times, 3, 1995, 19–21.
Kraus, L./Schumann, J./Wiblishauser, P. U./Herbst, K. (1994): Die Entwicklung des Konsums von legalen und illegalen Drogen in den neuen Bundesländern. In: Sucht, 40, 107–120.
Künzel-Böhmer, J./Bühringer, G./Janik-Konecny, T. (1993): Expertise zur Primärprävention des Substanzmißbrauchs. Baden-Baden: Nomos.
Kürner, P./Nafroth, R. (1994): Die vergessenen Kinder. Vernachlässigung und Armut in Deutschland. Köln: PapyRossa.
Kumpfer, K./Turner, C. (1990): The social ecology model of adolescent substance abuse – Implications for prevention. In: The International Journal of the Addictions, 25, 435–463.
Labrousse, A./Wallon, A. (Hrsg.) (1996): Der Planet der Drogen. Analyse einer kriminellen Weltmacht. Frankfurt a. M.: Fischer.
Lachner, G./Wittchen, H.-U. (1995): Familiär übertragene Vulnerabilitätsmerkmale für Alkoholmißbrauch und -abhängigkeit. In: Zeitschrift für Klinische Psychologie, 24 (2), 118–146.
Lachnit, G./Kampe, H. (1996): Konsumorientierung und Suchtgefährdung. In: Sucht 42, 1, 6–19.
Ladewig, D. (1996): Sucht und Suchtkrankheiten. Ursachen, Symptome, Therapien. München: Beck.
Lal, A. (1991): Probleme mit Süchtigen in einem Altersheim. In: Niedersächsisches Sozialministerium (Hrsg.): Sucht im Alter. Hannover. Referat Presse- und Öffentlichkeitsarbeit, 26–32.
Landesinstitut für Schule und Weiterbildung NRW (Hrsg.) (1988): Sucht und Drogenvorbeugung in der Schule. Materialien und Medien. Soest: LSW.
Landesstelle gegen die Suchtgefahren in Baden-Württemberg der Liga der freien Wohlfahrtspflege (Hrsg.) (1992): Alkohol- und Medikamentenabhängigkeit im Alter. Frühjahrstagung, am 21. März 1991 in Freudental.

Lauer, G./Richter, B./Sohns, R. (1996): Rückfälle während stationärer Alkoholismustherapie: Auszugrenzendes Übel oder integrationsbedürftige Realität? In: Report Psychologie, 5–6, 382–388.
Lechner, V. (1991): Spätabhängigkeit. In: Niedersächsisches Sozialministerium (Hrsg.): Sucht im Alter. Hannover. Referat Presse- und Öffentlichkeitsarbeit, 41–49.
Leppin, A./Hurrelmann, K./Freitag, M. (1994): Schulische Gesundheitsförderung im Kontext von Klassenklima und sozialem Rückhalt durch die Lehrer. In: Zeitschrift für Pädagogik, 6, 871–890.
Lettieri, D. J. (1987): Drugs and suicide. When other coping strategies fail. Beverly Hills: Sage Publications LTD.
Leune, J. (1994): Wege aus der Drogenabhängigkeit. In: Nowak, M./ Schifman, R./ Brinkmann, R. (Hrsg.): Drogensucht. Entstehungsbedingungen und therapeutische Praxis. Stuttgart: Schattauer, 93–101.
Lindenmeyer, J. (1993): Lieber schlau als blau. Informationen zur Entstehung und Behandlung von Alkohol- und Medikamentenabhängigkeit. 2., überarb. Aufl. Weinheim: Psychologie Verlags Union.
Lippmann, E. D. (1990): Drogenabhängigkeit, Familientherapie und Prävention. Berlin: Springer.
Lohaus, A. (1993): Gesundheitsförderung und Krankheitsprävention im Kindes- und Jugendalter. Göttingen: Hogrefe.
Lotze, J. (1991): Veränderungen im Abhängigkeitsverhalten im Alter. In: Niedersächsisches Sozialministerium (Hrsg.): Sucht im Alter. Hannover. Referat Presse- und Öffentlichkeitsarbeit, 33–40.
Malchau, J. F. (1987): Drogen und Suizid als Überlebensoption. Untersuchung zur Affinität von direkt und indirekt selbstdestruktiven Handlungen Jugendlicher. Weinheim: Deutscher Studien Verlag.
Mansel, J./Hurrelmann, K. (1991): Alltagsstreß bei Jugendlichen. Weinheim: Juventa.
Maritsch, F./Uhl, A. (1989): Kaffee und Tee. In: Scheerer, S./Vogt, I. (Hrsg.): Drogen und Drogenpolitik. Frankfurt a.M.: Campus, 159–192.
Marsen-Storz, G. (1994): Massenkommunikative Kampagnen in der Bundesrepublik Deutschland. In: Bundeszentrale für gesundheitliche Aufklärung (BZgA) (Hrsg.): Internationaler Kongreß zur Europäischen Woche der Suchtprävention vom 13.–14. Okt. 1994, 221–223.
McMurran, M. (1994): The psychology of addiction. London: Taylor and Francis.
Mello, N. (Ed.) (1991): Advances in substance abuse research. Vol. 4. London: Jessica Kingsley .
Merfert-Diete, C. (1995): Gesellschaftliche und individuelle Gründe für die Entstehung von Sucht. In: Arbeitskreis Frauen und Sucht (Hrsg.): Frauen und Sucht. Offene Fachtagung des Arbeitskreises Frauen und Sucht am 22.–23. Febr. 1995, Bremen, 12–21.

Meyenberg, R./Scholz, W. D./Buisman, W. (1993): Jugendliche und Drogen. Hannover: Hahnsche Buchhandlung.
Meyer, E. (1993): Hilfe im Drogenfall. Sankt Augustin: Academia.
Meyer, E. (1993): Eltern im Drogenproblem. Erfahrungen durch Selbsthilfe. Sankt Augustin: Academia.
Meyer, G./Bachmann, M. (1994): Glücksspiel. Berlin: Springer.
Meyer-Luerßen, D. (1996): Fahren unter Drogeneinfluß. In: Der Allgemeinarzt 8, 811–813.
Ministerium für Kultur, Jugend, Familie und Frauen (Hrsg.) (1995): Drogen. Substitutionsbehandlung Opiatabhängiger. Endbericht. Rheinland-Pfalz, Mainz.
Müller-Daehn, S. (1990): Versuch einer psychologischen Erklärung für die Entstehung von Arzneimittelabhängigkeit bei 45- bis 55jährigen Familienfrauen. In: Deutsche Hauptstelle gegen die Suchtgefahren (Hrsg.): Abhängigkeit bei Frauen und Männern. Freiburg i. Br.: Lambertus, 98–104.
Muisener, P. P. (1994): Understanding and treating adolescent substance abuse. London: Sage.
Nave-Herz, R. (1994): Familie heute. Wandel der Familienstrukturen und Folgen für die Erziehung. Darmstadt: Wissenschaftliche Buchgesellschaft.
Neubeck-Fischer, H. (Hrsg.) (1994): Sucht – ein Versuch zu (über)leben. München: Fachhochschulschriften Sandmann.
Neumeyer, J./Schaich-Walch, G. (1992): Zwischen Legalisierung und Normalisierung. Ausstiegsszenarien aus der repressiven Drogenpolitik. Marburg: Schüren.
Nicolaides-Bouman, A./Wald, N./Forey, B./Lee, P. (1993): International smoking statistics. New York: Oxford Press.
Niederberger, J. M. (1987): Rauchen als sozial erlerntes Verhalten. Physiologie und Sozialisationstheorie einer alltäglichen Sucht. Stuttgart: Enke.
Niedersächsische Landesstelle gegen die Suchtgefahren (Hrsg.) (1994): Sucht im Alter. Prävention und Hilfe für alte Menschen. Berichtsband der Tagung vom 29. Juni 1994 in Hannover, Hannover.
Niedersächsisches Sozialministerium (Hrsg.) (1991): Sucht im Alter. Hannover. Referat Presse- und Öffentlichkeitsarbeit.
Nissen, G. (Hrsg.) (1994): Abhängigkeit und Sucht. Prävention und Therapie. Bern, Göttingen, Toronto Seattle: Huber.
Nordlohne, E. (1992): Die Kosten jugendlicher Problembewältigung. Weinheim: Juventa.
Nordlohne, E./Hurrelmann, K. (1993): Arzneimittelkonsum bei Kindern und Jugendlichen: Verbreitung, Hintergründe und Perspektiven für schulische Präventionsmaßnahmen. In: Bäuerle, S. (Hrsg.): Der suchtgefährdete Schüler. Regensburg: Wolf, 107–130.
Nordlohne, E./Hurrelmann, K./Holler, B. (1989): Schulstreß, Gesundheitsprobleme und Arzneimittelkonsum. In: Prävention 12, 2, 47–53.

Nordlohne, E./Hurrelmann, K./Holler, B. (1990): Jugendspezifische Belastungen und die Rolle des Arzneimittelkonsums. In: Steinhausen, H. C. (Hrsg.): Das Jugendalter. Entwicklungen – Probleme – Hilfen. Bern: Huber.

Nordlohne, E./Reißig, M./Hurrelmann, K. (1993): Drogenkonsum bei ostdeutschen und westdeutschen Jugendlichen. In: Sucht, 39, 15–38.

Nowak, M/Schifman, R./Brinkmann, R. (Hrsg.) (1994): Drogensucht. Entstehungsbedingungen und therapeutische Praxis. Stuttgart: Schattauer.

Nuber, U. (1991): Auf Ihr Wohl! Vom richtigen Umgang mit unserer Lieblingsdroge. In: Psychologie Heute, 18., 9, 20–29.

Observatoire géopolitique des drogues (1993): Der Welt-Drogen-Bericht. München: Deutscher Taschenbuch Verlag.

Oerter, R./Montada, L. (Hrsg.) (1995): Entwicklungspsychologie. Weinheim: Beltz, Psychologie Verlags Union.

Paulus, P. (1992): Prävention im Wandel – Herausforderungen an die psychosoziale Praxis. Ideen, Handlungskonzepte, Projekte. In: GwG Zeitschrift 85, 23, 17–21.

Perry, C. L./Kelder, S. H. (1992): Models for effective prevention. Journal of Adolescent Health, 13, 355–363.

Peterson, R. (1995): Rauschgiftlage 1994. In: Deutsche Hauptstelle gegen die Suchtgefahren (Hrsg.): Jahrbuch Sucht 96. Geesthacht: Neuland, 134–146.

Podschus, J./Dufeu, P. (1995 a): Alkoholabhängigkeit unter wohnungslosen Männern in Berlin. In: Sucht: Zeitschrift für Wissenschaft und Praxis, 41, 5, 348–354.

Podschus, J./Dufeu, P. (1995 b): Alkoholabhängigkeit unter Wohnungslosen. In: Mann, K./Buchkremer, G. (Hrsg.): Suchtforschung und Suchttherapie in Deutschland. Sonderband Sucht, 73–76.

Poeck, K. (1990): Neurologie. Berlin, Heidelberg, New York: Springer.

Priebe, B./Israel, G./Hurrelmann, K. (1993): „Gesunde Schule“. Gesundheitserziehung, Gesundheitsförderung, Schulentwicklung. Weinheim: Beltz.

Priebe, B./Israel, G./Bäuerle, D./Knapp, R./Gampe, H. (1994): Sucht- und Drogenvorbeugung mit Kindern und Jugendlichen in Elternhaus und Schule. Weinheim: Beltz.

Pulvirenti, L./Koob, G. F. (1996): Die Neurobiologie der Kokainabhängigkeit. In: Spektrum der Wissenschaft, Februar, 48–55.

Rabes, M. (1995): Ecstasy und Partydrogen. In: Deutsche Hauptstelle gegen die Suchtgefahren (Hrsg.): Jahrbuch Sucht 96. Geesthacht: Neuland, 161–177.

Raschke, P./Kalke, J. (1993): Substitutionstherapie in der Bundesrepubik Deutschland. In: Neue Praxis 3, 207–219.

Reichert, T./Chelius, K. (1996): Sucht beginnt im Kindesalter. Gefährdung

von Kindern und Jugendlichen besteht nicht nur durch harte Drogen. In: Praxismagazin med. 1, 38–42.
Remien, J. (1995): Medikamente mit Mißbrauchspotential. In: Deutsche Hauptstelle gegen die Suchtgefahren (Hrsg.): Jahrbuch Sucht 96. Geesthacht: Neuland, 124–133.
Renggli, R./Tanner, J. (1994): Das Drogenproblem. Geschichte, Erfahrungen, Therapiekonzepte. Berlin, Heidelberg: Springer.
Renn, H. (1989): Arbeitssituation und Suchtmittelmißbrauch. Stand der empirischen Forschung. In: Deutsche Hauptstelle gegen die Suchtgefahren (Hrsg.): Suchtprobleme am Arbeitsplatz. Erfahrungen, Konzepte, Hilfen. Hamm: Hoheneck Verl, 37–50.
Resnicow, K./Botvin, G. (1993): School-based substance use prevention programs: Why do effects decay? In: Preventive Medicine, 22, 484–490.
Reuband, K.-H. (1990): Vom Haschisch zum Heroin? Soziokulturelle Determinanten der Drogenwahl. In: Suchtgefahren, 36, 1–7.
Reuband, K.-H. (1992): Der Mythos vom einsamen Drogenkonsumenten. Kontakte zu Gleichaltrigen als Determinante des Drogengebrauchs. In: Sucht 38, 160–172.
Reuband, K.-H. (1995): Drug use and drug policy in Western Europe. In: European Addiction Research, 1, 31–41.
Rieder, E. (1994): Keine Macht den Präventionsanimateuren. In: Praxis Schule, 3, 6–9.
Rummel, M. (1995): Arbeit, Alkohol, Arbeitslosigkeit. In: Deutsche Hauptstelle gegen die Suchtgefahren (Hrsg.): Jahrbuch Sucht '96. Geesthacht: Neuland, 257–266.
Sahihi, A. (1995): Designer-Drogen. Gifte, Sucht und Szene. München: Heyne.
Saunders, N. (1994): Ecstasy. Zürich: Rico Bilger.
Scheerer, S./Vogt, I. (Hrsg.) (1989): Drogen und Drogenpolitik. Ein Handbuch. Frankfurt: Campus.
Scheerer, S. (1989): Die Heroinszene. In: Scheerer, S./Vogt, I. (Hrsg.): Drogen und Drogenpolitik. Ein Handbuch. Frankfurt a.M.: Campus, 285–298.
Scheerer, S. (1989): Cannabis. Herkunft und Verbreitung. In: Scheerer, S./ Vogt, I. (Hrsg.): Drogen und Drogenpolitik. Ein Handbuch. Frankfurt a.M.: Campus, 369–373.
Scheiblich, W. (Hrsg.) (1993): Ohne Wohnung, ohne Arbeit, ohne Hoffnung? Suchtkrankenhilfe zwischen Therapie und Basishilfen. Freiburg i.Br.: Lambertus.
Scheiblich, W. (Hrsg.) (1994): Sucht aus der Sicht therapeutischer Schulen. Freiburg i.Br.: Lambertus.
Scherbaum, N./Bender, S. (1995): Der Stellenwert der Psychotherapie im

Rahmen der Substitutionsbehandlung mit Methadon In: Sucht, 41, 1, 18–24.
Schiffer, E. (1993): Warum Huckleberry Finn nicht süchtig wurde. Anstiftung gegen Sucht und Selbstzerstörung bei Kindern und Jugendlichen. Weinheim, Berlin: Beltz Quadriga.
Schmidt, L. (1986): Alkoholkrankheit und Alkoholmißbrauch. Definition – Ursachen – Folgen – Behandlung – Prävention. Stuttgart, Berlin, Köln, Mainz: Kohlhammer.
Schmidtbauer, W./vom Scheidt, J. (1994): Handbuch der Rauschdrogen. Frankfurt: Fischer.
Schmidt-Semisch, H. (1992): Drogen als Genußmittel. Ein Modell zur Freigabe illegaler Drogen. München: AG SPAK.
Schmidt-Semisch. H. (1994): Die prekäre Grenze der Legalität, DrogenKulturGenuß. München: AG SPAK.
Schmitz-Moormann, K. (1992): Alkoholgebrauch und Alkoholismusgefährdung bei alten Menschen. Geesthacht: Neuland.
Schnabel, R. (1995): Medikamenten- und Alkoholabhängigkeit im Alter. In: Deutsche Hauptstelle gegen die Suchtgefahren (Hrsg.): Jahrbuch Sucht 1996. Geesthacht: Neuland, 267–278.
Schneider, V. (1993): Entwicklungen, Konzepte und Aufgaben schulischer Gesundheitsförderung – vom Konzept der Risikofaktoren zum Konzept der Förderung von Gesundheitsfaktoren. In: Priebe, B./Israel, G./Hurrelmann, K. (Hrsg.): „Gesunde Schule“. Gesundheitserziehung, Gesundheitsförderung, Schulentwicklung. Weinheim: Beltz, 39–72.
Schneider, W. (1995): Risiko Cannabis? Bedingungen und Auswirkungen eines kontrollierten, sozial integrierten Gebrauchs von Haschisch und Marihuana. Berlin: Verlag für Wissenschaft und Bildung.
Schwarzer, R. (Hrsg.) (1990): Gesundheitspsychologie. Göttingen: Hogrefe.
Schwarzer, R. (1989): Überlegungen zu einer sozialkognitiven Theorie des Gesundheitsverhaltens. Manuskript. Berlin: Freie Universität.
Schwehm, H. (1994): Psychosoziale Aspekte von Sucht. In: Nowak, M./Schifman, R./Brinkmann, R. (Hrsg.): Drogensucht. Entstehungsbedingungen und therapeutische Praxis. Stuttgart, New York: Schattauer, 9–27.
Seifert-Schröder, B. (1989): Familie und Drogenmißbrauch. In: Paetzold, B./Fried, L. (Hrsg.): Einführung in die Familienpädagogik. Weinheim: Beltz, 223–239.
Seitz, H. K./Osswald, B. R. (1995): Alkohol und Alter. In: Seitz, H. K. (Hrsg.): Handbuch Alkohol, Alkoholismus, alkoholbedingte Organschäden. Leipzig, Heidelberg: Barth, 121–134.
Selling, P. (1989): Die Drogen der Szene. Opiate und Opioide. Zur Geschichte des Umgangs mit Drogen. In: Scheerer, S./Vogt, I. (Hrsg.):

Drogen und Drogenpolitik. Ein Handbuch. Frankfurt a.M.: Campus, 275–285.
Semmer, N./Lippert, P./Fuchs, R./Rieger-Ndakorerwa, G./Dwyer, J.H./ Knoke, E.-A. (1991): Gesundheitsverhalten im Kindes- und Jugendalter. Ausgewählte Ergebnisse der Berlin-Bremen-Studie. Schriftenreihe des Bundesministeriums für Gesundheit, Bd. 5. Baden-Baden: Nomos.
Sieber, M. (1988): Zwölf Jahre Drogen. Verlaufsuntersuchung des Alkohol-, Tabak- und Haschischkonsums. Bern: Huber.
Sieber, M. (1995): Unterschätzte Gefährdungspotentiale des Tabakmißbrauchs. In: Deutsche Hauptstelle gegen die Suchtgefahren (Hrsg.): Jahrbuch Sucht 96. Geesthacht: Neuland, 94–100.
Silbereisen, R. K./Kastner, P. (1985): Entwicklungstheoretische Perspektiven für die Prävention des Drogengebrauchs Jugendlicher. In: Brandstätter, J./Gräser, H. (Hrsg.): Entwicklungsberatung unter dem Aspekt der Lebensspanne. Göttingen: Hogrefe, 83–102.
Silbereisen, R. K./Kastner, P. (1987): Jugend und Problemverhalten. Entwicklungspsychologische Perspektiven. In: Oerter, R./Montada, L. (Hrsg.): Entwicklungspsychologie. Weinheim: Beltz, Psychologie Verlags Union, 882–919.
Silbereisen, R. K. (1990): Konsum von Alkohol und Drogen über die Lebensspanne. In: Schwarzer, R. (Hrsg.): Gesundheitspsychologie. Göttingen: Hogrefe, 169–184.
Solms, H. (1988): Jugendliche Drogenabhängige und ihr soziales Umfeld. In: Abhängigkeit und Befreiung. Sonderausgabe für Forum Galenus Mannheim, 17, 35–40.
Speckmann, G. (1993): Informationsmappe Rauschgift. Wiesbaden: Abbott.
Sperling,, E./Massig, A./Reich, G./Georgi, H./Wöbbe-Monks, E. (1982): Die Mehrgenerationen Familientherapie. Göttingen: Verlag für Medizinische Psychologie.
Soeder, M. (1990): Sucht und Abhängigkeit bei älteren Menschen – ein Tabuthema? Beobachtungen, Beschreibungen, Behandlungen. In: Hamburgische Landesstelle gegen die Suchtgefahren (Hrsg.): Alter und Sucht. Hamburg, 18–26.
Ständige Konferenz der Kultusminister der Länder in der Bundesrepublik Deutschland (1992): Zur Situation der Gesundheitserziehung in der Schule. Sekretariat der KMK, Bonn.
Stierlin, H. (1988): Zur Beziehung zwischen Einzelperson und System. Der Begriff „Individuation" in systemtheoretischer Sicht. In: Reiter, L. (Hrsg.): Von der Familientherapie zur systemischen Perspektive. Berlin: Springer.
Stöver, H. (1994): Drogenfreigabe. Plädoyer für eine integrative Drogenpolitik. Freiburg i.Br.: Lambertus.

Täschner, K.-L. (1983): Therapie der Drogenabhängigkeit. Ein Handbuch. Stuttgart, Berlin, Köln, Mainz: Kohlhammer.
Täschner, K.-L. (1994): Drogen, Rausch und Sucht. Ein Aufklärungsbuch. Stuttgart: Trias.
Textor, M. R. (1989): Drogensucht und Familie. In: Familiendynamik, 14, 1, 13–26.
Tölle, R. (1988): Psychiatrie. Berlin, Heidelberg, New York: Springer.
Töppich, J. (1995): Evaluation von Kino- und TV-Spots zur Suchtprävention – am Beispiel einer computergestützten Pre-Test-Methode. In: Bundeszentrale für gesundheitliche Aufklärung (BZgA) (Hrsg.): Internationaler Kongreß zur Europäischen Woche der Suchtprävention vom 13.–14. Okt. 1994, 317–323.
Trautmann, F. (1995): Peer-Support bei Drogenkonsumenten. Schadensbegrenzung durch Übertragung von Erfahrungen, Gewohnheiten und Ritualen. In: Bundeszentrale für gesundheitliche Aufklärung (BZgA) (Hrsg.): Internationaler Kongreß zur Europäischen Woche der Suchtprävention vom 13.–14. Okt. 1994, 237–241.
Troschke, J. v./Kaufmann, P. (1989): Rauchverhalten alter Männer. In: Prävention 12, 2, 43–46.
Troschke, J. v. (1993): Von der Gesundheitserziehung zur Gesundheitsförderung in der Schule. In: Priebe, B./ Israel, G./Hurrelmann, K. (Hrsg.): „Gesunde Schule“. Gesundheitserziehung, Gesundheitsförderung, Schulentwicklung. Weinheim: Beltz, 11–38.
Trott, G. E. (1993): Hyperkinetisches Symptom und seine medikamentöse Behandlung. Kinderpsychiatrie und Jugendpsychiatrie und Psychotherapie. Bd. 1. Leipzig, Berlin, Heidelberg: Barth.
Uchtenhagen, A. (1996): Risiken des Cannabis-Konsums. In: Deutsche Medizinische Wochenschrift, 121, 10, 321.
Vogt, I./Scheerer, S. (1989): Drogen und Drogenpolitik. In: Scheerer, S./ Vogt, I. (Hrsg.): Drogen und Drogenpolitik. Ein Handbuch. Frankfurt a.M.: Campus, 5–52.
Voß, R. (1987): Anpassung auf Rezept. Stuttgart: Klett-Cotta.
Watzlawick, P. (1988): Der Mensch zwischen Abhängigkeit und Unabhängigkeit. In: Abhängigkeit und Befreiung. Sonderausgabe für Forum Galenus Mannheim, 17, 5–11.
Weinbrenner, W. (1991): Das rechte Maß. Risikofaktor Alkohol. München: Ehrenwirth.
Wienberg, G. (Hrsg.) (1992): Die vergessene Mehrheit. Zur Realität der Versorgung alkohol- und medikamentenabhängiger Menschen. Bonn: Psychiatrie-Verlag.
Zeltner, G. (1994): Wie begegnen sich Suchtkrankenhilfe und Gefährdetenhilfe? In: Evangelische Arbeitsgemeinschaft für Suchtkrankenhilfe im Rheinland (Hrsg.): Sucht und Verelendung. Dokumentation der Fachtagung. Düsseldorf, 13–25.

Ziegler, H. (1995): Alkohol: Mißbrauch und Abhängigkeit. In: Allhoff, P. G./Leidel, J./Ollenschläger, G./Voigt, H. P. (Hrsg.): Präventivmedizin. Praxis – Methoden – Arbeitshilfen. Berlin, Heidelberg: Springer, Sektion 4.04, 1–17.

Register

Abhängigkeit 14ff. 139. 140. 163
Abwehrmechanismen 25ff.
Acomprosat 159
Alkohol 146ff. 167. 174ff.
Alkoholabhängigkeit 69ff. 81
Alkoholkonsum 36ff. 51ff. 70ff.
Alkoholpräferenz 68ff.
Alkoholsteuer 100
Alkoholwerbung 101
amotivationales Syndrom (AMS) 146
Analgetika 178
Antidepressiva 71
Antirückfallkompetenzen 164
Arbeit als Suchtrisiko 97ff.
Arbeitslosigkeit und Sucht 91ff.
Armut 94ff.
Aufputschmittel 178
Aussteiger-Mentalität 183

Benzodiazephan 72
Beratungsstellen 130
Beschaffungskriminalität 18. 75ff. 145. 151
Betäubungsmittelgesetz (BtMG) 144. 167
Bewältigungskapazitäten 6. 8. 104
Beziehungskrise 88

Cannabis 59ff. 73. 144. 146ff. 167. 182ff.
Caritasverband 152
chronisch Kranke 155
Co-Abhängige 33
Coffein 167. 168ff.
Crack 61. 178ff.

Dauerkonsum 142
Delegationsmodell 31
Depression 181
Designerdrogen 63ff. 79. 144. 167. 186ff.
Desintegration 74
Destillate 174
differentielle Verstärkung 27
Droge als Medium der Realitätsverarbeitung 45ff.
Drogenabhängigkeit 142
Drogenarzt 161
Drogengebrauch 2. 7
Drogenhandel 149
Drogenhilfe 152ff.
Drogenkarriere 90
Drogenkonsum 2. 149
Drogenkonsum im höheren Alter 80ff.
Drogenpolitik 129ff. 134. 149ff.
Drogenprävention 106
DSM 3. 10
Durstberufe 98

Ecstasy 61. 73. 79. 170. 188
Entkriminalisierung 150ff.
Entpönalisierung 151
Entwicklungsaufgaben 40
Entzugssymptome 16
Ersatzdrogen 158
Ersatzfamilie 76

Erwachsenenalter und Drogengebrauch 66 ff.
Erziehungsmuster 90
Europarat 123

Fentanyle 190
Fetischcharakter der Medikamente 103
Fremddarstellung 43
Früheinsteiger 81
Frühintervention 154. 158

Gebrauchsmuster 85 ff.
Gefährdungsvorbeugung 110
Gefahrenabwehr 112
genetische Faktoren 36. 37
Geschlechtsspezifische Muster des Drogengebrauchs 77 ff.
gesellschaftliche Ursachen des Mißbrauchs 87
gesunde Lebensgestaltung 112
Gesundheit 5
Gesundheitsbalance 5 ff. 19
Gesundheitsberatung in der Schule 128
gesundheitsbewußte Bedürfnisbefriedigung 116 ff.
Gesundheitserziehung 123
Gesundheitsförderung 125
Gesundheitspolitik 142
Gewohnheitstrinker 82
Gleichaltrigengruppen 52 ff.

Halluzinogene 13. 183 ff.
Haschisch 59 ff. 75. 182 ff.
Heroin 60. 74. 77. 167. 184 ff.
Heroin-Substitution 160
Herz-Kreislauf-Krankheiten 170
HIV 185
Homöostase 30
Horrortrips 182

ICD 10 10
Identität 42
illegale Drogen 73 ff. 59 ff. 112. 147
innerfamiliäre Verhaltensweisen 32
Integrationsstadium 74
Interaktionsmuster 90
Inzidenz 46 ff.

Jugendalter 40

Kindesalter 40
Kohäsionsverlust 74
Kokain 60. 74. 144. 167. 178 ff.
Kompetenzerwerb 110
Konditionierung 26
Konformitätszwang 54
Konsummuster 42. 112
Kontakteinrichtungen 133
Kontrollverlust 45
körpereigene Suchtstoffe 34
Krebs 171 ff.
kritische Lebensereignisse 87 ff. 104
kulturelle Integration 51

Labilisierungsphase 163
Langzeitbetreuung 154
Lebensgewohnheiten 81
legale Drogen 112. 147
Legalitätsprinzip 149
Lerntheorien 26 ff.
LSD 61. 144. 167. 183
Lust-Unlust-Regulierung 24

Marihuana 59 ff. 75. 182 ff.
maturing out 161
MDMA 188
mechanisch-pharmakologische Reaktion 58
Medienberichterstattung 105
Medikamente 177 ff.
Medikamentengebrauch 34 ff. 71 ff. 83
Methadon 159

Methadonbehandlung 160
Modell-Lernen 28 ff.
Modellverhalten 120
Morphinderivat 184
Morphium 183 ff.
Motive des Alkoholkonsums 70 ff.
Muster des Alkoholgebrauchs 51 ff.
Muster des illegalen Drogengebrauchs 59 ff.
Muster des Medikamentengebrauchs 56 ff.

neurobiologische Theorien 34 ff.
Neuroleptika 71
Neurotransmitter 34. 35
Nikotin 51. 167. 170
Normalisierungspolitik 149
NUB-Richtlinien 160
Nutzungsmuster 85 ff.

Obdachlosigkeit 95 ff.
Opiate 1. 144
Opium 167. 183 ff.
Opportunitätsprinzip 149
orale Phase 23

Passivrauchen 172
PCP 189
Person-Umwelt-Droge-Ansatz 108. 113
personale Ressourcen 21
personenbezogene Prävention 108 ff.
Persönlichkeitsstruktur 22. 54 ff.
Pharmaindustrie 102
Pharmakobehandlung 158
Phase der Drogenabhängigkeit 142
Phase des Dauerkonsums 142
Power-Getränke 170
Prävalenz 46 ff.
Prävention 107. 111 ff. 121 ff. 154
  primäre 106 ff.
  sekundäre 106 ff. 130
  substanzbezogene 109 ff.
  tertiäre 106 ff.
  umweltbezogene 109 ff.
primäre/sekundäre Verstärker 27
Probierkonsum 141
Probierphase 139. 140
Prodine 190
Prohibitionspolitik 144. 151
psychoaktive Medikamente 56
psychische Abhängigkeit 17 ff.
psychische Funktion des Drogenkonsums 44 ff.
psychische Instanzen 24
psychoaktive Substanzen 1. 7. 167
psychoanalytische Theorien 23 ff.
psychomotorisches Ritual des Rauchens 49 ff.
Psychopharmaka 71
psychotrope Substanzen 13. 20
Public Health 126
pulls 75
pushes 75

QUEST 126

Rauchverhalten 47 ff.
Rehabilitation 154
Reifesymbol 45
Risikofaktoren 6
Risikomanagement 149
Risikoverhalten 54
Rückfallquote 163

Schadensbegrenzung 157
Schlafmittel 72. 77. 84
Schlafmohn 183
schulische Gesundheitsförderung 124
schulische Suchtprävention 123 ff.
Schutzfaktoren 6
Sedativa 13. 159
Selbstdarstellung 43

Selbstheilung 164
Selbstmedikation 72
Selbstwert 43
Selbstwertkrise 49
Sicherung des Überlebens 156
sozial-ökologische Lebensbedingungen 7ff.
soziale Funktion des Drogenkonsums 44ff.
soziale Isolierung 104
soziale Ressourcen 21
soziale und ökologische Umwelt 139
soziale Ursachen des Drogenmißbrauchs 87ff.
soziales Lernen 26
Sozialhilfe 94
Späteinsteiger 81
Speed 61. 189
Spontanremission 75
staatliche Drogenkontrolle 143
Stimulanzien 13
stoffgebundene Sucht 12ff.
stoffungebundene Sucht 12ff.
Strafmaßnahmen 28
Streßsymptome 43
Substanzpolitik 142
Sucht 9. 15ff.
Sucht-Arbeitskreise 99
Suchtformen 11
Suchtgefährdung 3
Suchtpersönlichkeit 22
Suchtpolitik 4. 13. 78ff. 129ff. 135
Suchtprävention 106ff.
  freizeitorientiert 130
  geschlechtsspezifisch 119
  in Bildungseinrichtungen 122
  in der Familie 113ff.
  in der Jugendarbeit 130
  in Kindergarten und Schule 120ff.
Suchtrisiko 91
Suchttherapie 152ff. 161
Suchtverhalten 11
Suizidabsichten 181
synthetische Drogen 61
systemische Theorien 30ff.

Tabak 146ff. 170ff.
tabakbedingte Todesursachen 67ff.
Tabaksteuer 100
Tabakwerbung 100
Techno-Welle 63ff.
Teer 171
Teilliberalisierung 152
THC 60. 182
therapeutisches Versorgungssystem 153ff.
Tranquilizer 178
Tryptamine 190

Umweltmerkmale 21
Unterversorgungslagen 94

Verarmungskette 94ff.
Verelendung 94ff.
Verelendungssequenz 74
Volksdrogen 100
Vorbildverhalten 114. 115. 118ff.

Wechseljahre 73
weiche Drogen 149
Werbung als Suchtrisiko 99
Wettbewerbsgesellschaft 97
Wohnungsnot 95ff.

Zentralnervensystem 167
Zigarettenwerbung 101